围棋技巧基础训练丛书

官子的基本

〔日〕高尾绅路 编著

张杏雨

李简 译

中原出版传媒集团

中原传媒股份公司

河南科学技术出版社

YASASHII IGO TRAINING YOSE NO KIHON
Supervised by Shinji Takao

First published in Japan in 2016 by IKEDA Publishing Co., Ltd.
Simplified Chinese translation rights arranged with PHP Institute, Inc.
through CREEK & RIVER CO.,LTD. and CREEK & RIVER SHANGHAI CO., Ltd.
文本编辑：内藤由起子　　　编辑制作：Paketto

备案号：豫著许可备字 -2019-A-0132

图书在版编目(CIP)数据

官子的基本/（日）高尾绅路编著；张杏雨，李简译. —郑州：河南科学技术出版社，2020.10
（围棋技巧基础训练丛书）
ISBN 978-7-5349-9944-4

I.①官… Ⅱ.①高… ②张… ③李… Ⅲ.①官子（围棋）-基本知识 Ⅳ.①G891.3

中国版本图书馆CIP数据核字（2020）第064507号

出版发行：河南科学技术出版社
地址：郑州市郑东新区祥盛街 27 号　　邮编：450016
电话：(0371) 65737028
网址：www.hnstp.cn
策划编辑：董　涛
责任编辑：董　涛
责任校对：崔春娟
封面设计：王留辉
责任印制：张艳芳
印　刷：河南省环发印务有限公司
经　销：全国新华书店
开　本：787 mm × 1092 mm　1/32　印张：9　字数：220 千字
版　次：2020 年 10 月第 1 版　　2020 年 10 月第 1 次印刷
定　价：29.80 元

前言

明明都快赢了，却在官子阶段被对方逆转。大家或多或少都有过这样的经历吧。如果想有效地提高胜率，学习官子是必不可少的。

官子收束的好坏是关系到胜负的重要因素，但是遗憾的是，业余棋手们似乎往往会轻易忽视掉收官的重要性。此外，也有一些人觉得官子太过复杂，就算学了也不会用。

其实，有很多官子的模式是一样的。本书汇集了很多实战中容易出现的形，熟练掌握后在实战中可以立马派上用场。

虽然经常见到“这手值××目”之类的说法，但其实这是职业棋手才需要计算的东西。业余棋手不需要算这么仔细，也不需要想这么深。

官子的诀窍，首先是找出先手。此外，价值大小是按照“第三线”“第二线”“第一线”的顺序依次递减的。学习本书，就是为了培养大家能够粗略地判断哪里价值大的感觉。

如果熟练掌握了官子的收束，实战中的胜率是很容易上升的。收官能力强的话，是可以做到保持优势，更或者是反败为胜的。

高尾绅路（九段）

目录

序章　何为官子

不仅仅是围棋，其他棋类对局也是以“序盘”“中盘”“终盘”的顺序进行的。而在围棋术语中称这些阶段为“布局”“战斗”和“官子”。

在对局过程中，这些阶段之间并没有明显的分界线，只能凭感觉来判定目前进入哪一阶段。

那么我们顺着对局的进程，来看一下什么是官子。

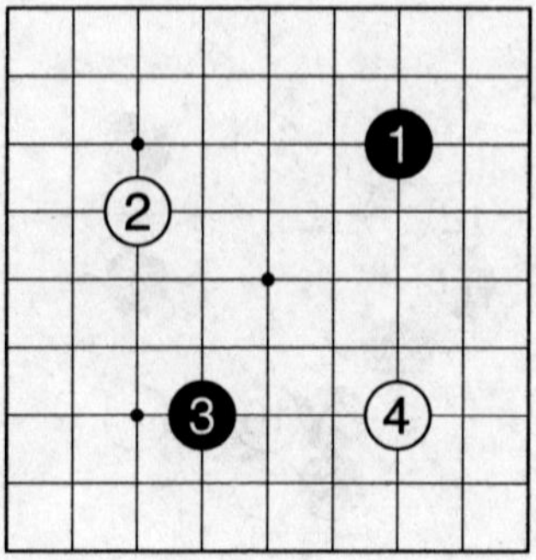

谱 1

用 9 路盘来演示。

开始下在四个角是常见走法。

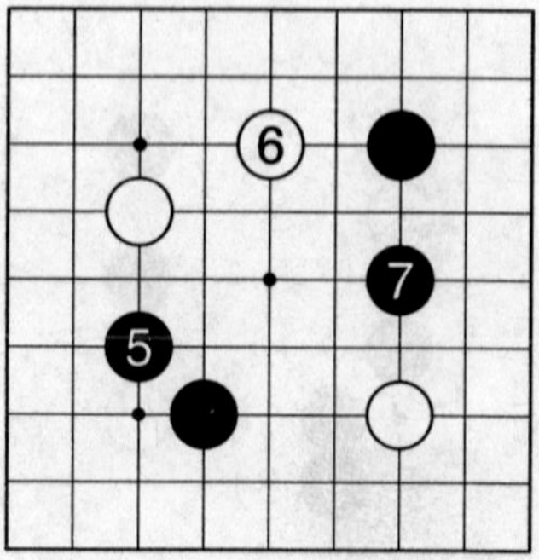

谱 2

布局从角部开始，以三四线为中心进行扩张。

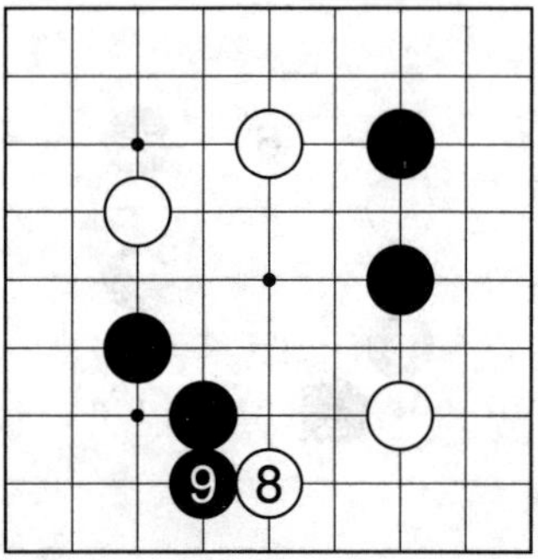

谱 3

因为右下的白棋势单力薄，所以白 8 小飞扩大实地，寻求安定。黑 9 挡，守住左下实地。

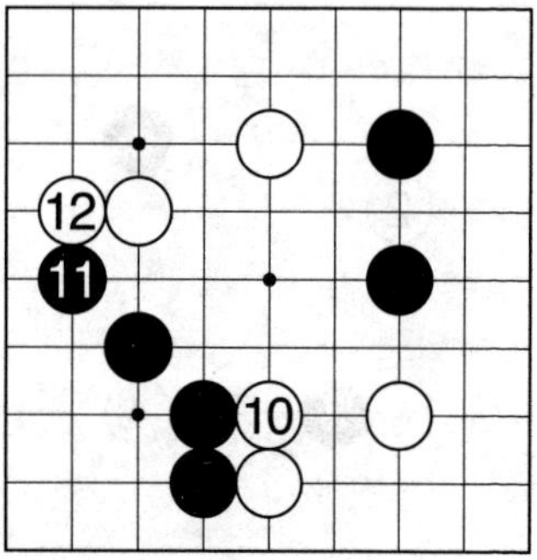

谱 4

白 10 贴，加固右下角的实地。

如果是 19 路盘的话，从这个阶段就进入中盘战斗了。但因为 9 路盘很小，基本没有中盘战斗，所以早早地进入了官子阶段。

双方在一定程度上都拥有实地，并且哪一方都不会死的时候就可以考虑官子阶段的事情了。

黑 11 小尖扩大实地。白 12 挡，阻止黑棋入侵。这是官子的基本走法。

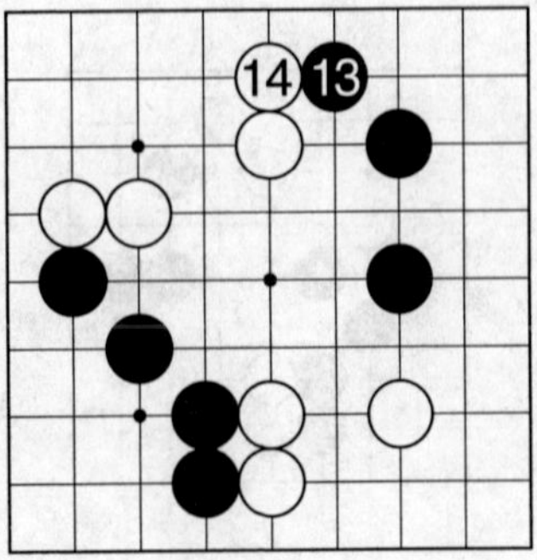

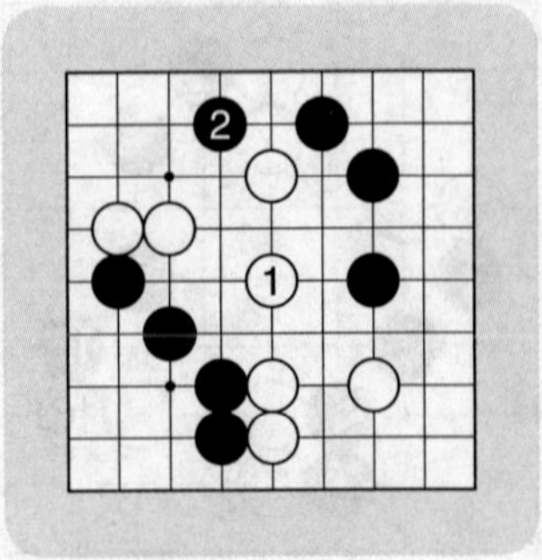

变化图

谱 5

在第二线有很多价值大的官子。

黑 13 在第二线以小尖来扩大自身的这种形状，在官子阶段可以被称作是“王道之形”。

白棋为了不被黑棋进一步入侵，于 14 位挡住。这样一来白棋就几乎可以确保实地了。

白 14 如果走变化图中的 1 位，黑 2 跳。此时白棋不仅被入侵了实地，可能还会有死活问题。所以谱 5 中的白 14 挡十分重要。

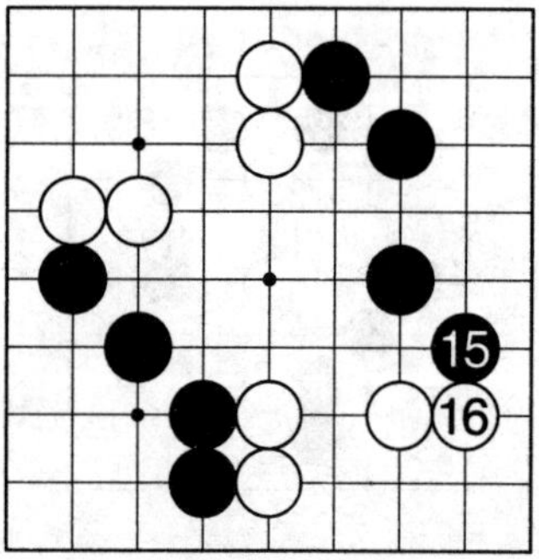

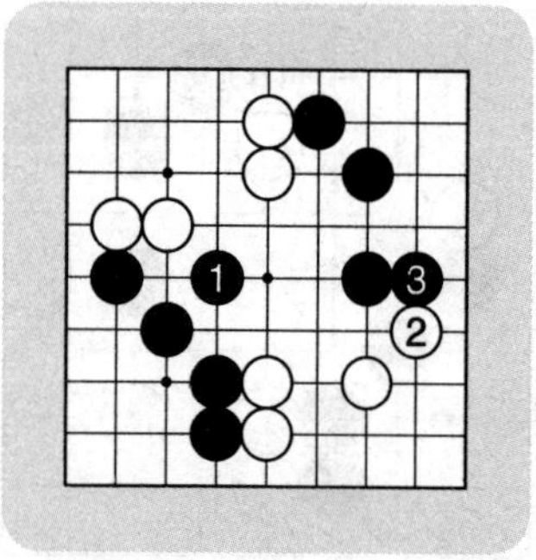

变化图

谱 6

黑 15 小尖，白 16 挡。

黑 15 与谱 5 中的黑 13 一样，一边扩大自身一边削减白棋，是价值巨大的官子。

如果黑 15 走变化图的 1 位，白棋立即走白 2 尖。

至黑 3 挡，请对比变化图和谱 6 中黑白实地一前一后的差距。

从目数上来看此官子的价值约有 8 目。对于职业棋手在目数计算上是要清晰准确的，但对于业余棋手，大致凭感觉就足够了。

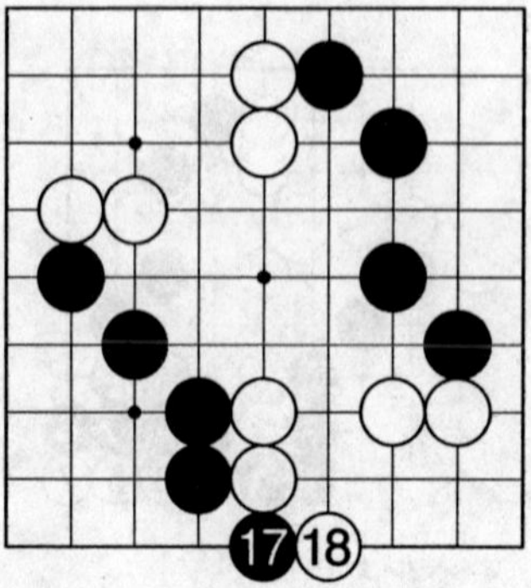

谱 7

第二线上的官子大致走完以后，就可以进入第一线走更细微的官子了。

价值大的官子叫作大官子，而价值小的叫作小官子。目前是小官子阶段。

黑 17 扳是官子的基本走法。白 18 挡。

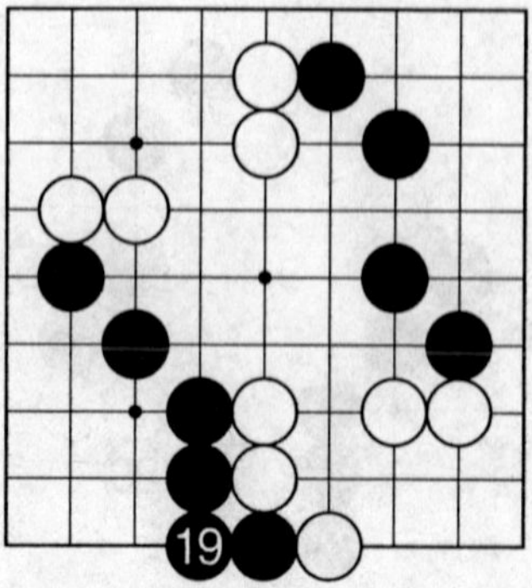

谱 8

黑 19 粘。

白棋下一手很重要，是哪里呢？

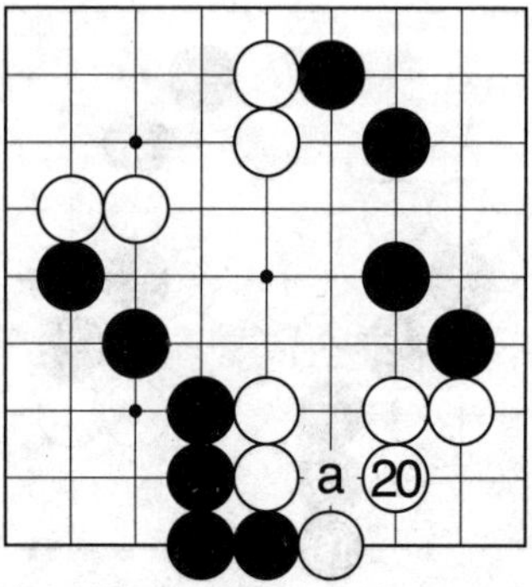

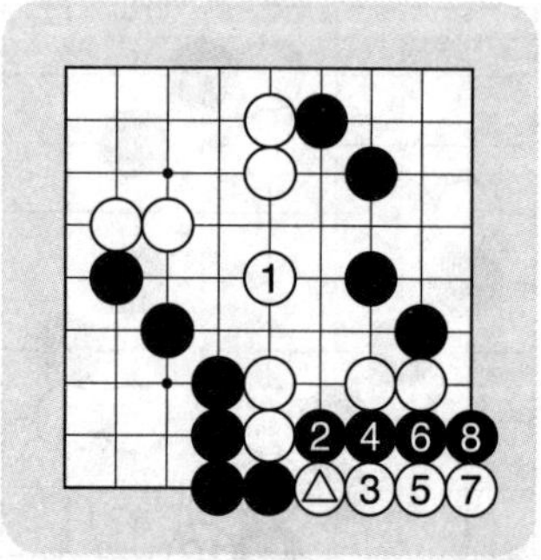

变化图

谱 9

白 20 虎，或者于 a 位粘住，是非常重要的一手。

白 20 如果走变化图中的 1 位脱先，黑 2 断打，白◬就跑不出去了。

白 3 长，黑 4 继续打吃，最后白棋依然逃不出被吃掉的命运。

无论白 3 是跑还是不跑，角上白地注定会被夺走。

所以白 20 一定要补住。

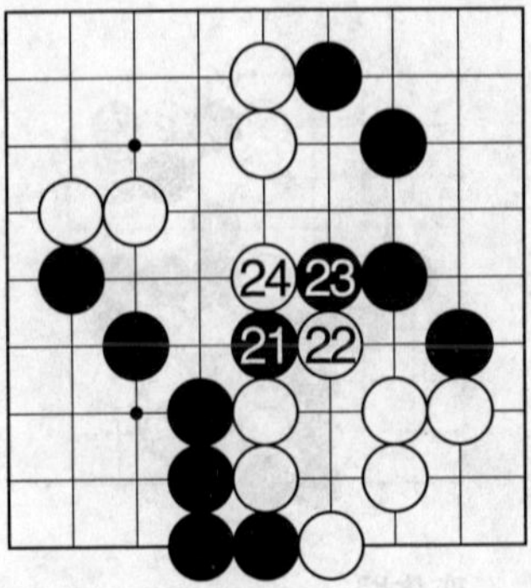

谱 10

白 22 虎，确保实地。

黑 23 挡，阻止白棋扩张。

白 24 打吃，黑棋应该如何应对？

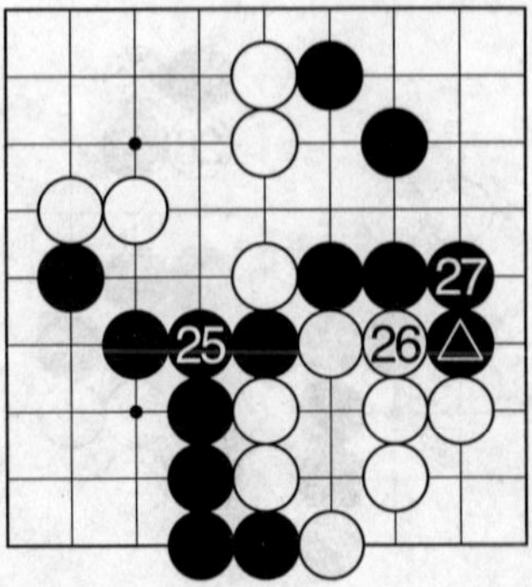

谱 11

因为黑一子被打吃，所以黑 25 粘。

白 26 挤，黑 27 粘住。

如果 27 位被白棋走到的话，则黑△就被吃住了。

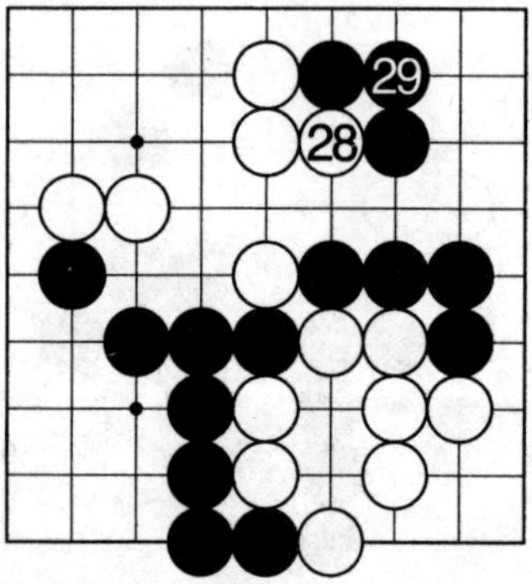

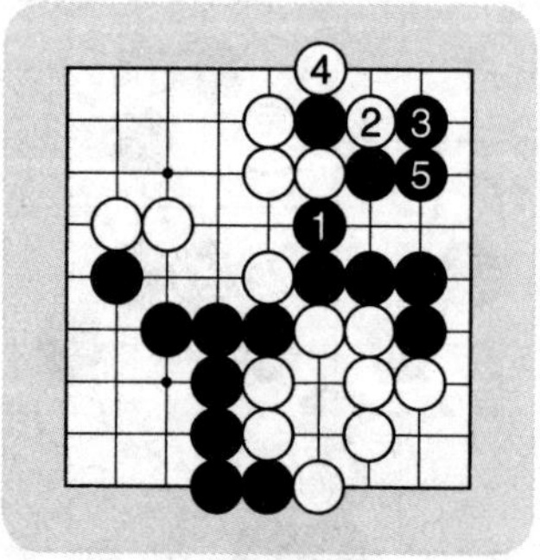

变化图

谱 12

白 28 挤制造断点，黑 29 如果不粘的话就会被白棋吃掉。

官子阶段尤其要注意断点。

黑 29 如果走变化图的 1 位，白 2 断打，黑棋一子就被吃了。

黑 3 反打，是将损失降到最小的一手。白 4 提掉黑一子，黑 5 仍需补断点。谱 12 和变化图相比，黑地损了不少。由于白棋吃掉了黑一子，所以实地增大了。

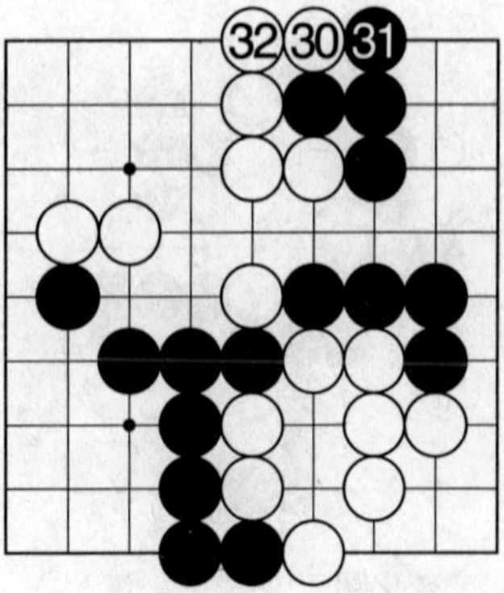

谱 13

现在我们来看第一线的官子。

白 30 扳，黑棋为了不让白棋进来，所以于 31 位挡。由于白棋被打吃，所以白 32 粘。

白 30、32 连起来被称为“扳粘”。这一连串行棋次序在官子阶段必定会见到。这也是官子的基础，一定要记下来。

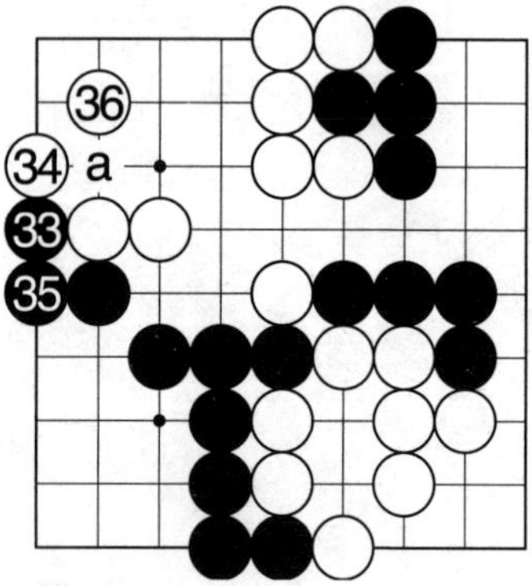

谱 14

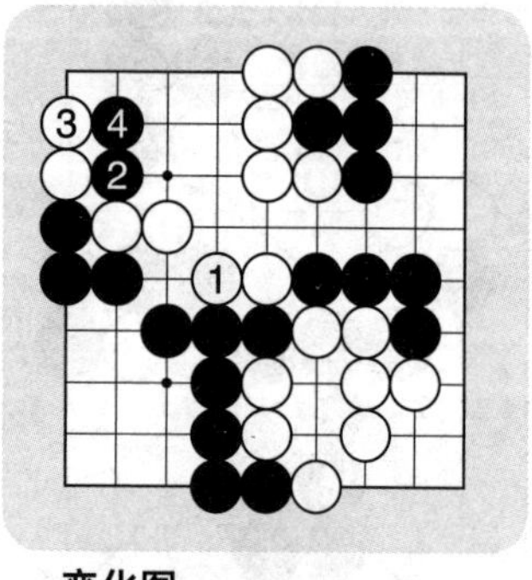

变化图

黑 33、35 扳粘。

白棋如果脱先，走变化图的 1 位，黑 2 断打。就算白 3 跑，黑 4 打，白棋还是会被吃掉。

所以官子阶段必须注意断点。

因为扳粘形中有断点，所以白棋需要于 36 位（或 a 位）补住。

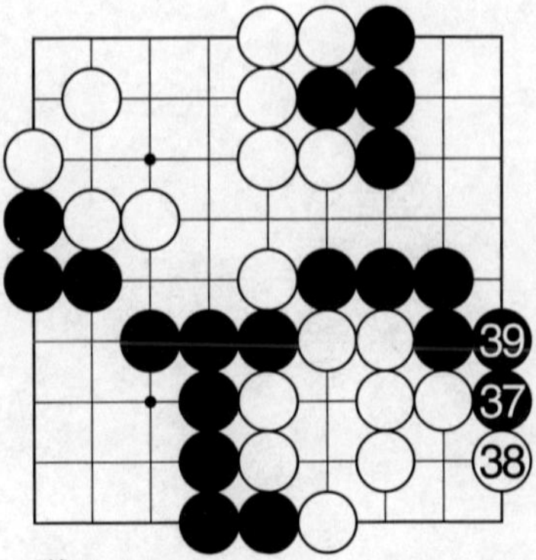

谱 15

黑 37、39，是第一线上最后的扳粘。

至此第一线的官子下完了。

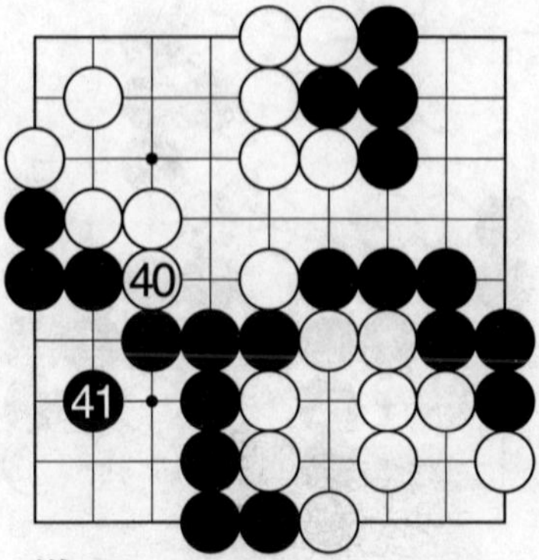

谱 16

白 40 挤，和谱 12 的白 28 相同。黑棋防止白棋打，所以于 41 位虎。

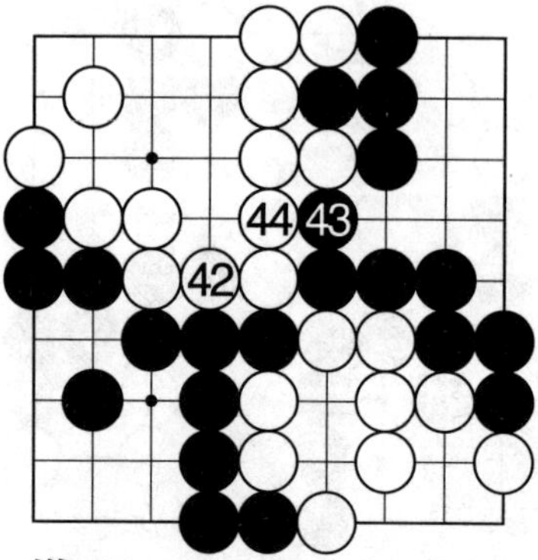

谱 17

之后就要进入理清中央边界线的阶段了。

白 42 至 44，盘面上可走的部分都已成地。至此终局。

黑地：10 目（右上）+10 目（左下）=20 目

白地：11 目（左上）+6 目（右下）=17 目

结果：黑胜 3 目。

学到这里大家感受到边界线所起的作用了吗？希望大家可以在后续解题的过程中领会其中意义。

1. 判断终局

当能够清晰地判断一局棋是否结束时，就可以从入门级别中毕业了。

现在我们来练习找出盘面上是否还有可以走的地方。

问题 1（黑先）

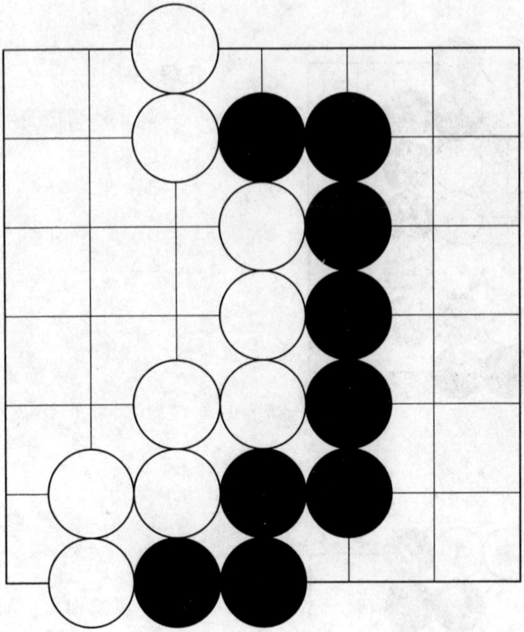

现在对局已经结束了吗？还是说仍有可以走的地方呢？

问题1（解答）

找出边界线

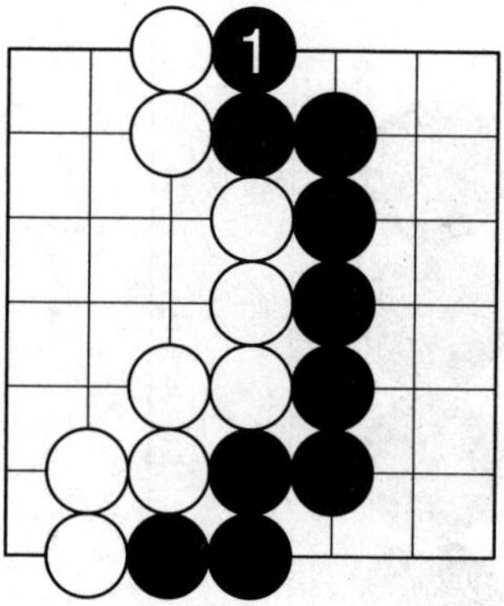

正解

黑1还有挡的手段。

至此终局。

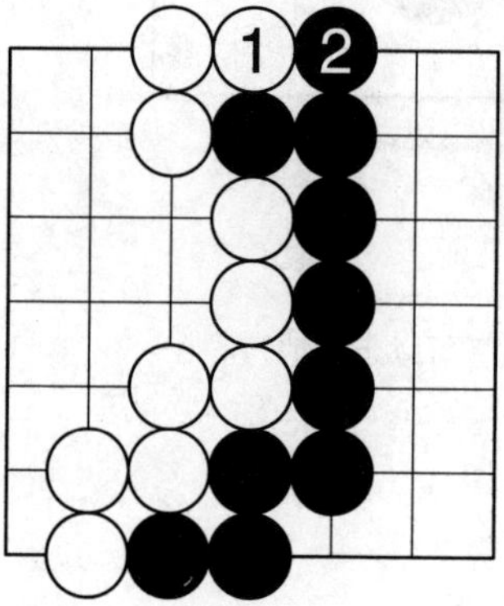

失败

如果黑棋判断此时已无点可占而停一手的话，白1冲。黑地损失了1目。

问题 2（黑先）

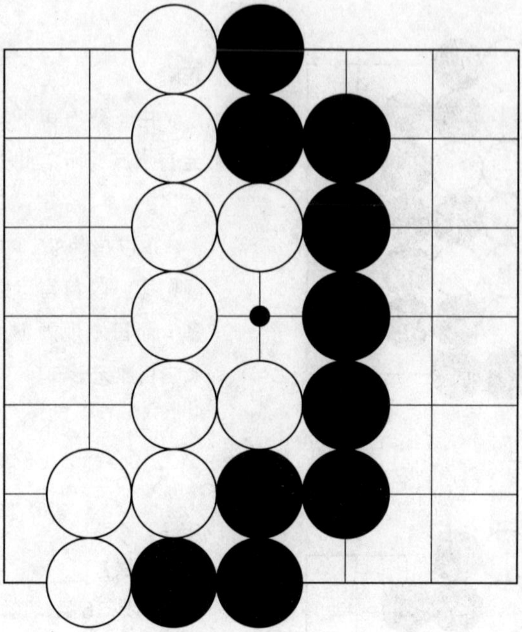

棋盘上还有可以走的地方吗？

问题 2（解答）

填满棋盘后点目

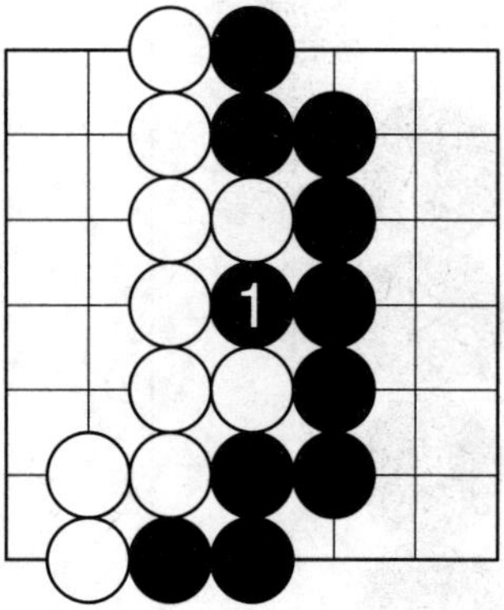

正解

由于双方再下实地也不会有增减，所以此处就是终局了。

1 位是单官，中国围棋规则下，收单官可以多算一子，而日本规则下，单官对黑白目数无影响。

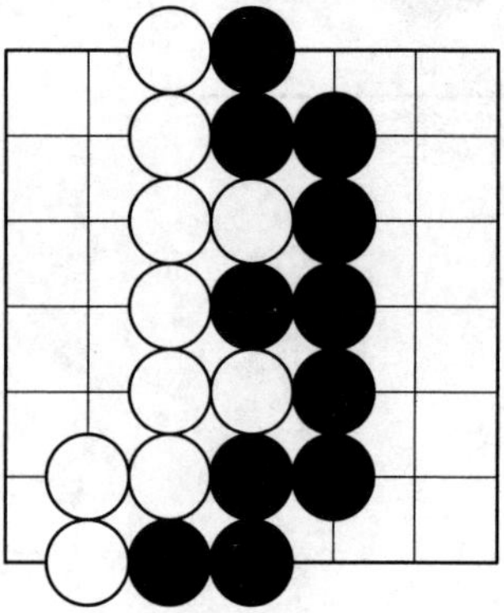

正解（续）

黑地 16 目，白地 12 目。黑胜 4 目。

问题 3（黑先）

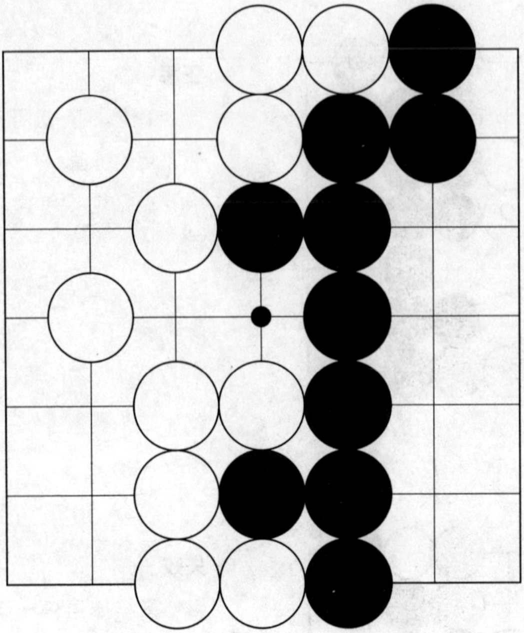

边界线附近还有空着的地方，这些地方是有价值的官子吗？

问题 3（解答）

减少对方一目的一手

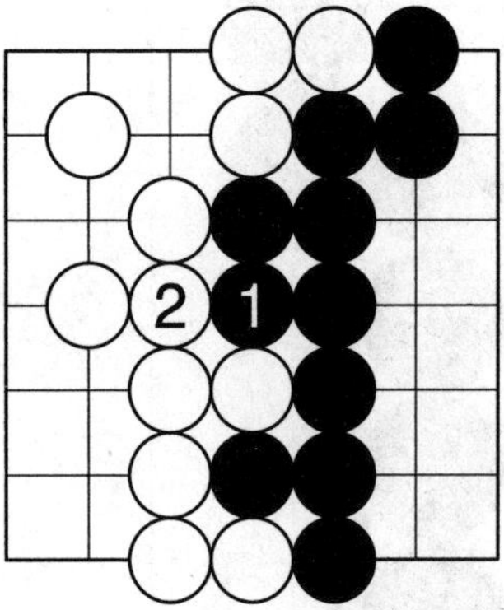

正解

1 位不是无用点。黑 1 有 1 目的价值。

白 2 走了单官之后，终局。

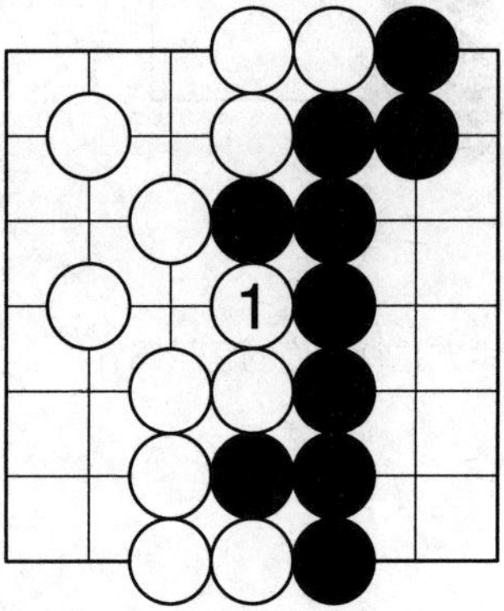

失败

黑棋如果停一手的话，1 位反被白棋占了，白棋得 1 目。

因此，一定要注意 1 位这个最后的官子。

问题 4（黑先）

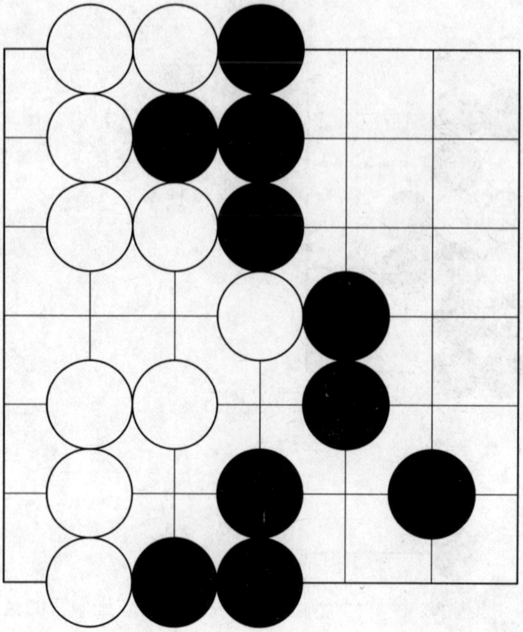

还有两处空着，有价值的地方在哪里？

问题4（解答）

打吃减少1目

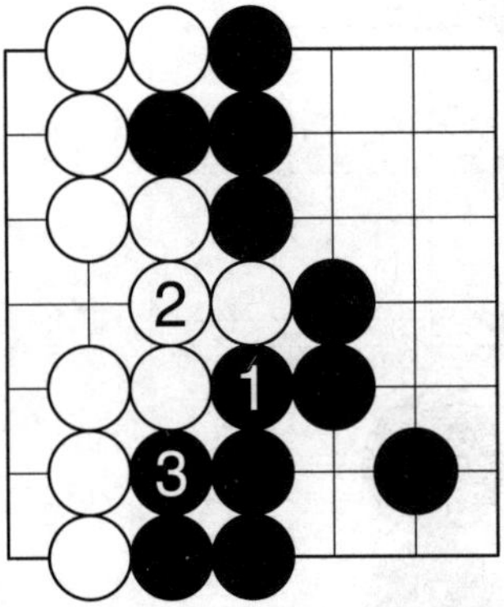

正解

黑1打吃，白2粘。

剩下的只有单官了。黑3填子，终局。

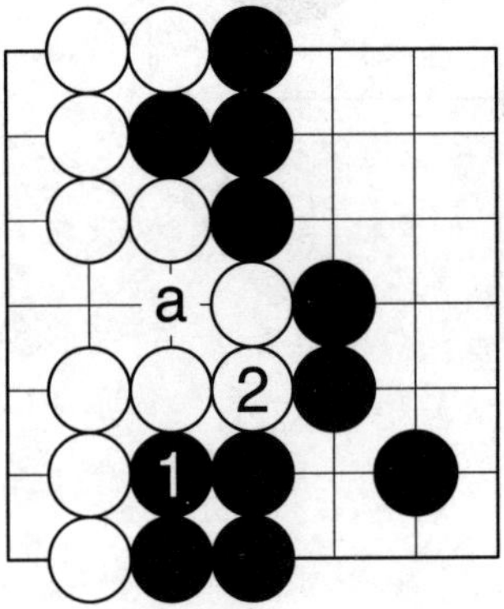

失败

黑1走单官的话，白2团。和正解图比，白棋a位增加了1目。

问题 5（黑先）

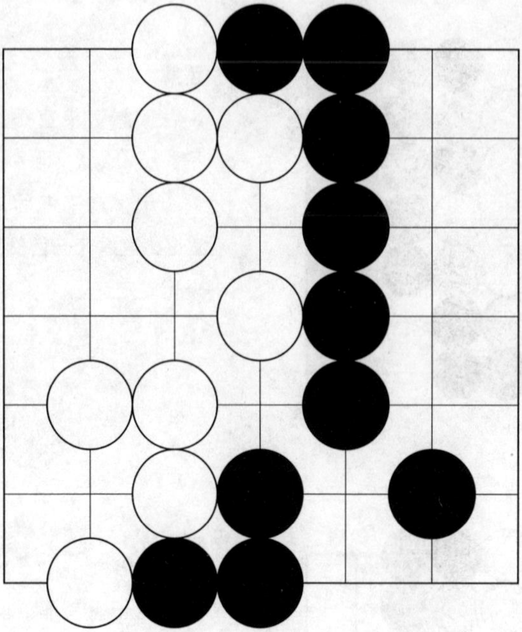

至此已经不会有目数的增减了。

之后单官怎么走呢？

问题 5（解答）

填完单官终局

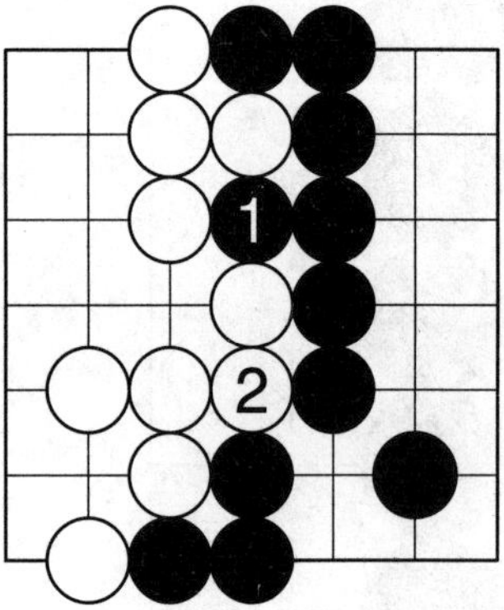

正解

只剩下单官了。黑 1 填子。

黑棋走 1 位后，白棋走 2 位，这是有一目价值的棋，一定要走这里。

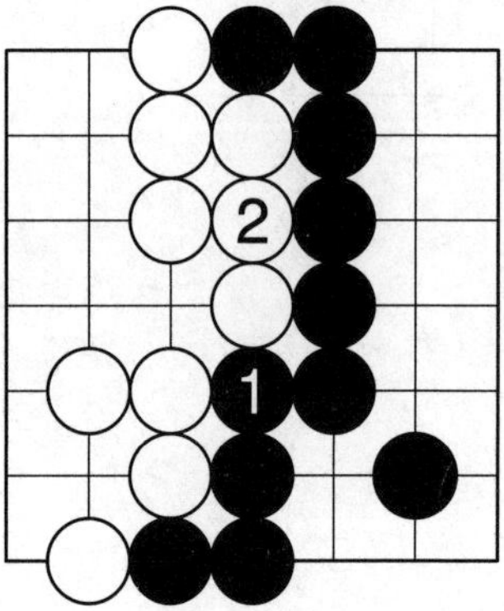

正解变化

由于是单官，黑棋走 1 位也可以。白 2 团，终局。

黑 1 和白 2 这两点，黑棋都占了的话有一目的价值，所以轮到白走时，白棋一定要走剩下的那一点。像这种情况的官子，在终局中多被看作单官。

问题 6（黑先）

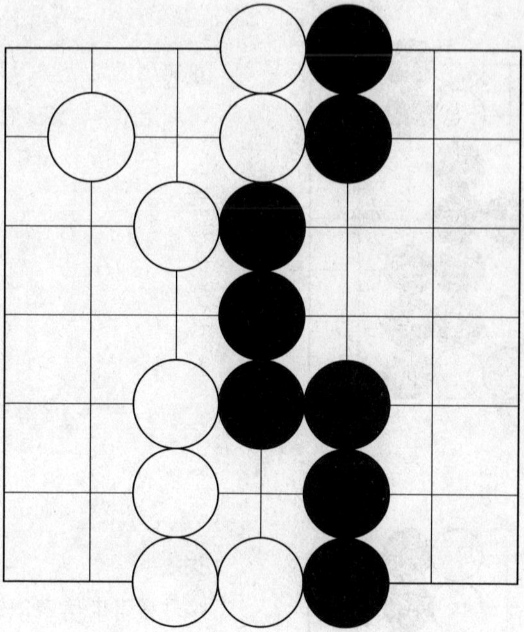

离终局还有几步。

认真计算后下完这一局吧。

问题 6（解答）

先手收官，“冲”是基本

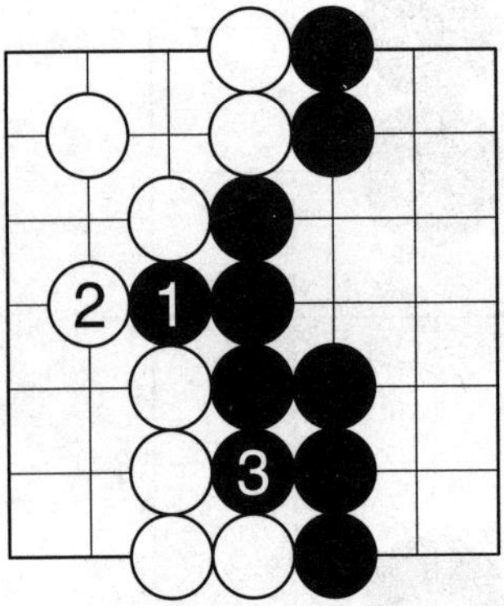

正解

黑 1 冲，减少白地。

白 2 挡， 黑 3 单官后终局。

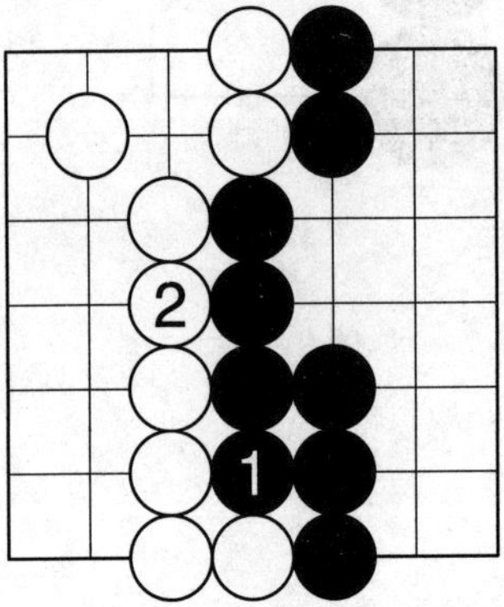

失败

黑 1 走单官的话，白 2 挡补住缺陷。

官子阶段中每一处都要十分注意。

问题 7（黑先）

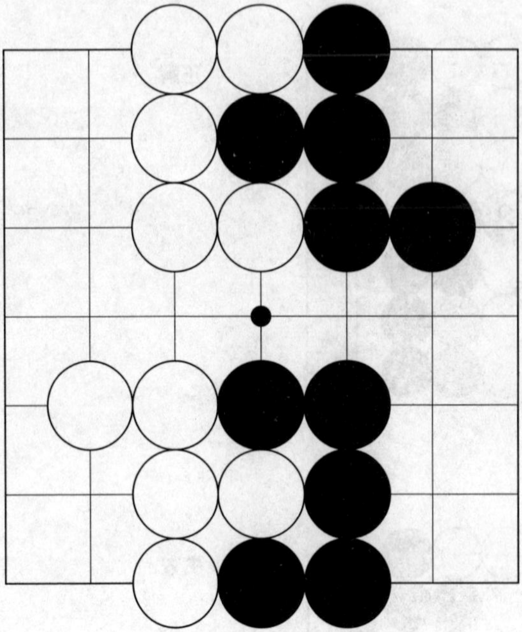

中央附近还没定形。黑棋应该如何走？请注意不要自损。

问题 7（解答）

尽可能大地围地

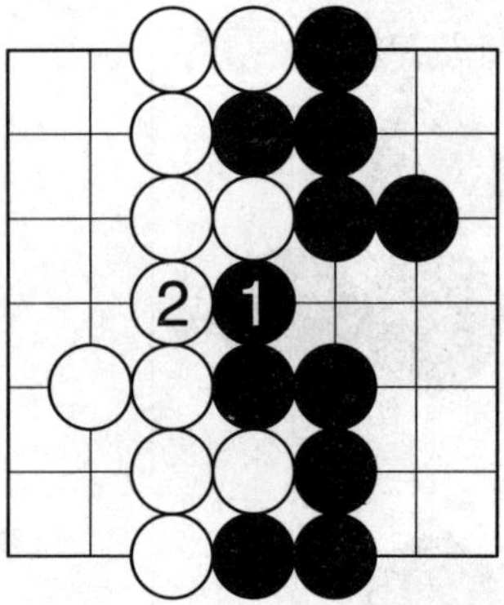

正解

黑 1 最大限度地扩大了黑地。

同时还可以减少白地。

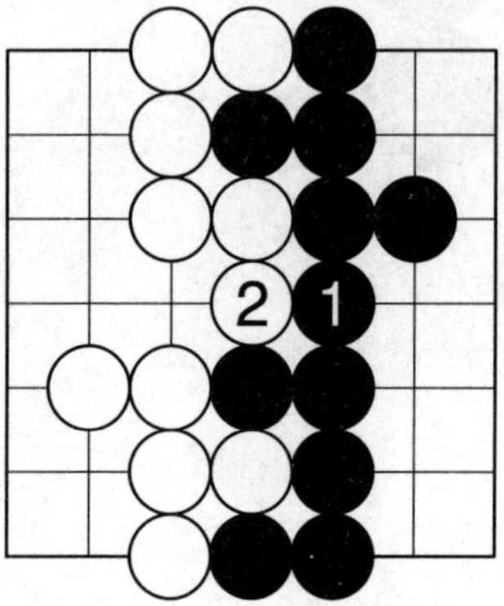

失败

黑 1 太缓。

白 2 的话，白地增加 1 目。

和正解图相比，白棋多 1 目，黑棋少 1 目，前后总共 2 目的差距。

问题 8（黑先）

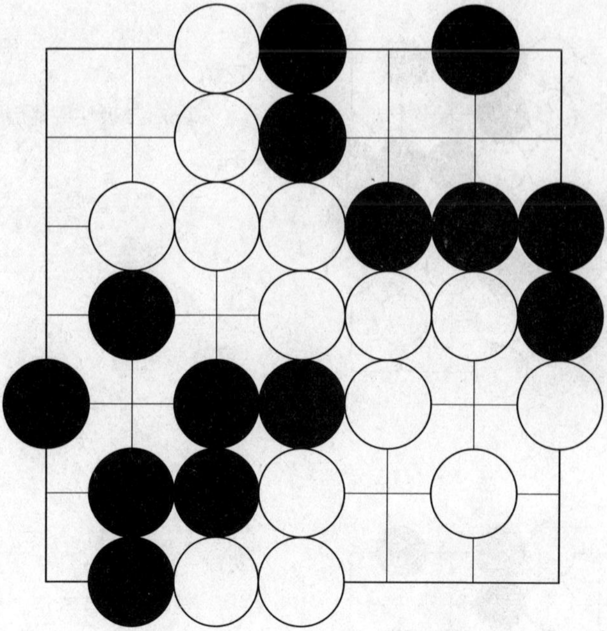

找出既能够减少对方实地又能增加自己实地的点。

请注意棋盘边界。

问题 8（解答）

扳粘是官子的基本

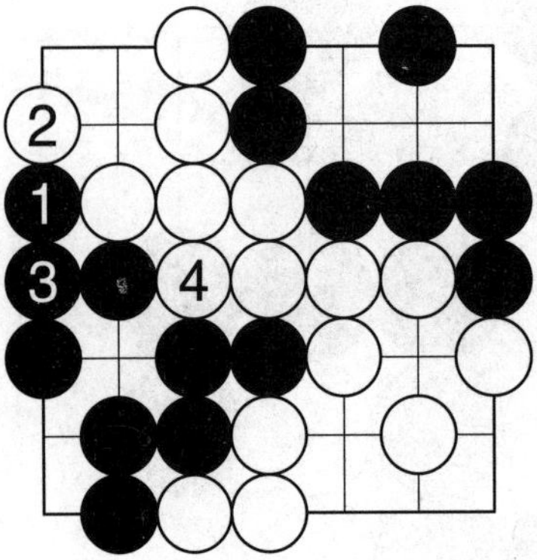

正解

黑 1、3 扳粘是最后的官子。

白 4 单官终局。

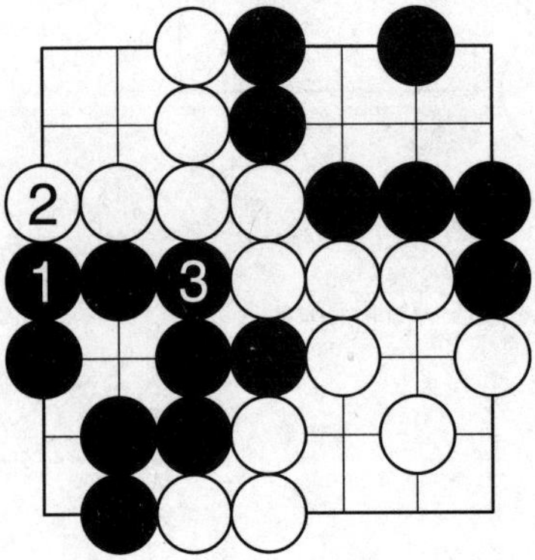

失败

黑 1 团略显不足。和正解图相比，左上的白地增加 1 目。

问题 9（黑先）

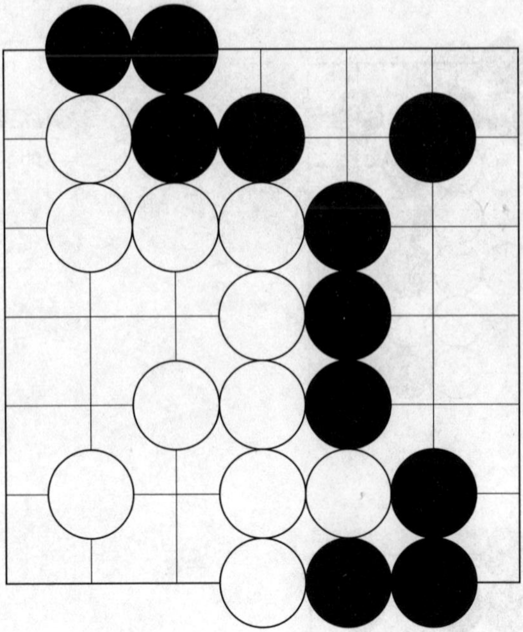

还有可以收官的地方吗？

如果有，是哪里呢？

问题 9（解答）

角部也可以扳粘收官

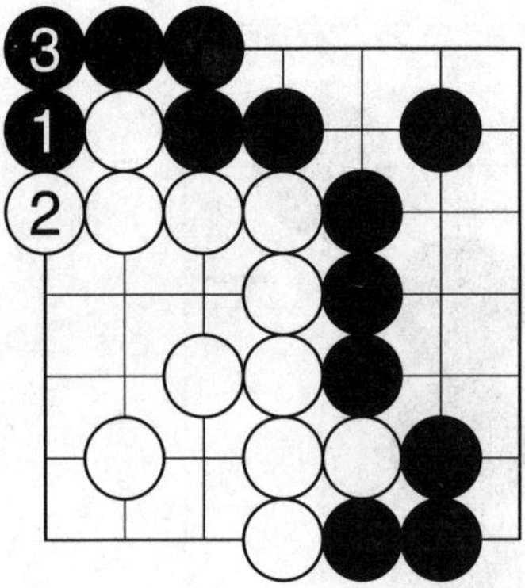

正解

黑 1、3 扳粘后终局。

扳粘是官子的基本技巧。请好好掌握。

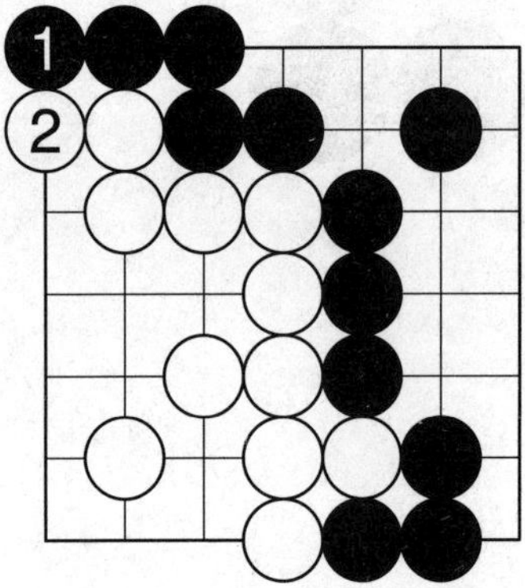

失败

黑 1 长，白 2 挡住，和正解图相比，白地多了 1 目。

问题 10（黑先）

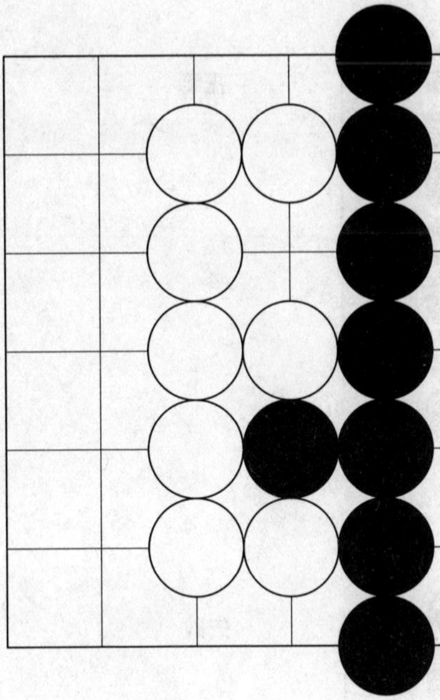

本图还有三处可以走，先不着急走单官。

问题 10（解答）

不要忘记冲的官子

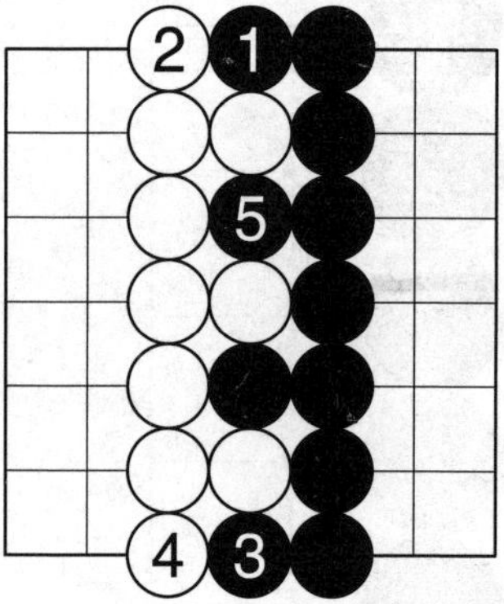

正解

黑 1 冲，白 2 挡。黑 3 再冲。

黑 1、3 变换顺序也是正解，

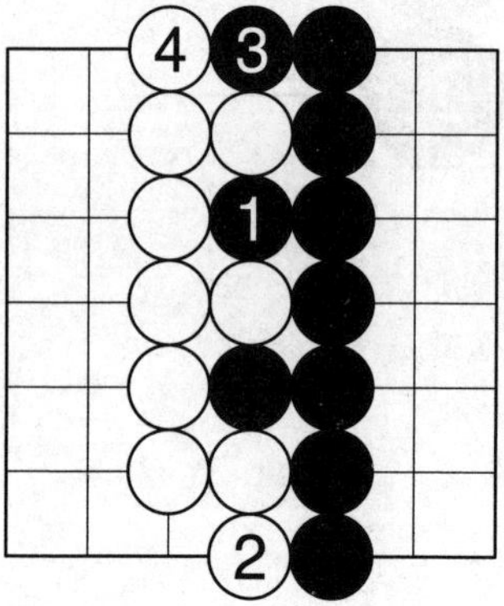

失败

黑1走单官的话,白2挡。

和正解图相比，白地增加一目。

只因一手而逆转胜负的情况在对局中也是常有的，一定要细心。

问题 11（黑先）

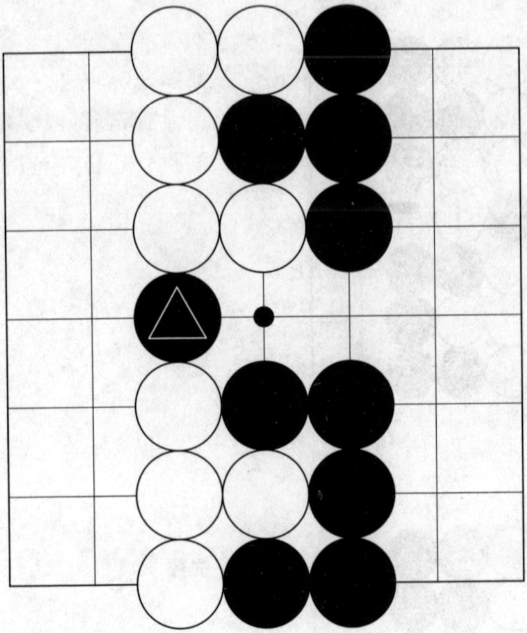

黑△挖。这一手太贪心了。

白棋该怎么惩罚黑棋？

问题 11（解答）

通过计算判断能否吃掉

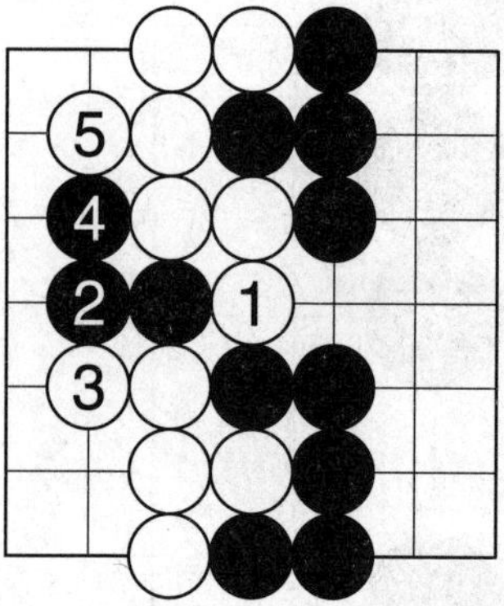

正解

白 1 断打，黑 2 跑，白 3、5 紧气，黑棋不行。

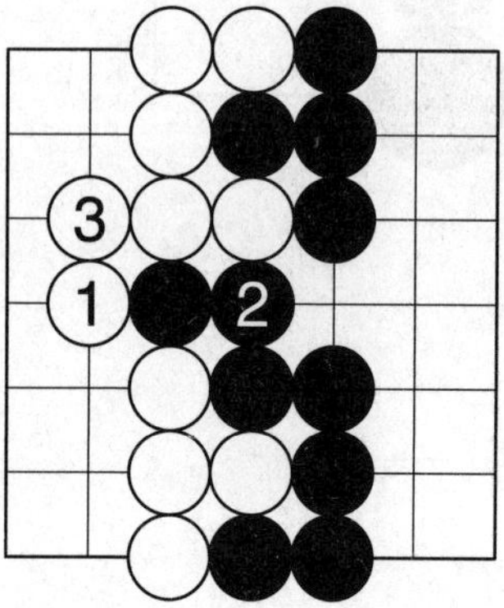

失败

如果计算不清，白 1 打吃保护自己实地的话，白地大幅减少。

问题 12（黑先）

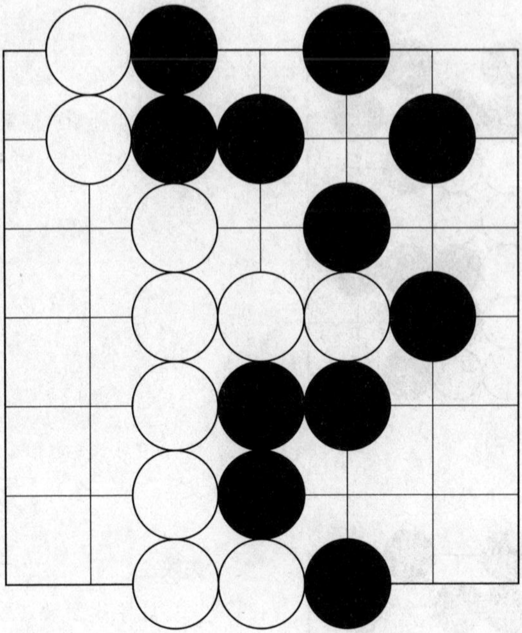

终局了吗？

盘面上只剩下单官了吗？

问题 12（解答）

注意实地中的毛病

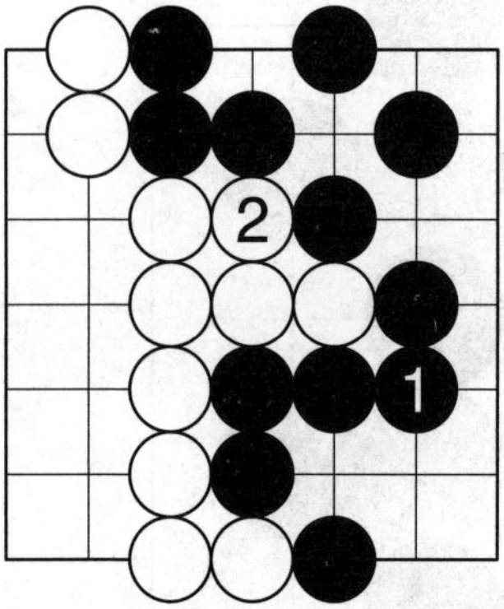

正解

黑 1 补断点很重要。

白 2 走单官，全局结束。

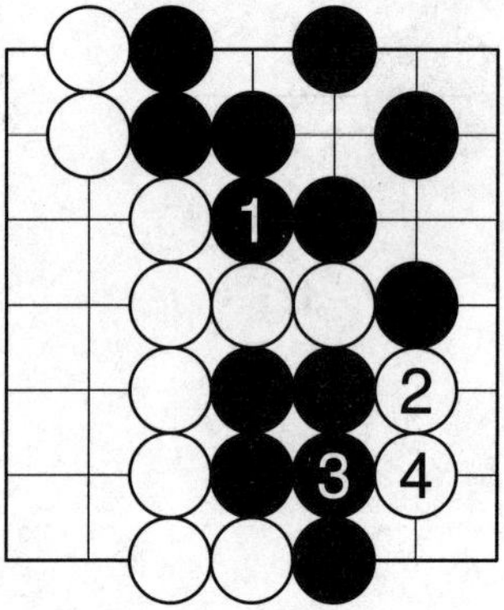

失败

如果黑棋没注意到断点而直接去走单官的话，白 2 断打，黑 3 粘，白 4 打吃，黑五子被杀。

黑地变成了白地，黑棋大损。

问题 13（黑先）

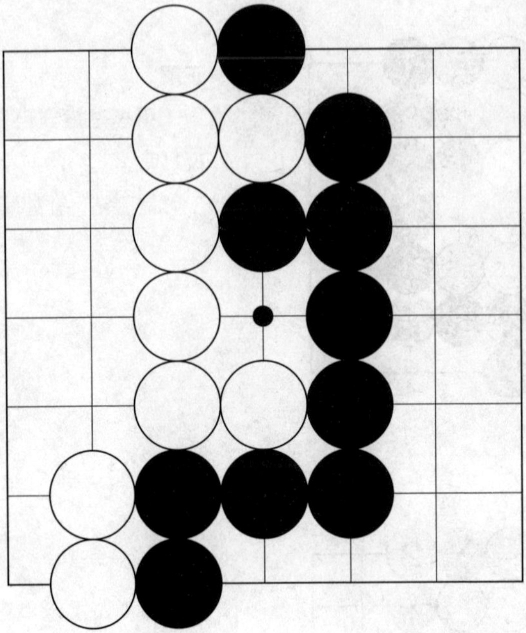

棋局马上就结束了。

请不要在最后关头出纰漏。

问题 13（解答）

不要漏看打吃

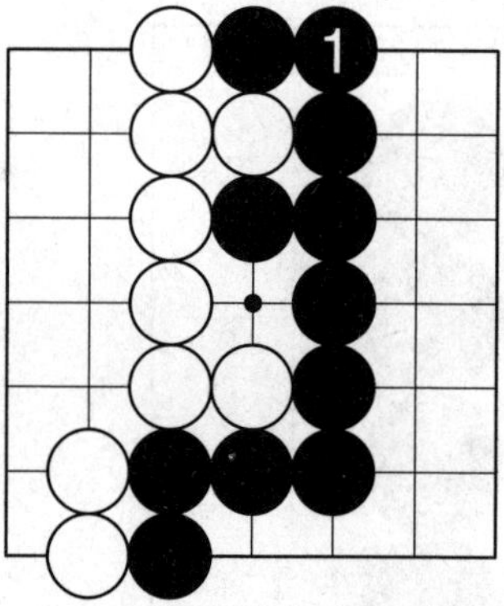

正解

黑棋注意到自己有一子被打吃。

黑 1 粘，补掉漏洞。

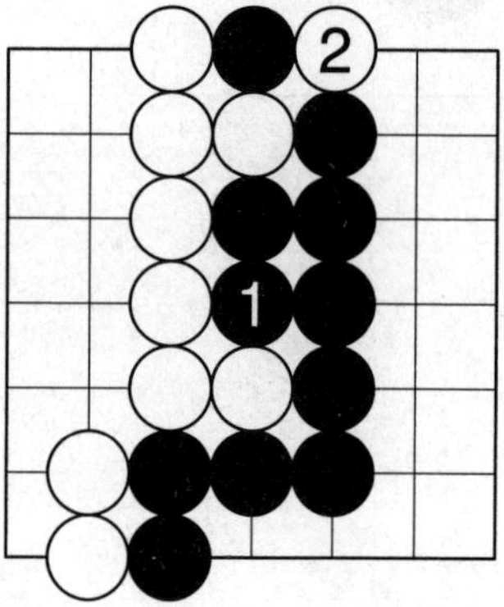

事变

黑 1 如果走单官的话，白 2 提。黑地减少。

问题 14（黑先）

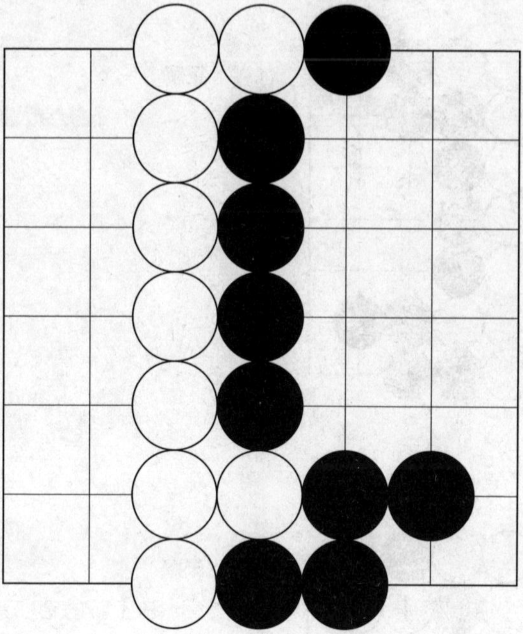

棋局结束了吗？

请仔细确认一下。

问题 14（解答）

注意断点

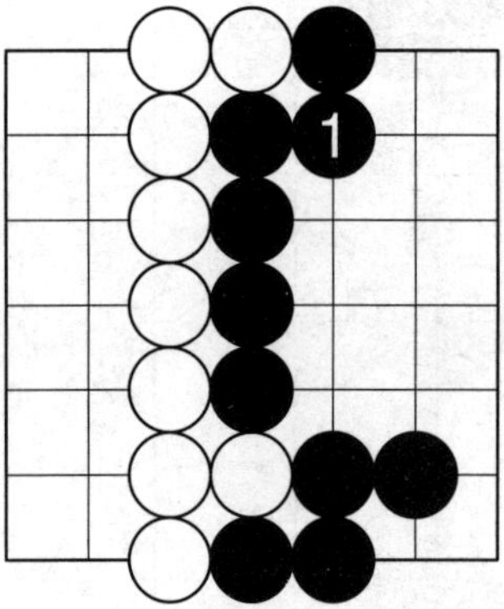

正解

黑 1 补断点很重要。

至此终局。

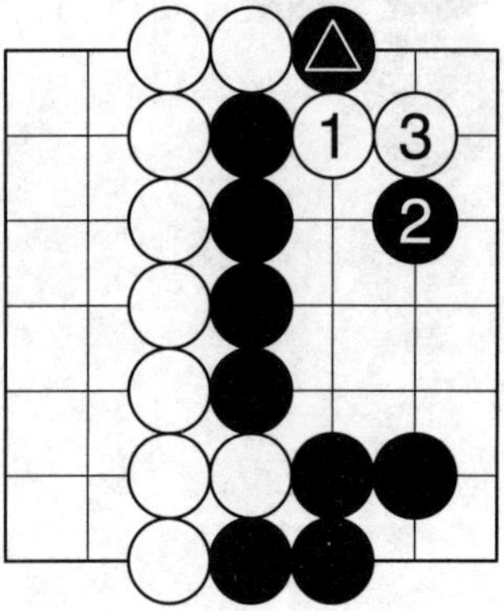

失败

白 1 断的话，黑▲就跑不掉了。

黑 2 虽然已将损失降到最低，但白 3 长，黑地还是损失了不少。

问题 15（黑先）

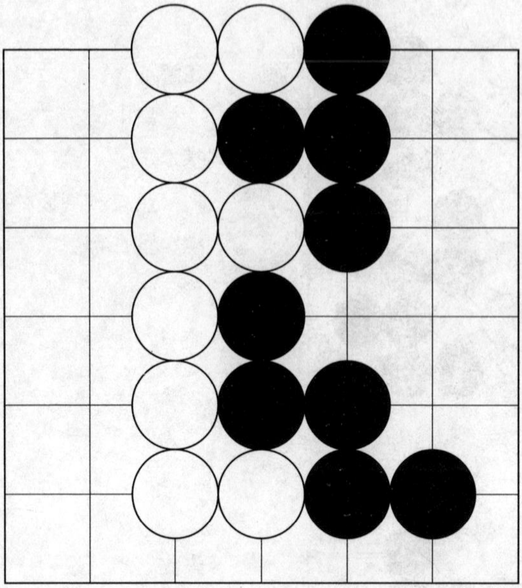

下边还没有定形。请下出有价值的官子。

问题 15（解答）

掌握扳粘

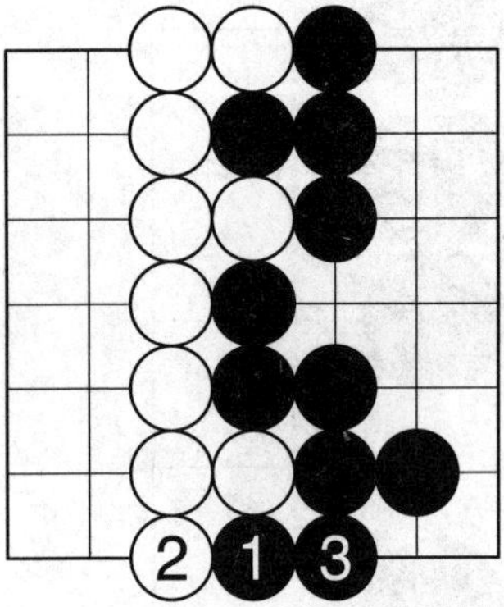

正解

黑 1、3 扳粘，是官子的基本走法。

黑棋一路扳粘是减少白棋实地的手法。

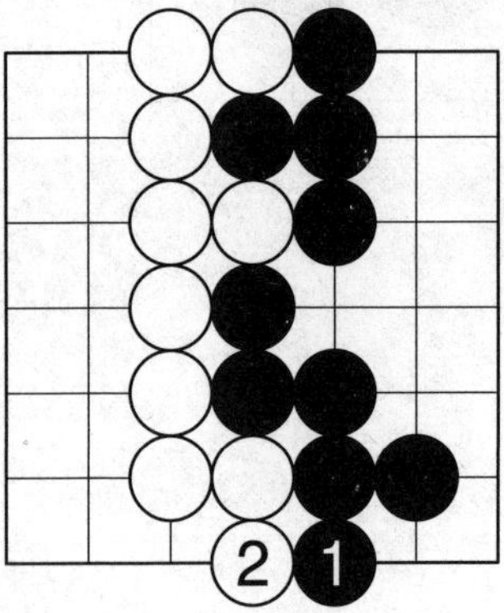

失败

黑 1 立下的话，白 2 挡，白空没有丝毫减少。

和正解图相比，虽然黑地目数不变，但白地增加了 1 目。

问题 16（白先）

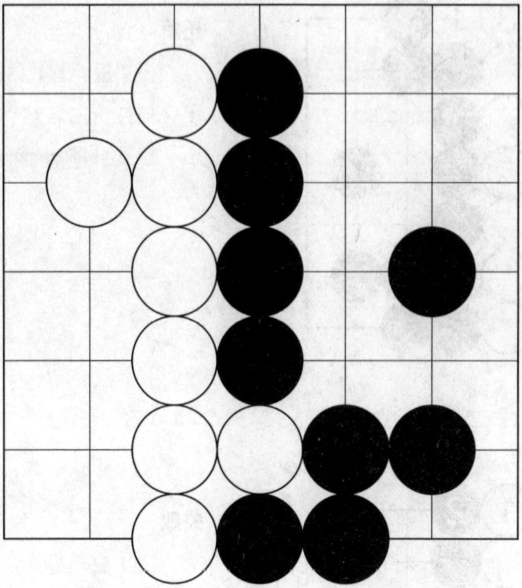

请找出自身和对方的弱点。

上边还有未定型的地方，是哪里呢？

问题 16（解答）

扳粘是官子基本

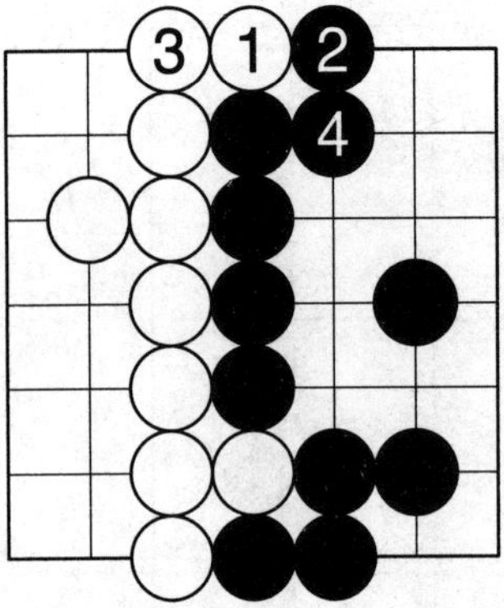

正解

白 1 扳，是最后的官子。黑 2 挡住，白 3 粘。

黑 4 补断点也很重要。

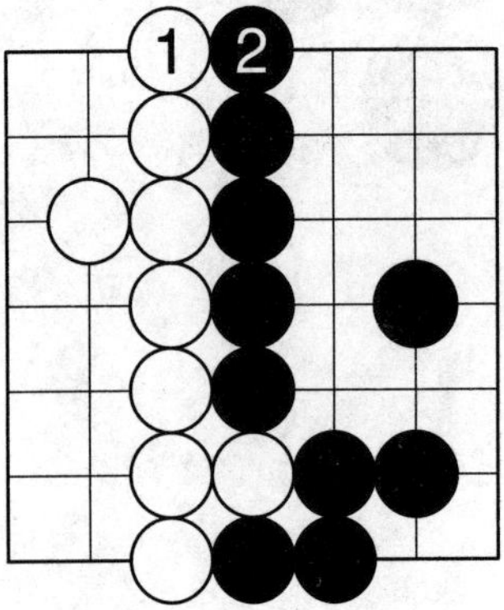

失败

白 1 立不好。

和正解图相比，虽然白地目数不变，但黑地增加了 2 目。

问题 17（黑先）

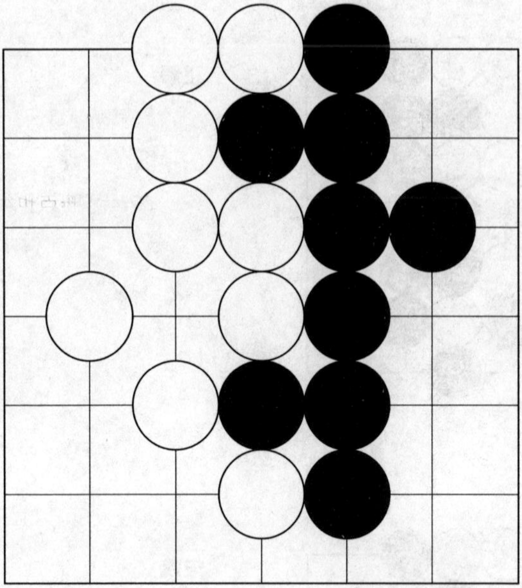

和前一问相同，请找出自身和对方的弱点。

目前还有一手价值很大的官子。请用心观察和思考。

问题 17（解答）

第二线断吃很大

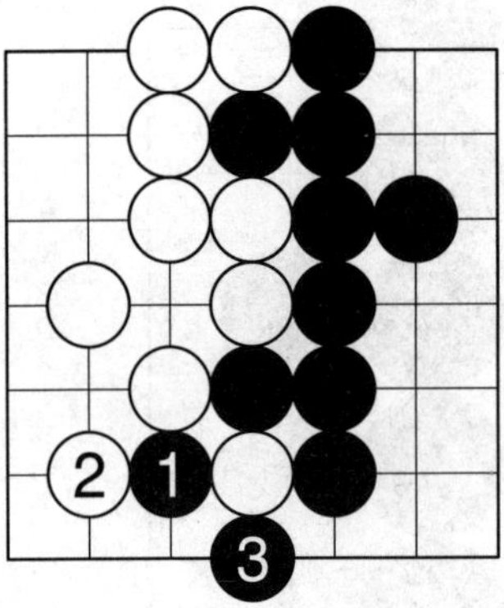

正解

黑棋有黑 1、3 断打白棋的手段。

这一手在实战中很常见。

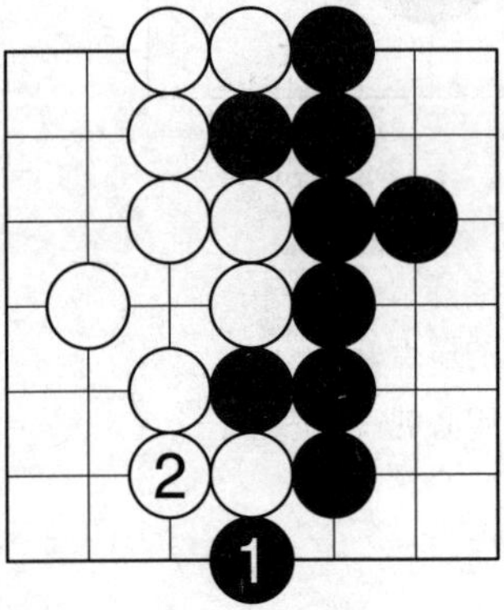

失败

黑 1 下打的话，白 2 粘住，黑棋吃不掉白棋。

问题 18（黑先）

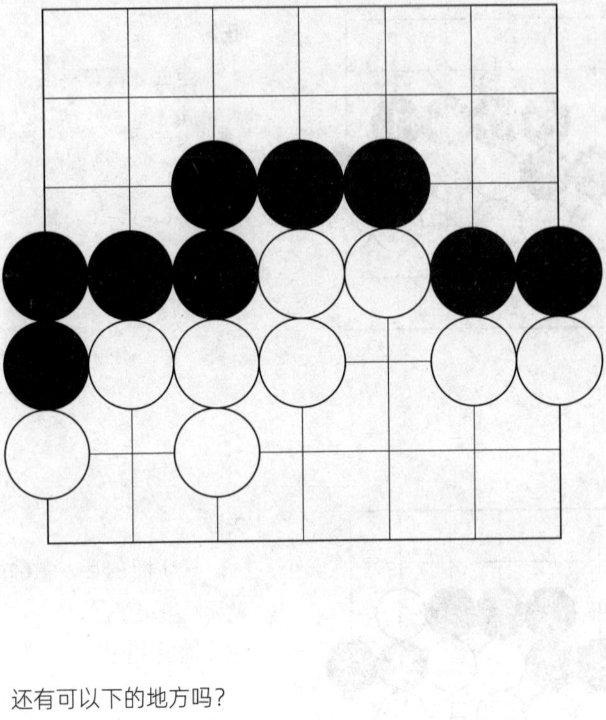

还有可以下的地方吗？

问题 18（解答）

找出断点

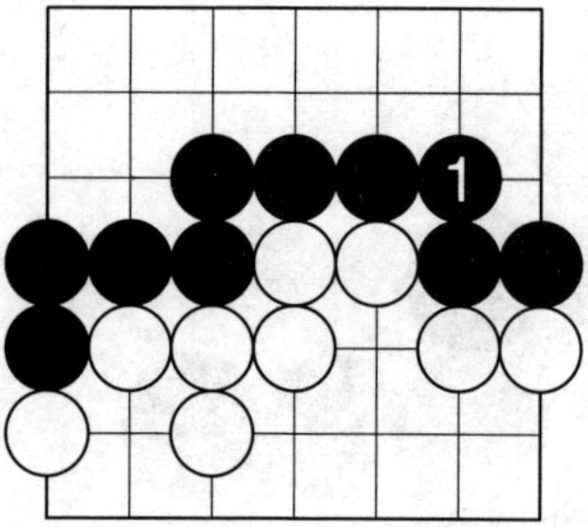

正解

盘面还留有断点。

黑 1 粘，终局。

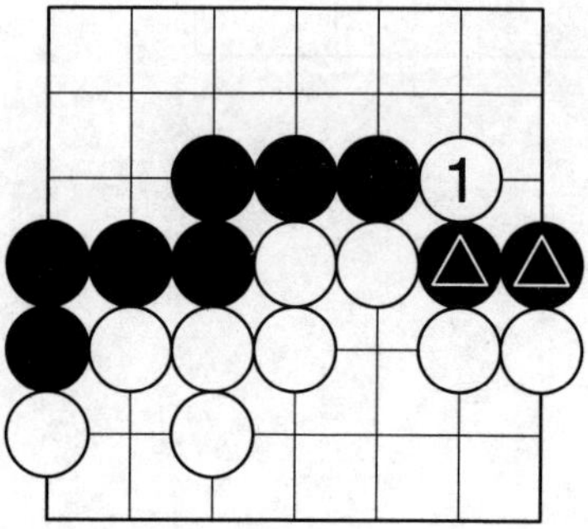

失败

白 1 断的话，黑△两子就无路可逃了。

黑棋大损。

问题 19（黑先）

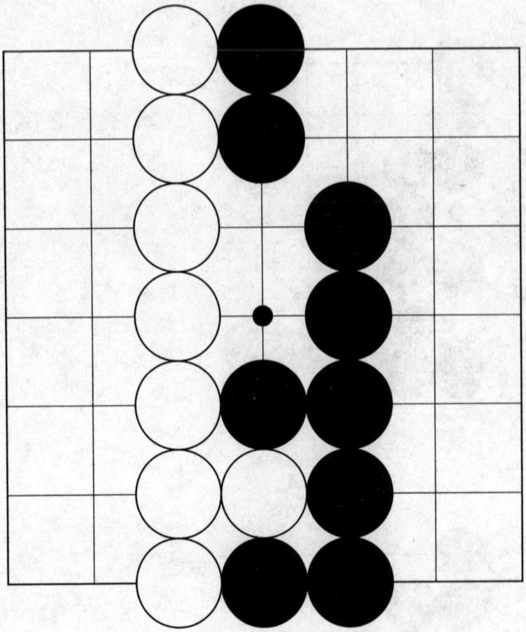

边界线上的空，是无用点吗？

问题 19（解答）

不要被做出断点

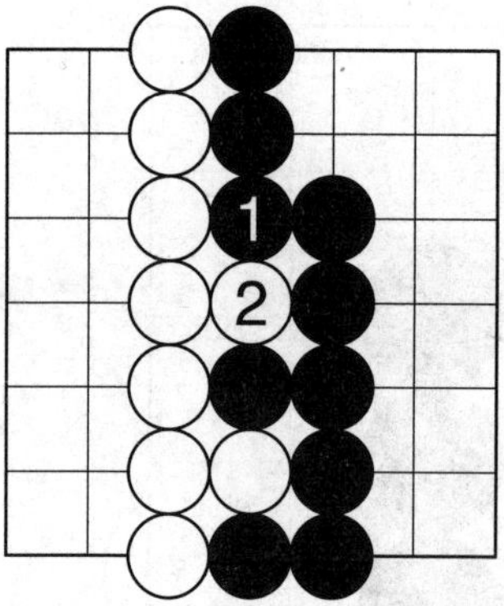

正解

黑 1 是价值 1 目的一手。

白 2 填，终局。

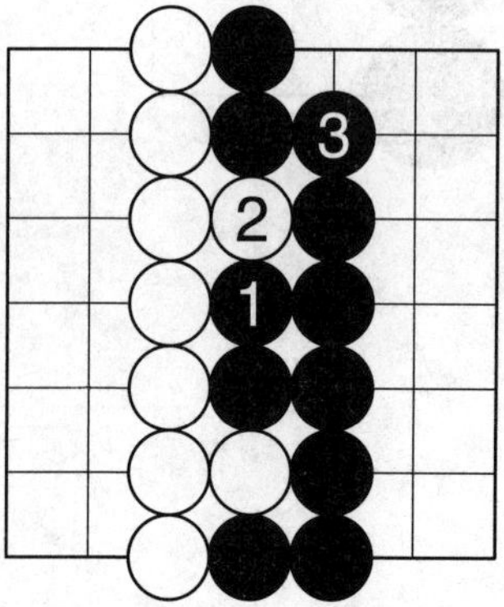

失败

黑走 1 位的话，白 2 挤。

黑 3 必须粘住。

如果黑 3 不粘，白棋走 3 位断打，黑两子就被吃掉了。

问题 20（黑先）

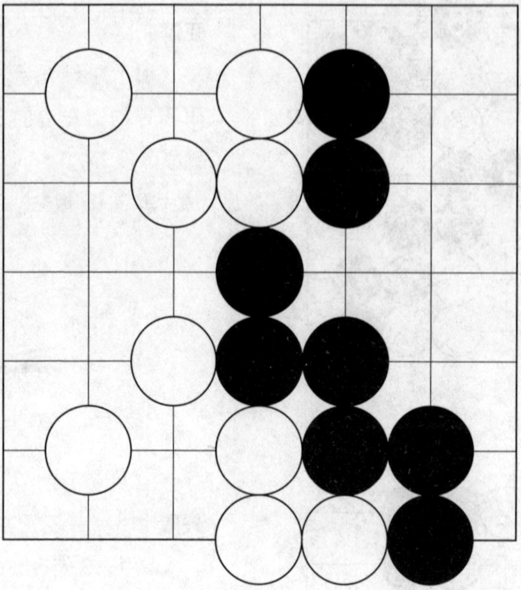

此时还有两处可以走，落子顺序很重要。应该怎么走呢？

问题 20（解答）

看清先手

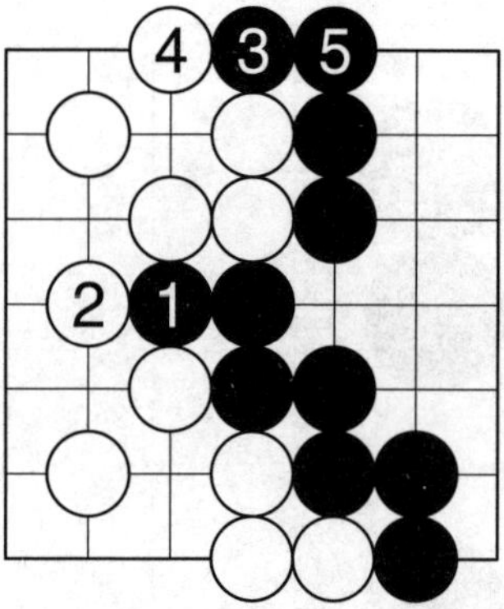

正解

黑 1 冲是先手。白 2 如果不挡的话左边的白地就被黑棋入侵了。

黑 3、5 扳粘，终局。

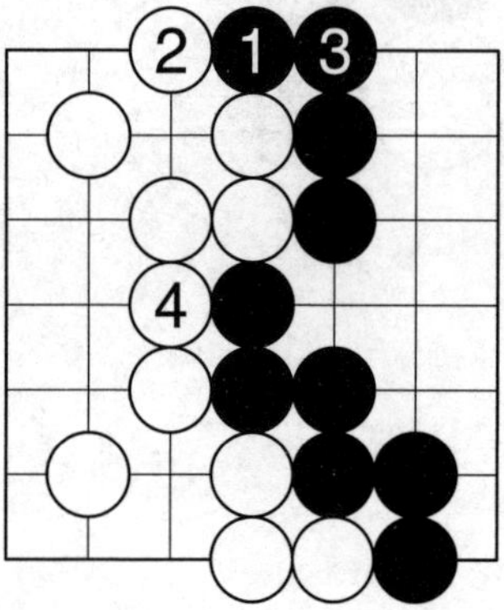

失败

黑 1、3 先扳粘的话，白 4 挡住。

黑棋没走到 4 位的冲是损失。

问题 21（黑先）

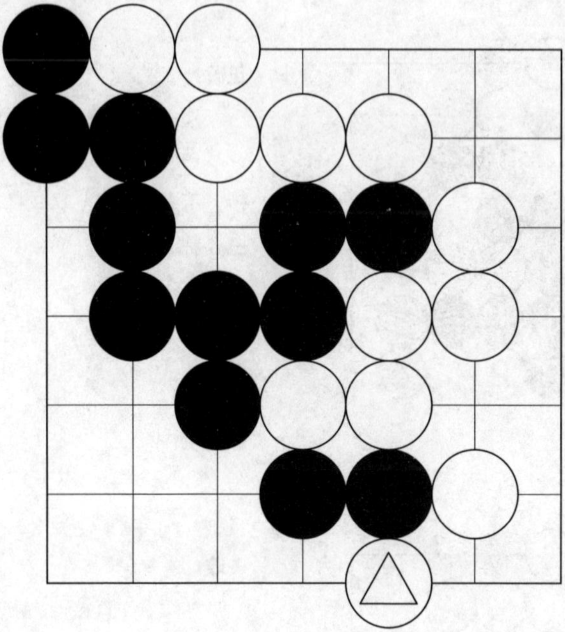

白棋走白◬。

黑棋要注意这手。应该如何应？

问题 21（解答）

补断

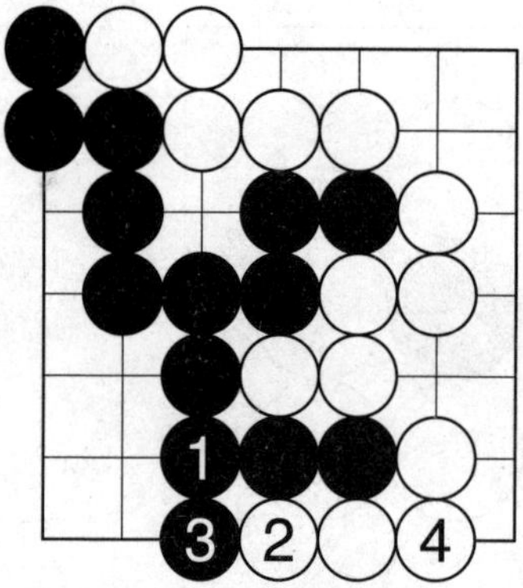

正解

黑 1 补断点十分重要。

白棋此时可以脱先。白棋也可以走白 2，黑 3 打吃，白 4 粘。

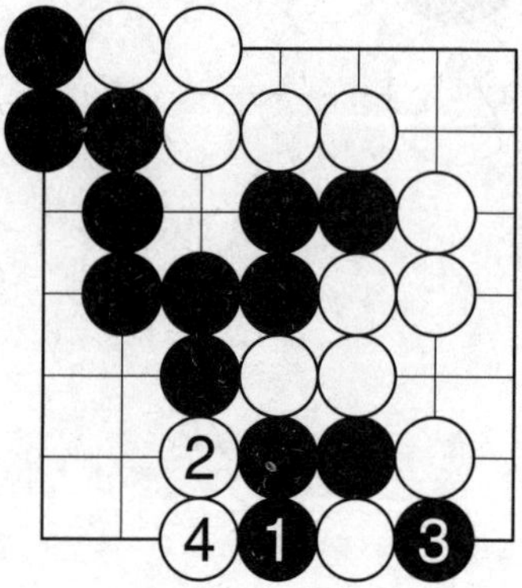

失败

如果黑 1 直接挡，白 2 断。黑 3 即使提掉白一子，白 4 打吃，黑棋就无路可逃了。

由于这个形经常出现，所以一定要注意。

问题 22（黑先）

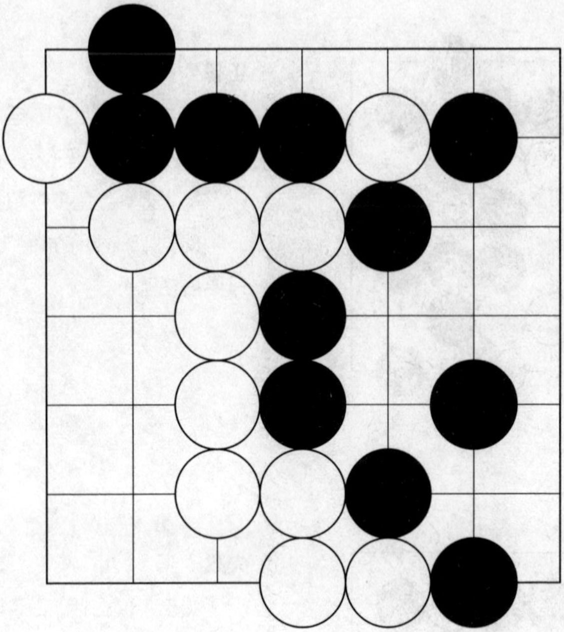

填子的顺序也很重要。

请找出黑棋的毛病。

问题 22（解答）

注意双打吃

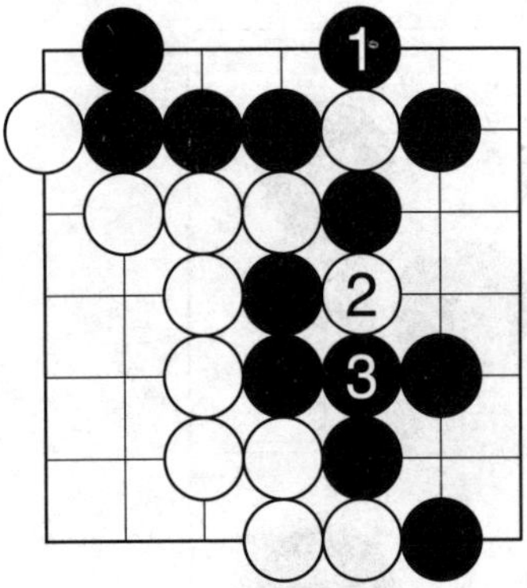

正解

黑棋注意到了白走 2 位的话会被双打吃吗？

黑 1 提，避免了被双打。

此时白 2 断的话，黑 3 只要粘住就行。

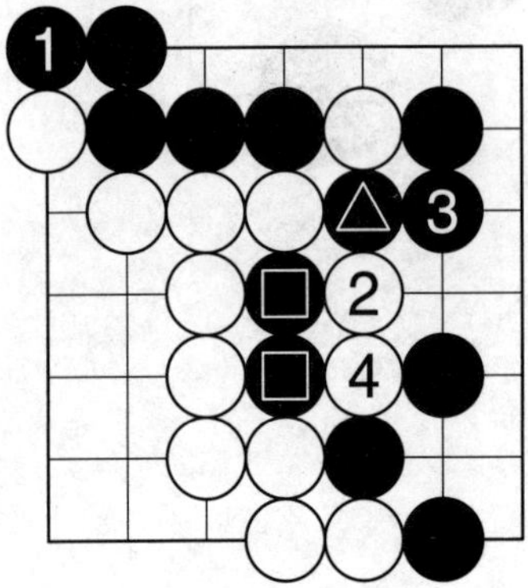

失败

黑走 1 位的话，白 2 断，黑△和黑□总会有一块被吃掉。

这样黑棋崩溃。

问题 23（黑先）

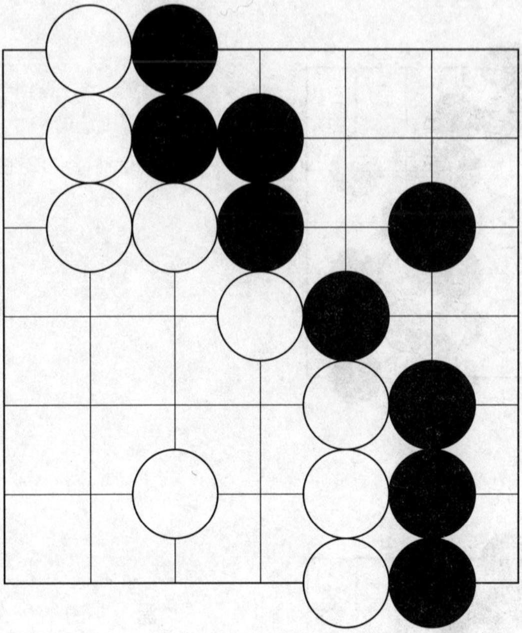

可以终局了吗？

还是说依然留有什么手段呢？

问题23（解答）　找出断点

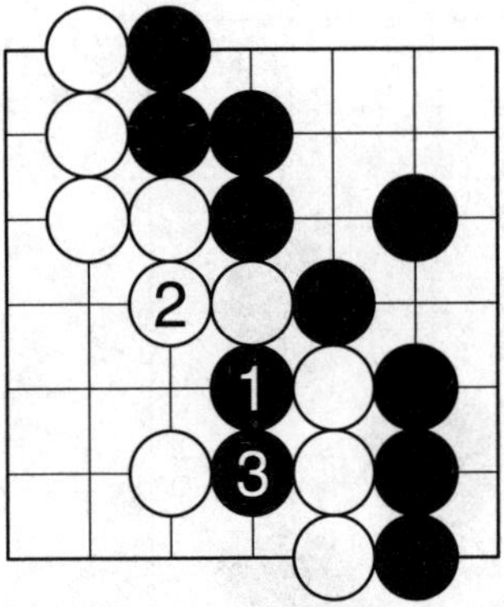

正解

黑1断打。

白2粘，黑3吃住白三子。

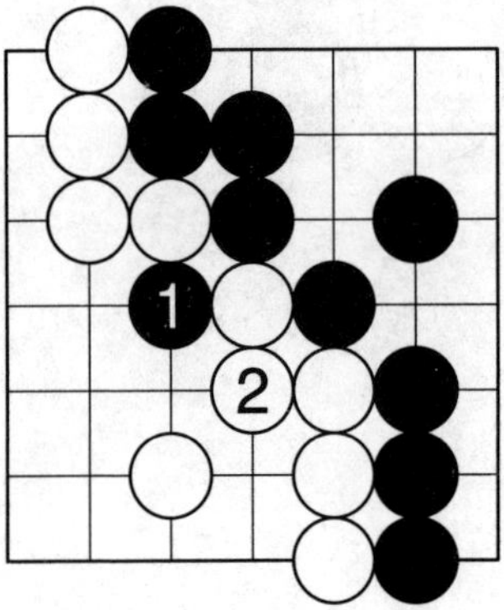

失败

黑1断的话什么用也没有。

请一定要看清楚再断。

2. 哪处价值大？

先收价值大的官子。

本章是判断官子价值大小的练习。

问题 24（黑先）

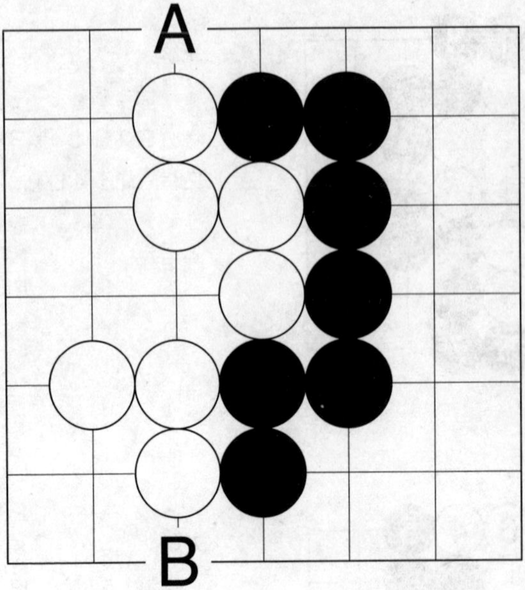

官子还有 A、B 两处。

如果走的话，两处都能下到比较好。A 和 B，应该先走哪里？

问题 24（解答）

看清先手官子

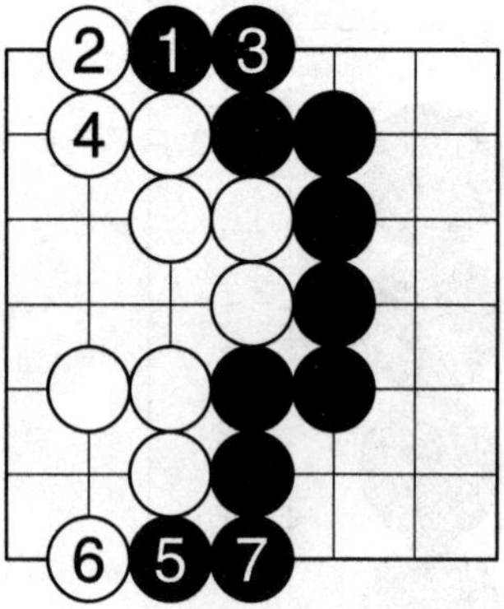

正解

黑 1 扳。

白 2 打吃，黑 3 粘之后，白棋只能于 4 位粘。

之后黑 5、7 扳粘，两处都走到了。

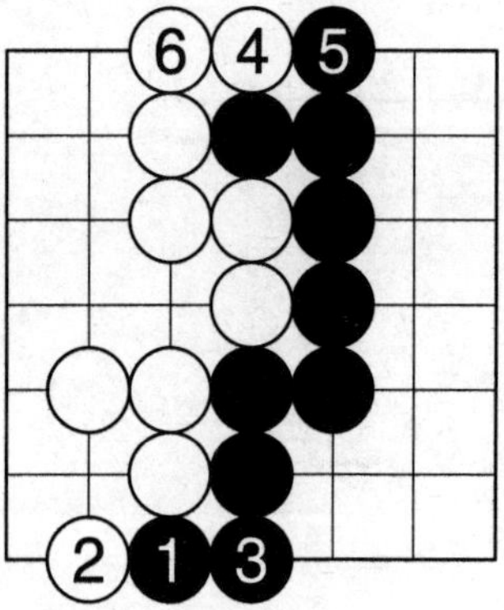

失败

黑 1 扳的话，白 2 挡住，黑 3 必须粘。

这样白棋就抢到了 4、6 的扳粘。

问题 25（黑先）

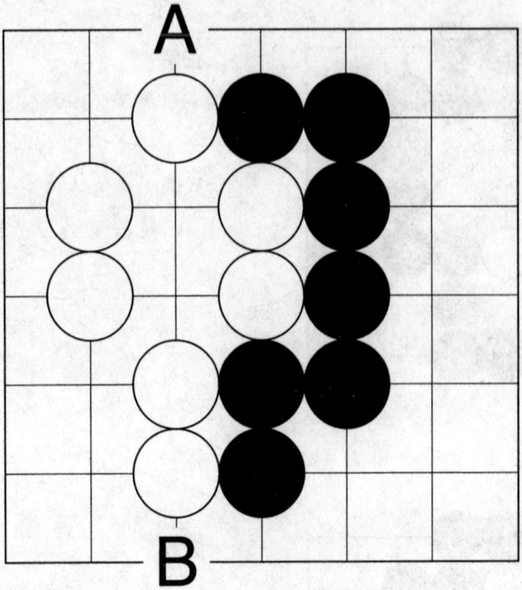

哪个是先手官子？应该走 A 还是 B?

问题 25（解答）

先手扳粘

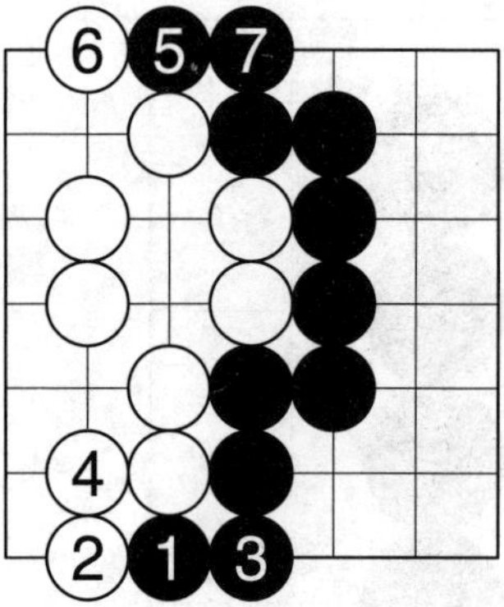

正解

黑 1、3 扳粘是先手。

由于白棋有断点，所以只能于 4 位粘。

黑再于 5、7 扳粘。

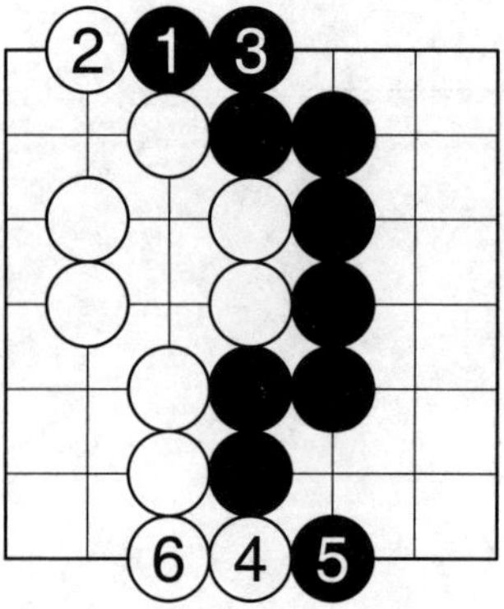

失败

黑 1、3 扳粘的话就无法给白棋制造断点了，这是后手。

这样白棋抢到了 4、6 的扳粘。

问题 26（黑先）

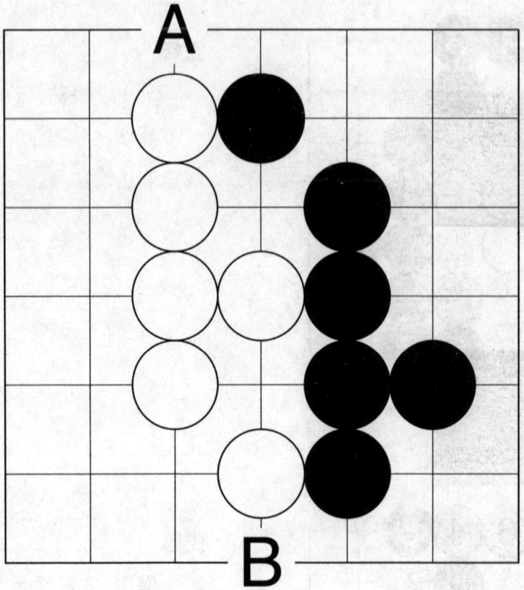

观察白棋的形状来判断先手的位置。

A 和 B，哪里是先手呢?

问题 26（解答）

记住此时白棋不得不粘的形

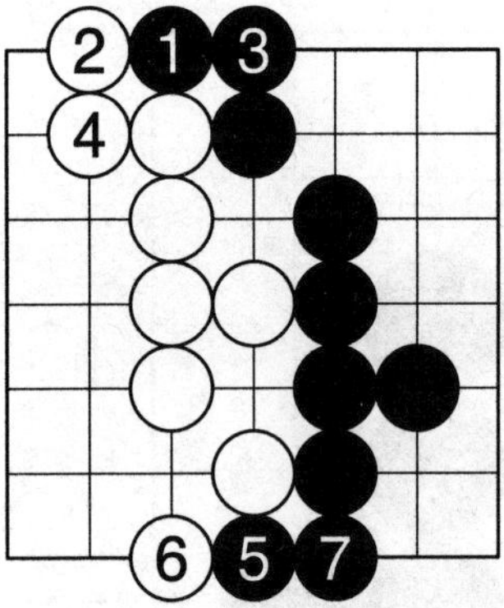

正解

黑 1、3 扳粘，白 4 只能粘。

黑 5、7 扳粘，这是双方收官的正常次序。

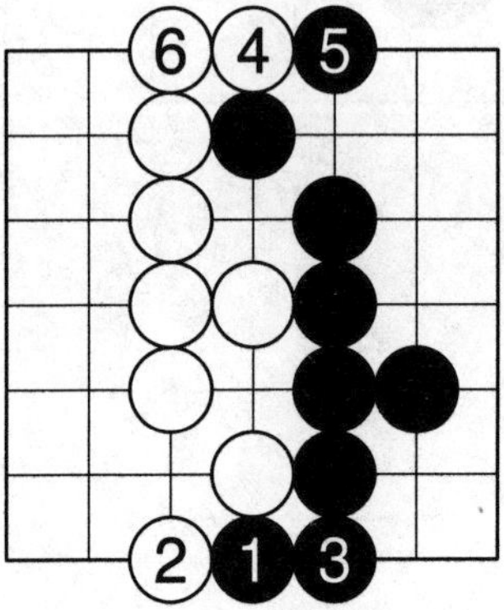

失败

黑 1、3 是后手。这样一来白棋可以走到 4、6 的扳粘，比起正解图，白地增加 2 目，黑棋减少 1 目。

问题 27（白先）

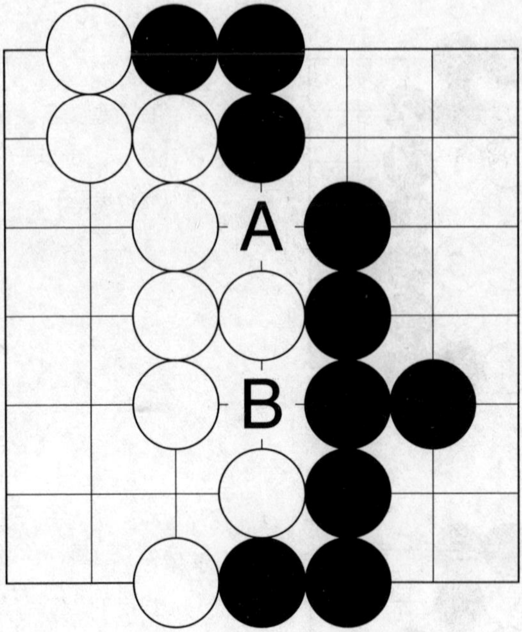

A 和 B，应该先走哪个?

问题 27（解答）

有后续吃子手段的也是先手

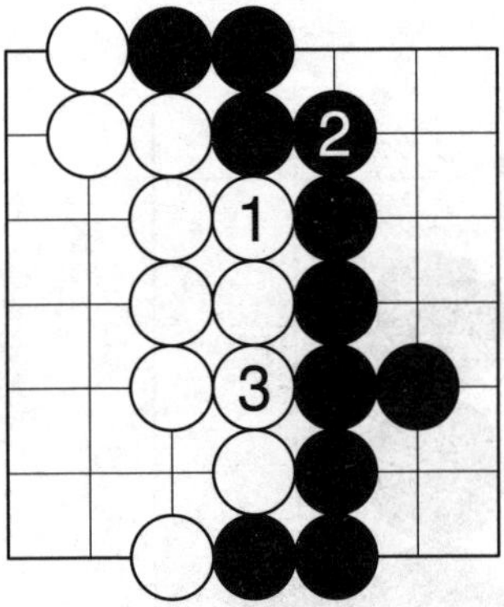

正解

白 1 是先手。黑 2 如果不补的话，白棋于 2 位断就可以吃掉黑三子。

黑 2 只能补。白 3 填，终局。

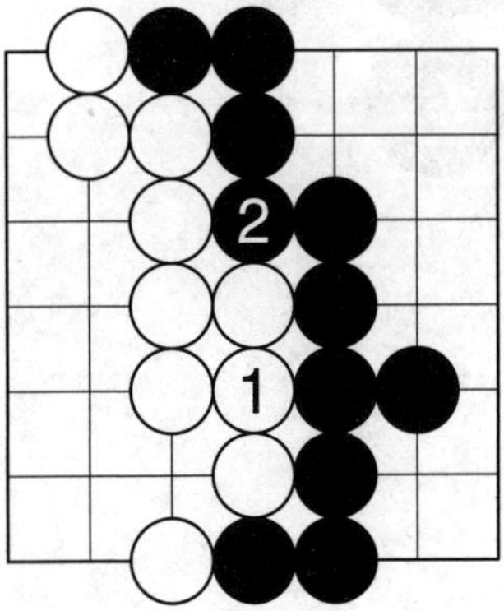

失败

白走 1 位的话，黑 2 团。

与正解图相比，虽然白地一样多，但黑地却多了 1 目。

问题 28（白先）

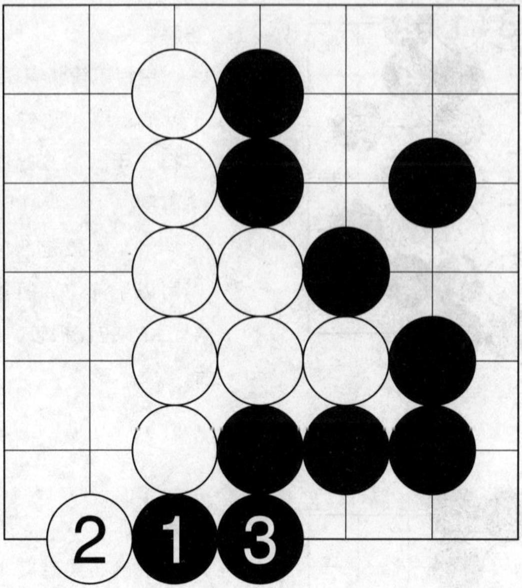

黑 1、3 扳粘。

白棋应该怎么走?

问题 28（解答）

走价值大的地方

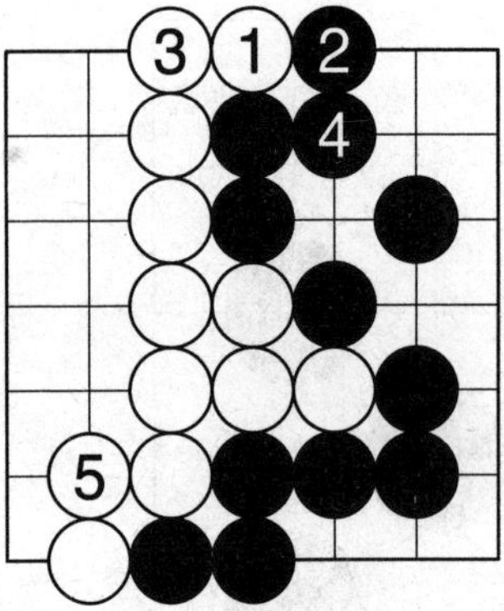

正解

白棋不管断点，先走 1、3 扳粘。黑 4 粘住之后，白棋得先手。白 5 此时再粘也来得及。

黑 4 如果走 5 位断，白棋可以于 4 位双打吃黑棋。4 位和 5 位比相较，4 位的价值更大。

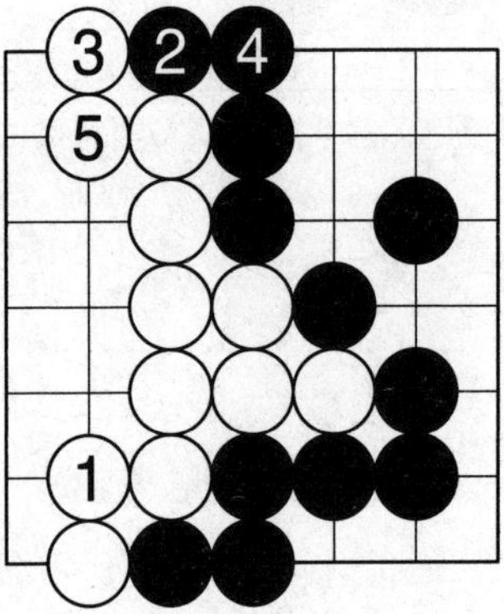

失败

白棋如果老实地于 1 位补的话，黑棋就可以反过来于 2、4 位扳粘。

这个位置的扳粘是谁先走都是先手，所以被称为“双先”，是价值很大的官子。

问题 29（黑先）

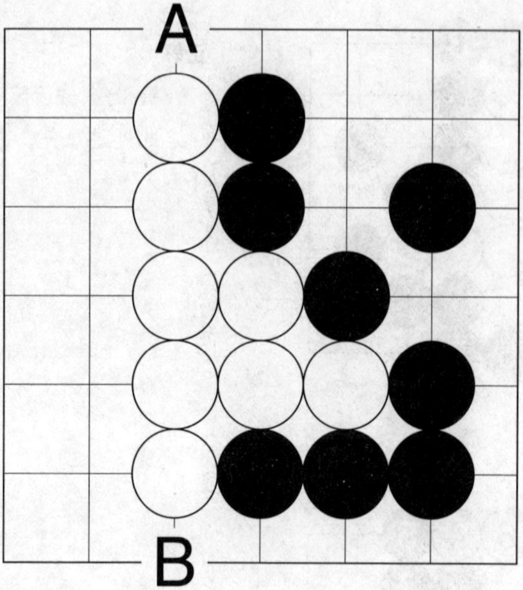

大家能清楚判断先手扳粘了吗？

根据双方的情况来判断一下 A 和 B 哪处更大吧。

问题 29（解答）

下在“双先”处

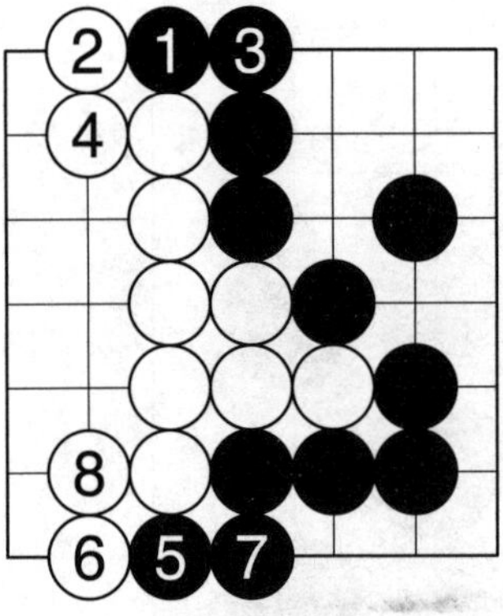

正解

黑 1、3 先手扳粘。

此处是双先。之后黑再于 5、7 扳粘。

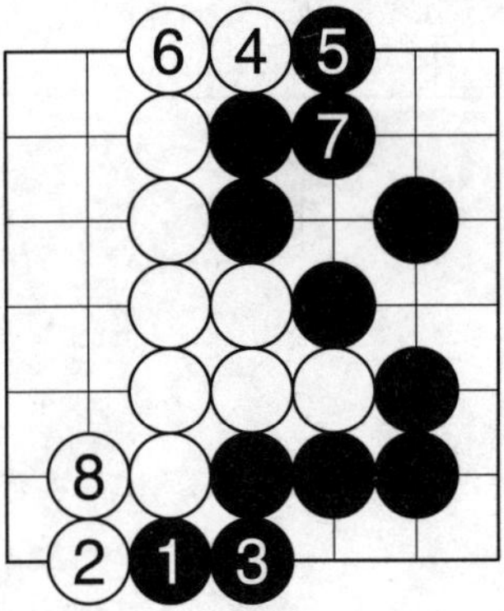

失败

黑 1、3 扳粘下边的话，不如先走上边的价值大，白棋 4、6 扳粘之后，黑上边的实地变小。

白棋先走了“双先”的 4、6 位扳粘后再于 8 位粘。比起正解图，黑地减少 2 目，白地增加 2 目。

问题 30（黑先）

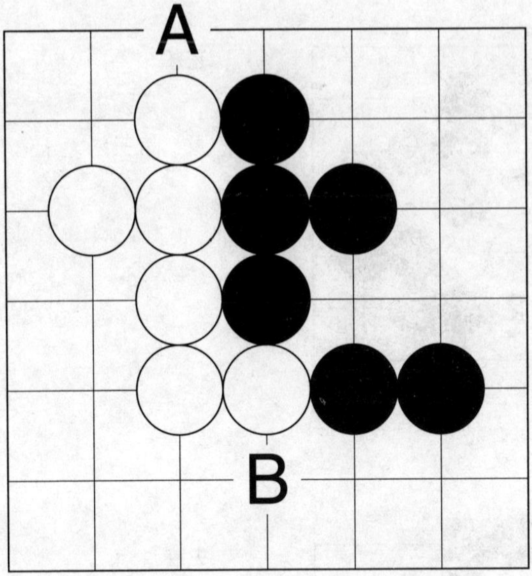

现在来看一下第一线之外的扳粘。

本图，A 与 B 哪处价值更大呢？

问题 30（解答）

第二线的官子比第一线价值更大

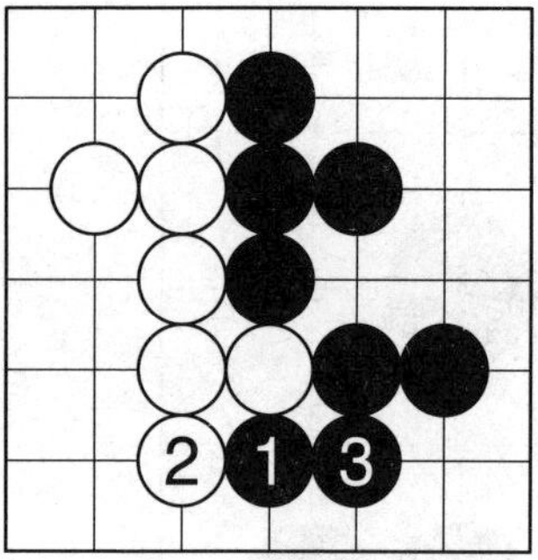

正解

官子中基本的价值判断是：第三线大于第二线，第二线大于第一线。

所以黑 1、3 应该走第二线的官子。

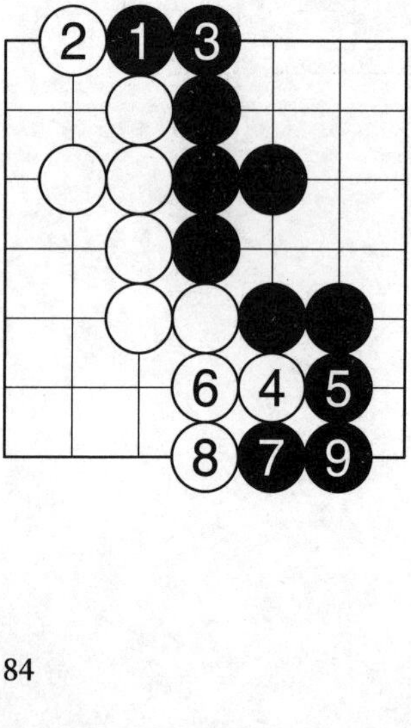

失败

由于黑 1、3 扳粘是后手，被白棋抢到 4、6 第二线的扳粘，黑棋不满。

问题 31（白先）

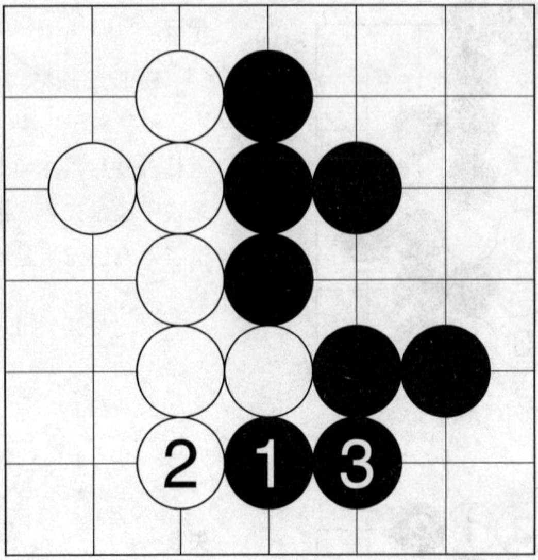

黑棋走了第二线的扳粘。之后白棋应该怎么走?

上下两边还有扳粘没有下，应该选择哪边呢?

问题 31（解答）

不让对方先手扳粘

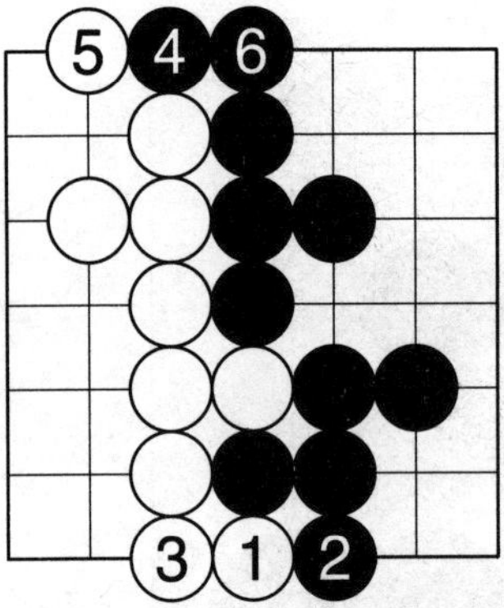

正解

白 1、3 扳粘。

虽然对于白棋来说两处扳粘都是后手，但对于黑棋来说下边是先手。因此提前抢了对方的先手是价值很大的一步棋。

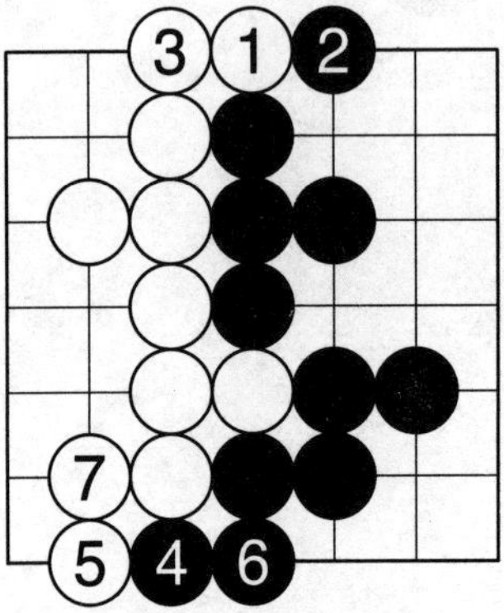

失败

白 1、3 扳粘的话，黑 4、6 先手扳粘。

白 7 只能粘。这样的话白棋实地就变小了。

问题 32（黑先）

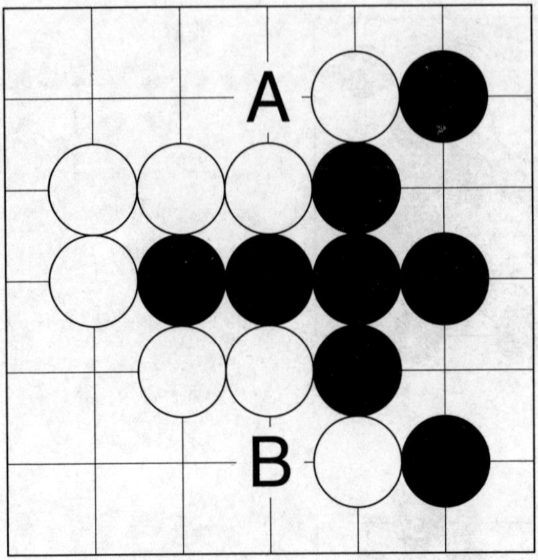

黑棋有 A 和 B 两处可以吃掉白棋的地方。

哪处价值更大呢?

问题 32（解答）

考虑收官后的形

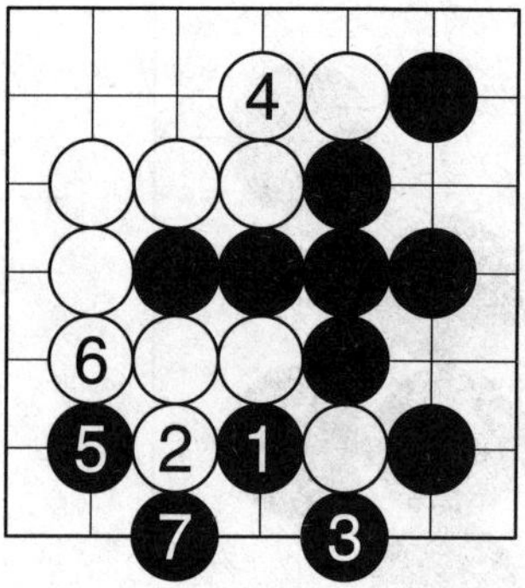

正解

由于之后黑棋还留有黑 5 的夹，所以黑 1、3 吃掉下面的白棋价值更大。

白 6 必须粘，至黑 7，白地被破。

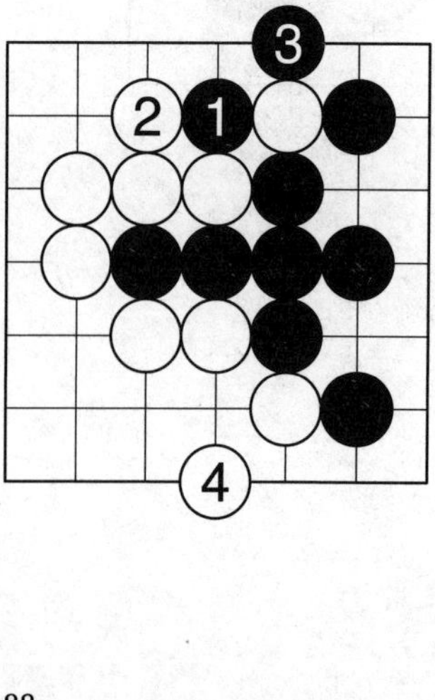

失败

黑 1、3 吃白棋的话，白 4 虎补住，黑棋逸机。

问题 33（黑先）

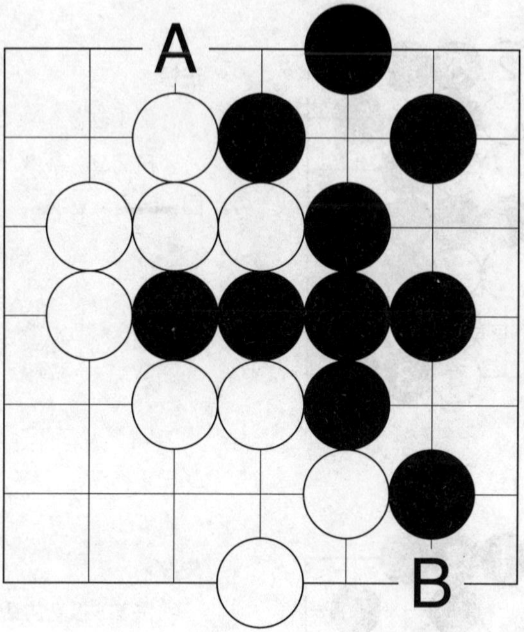

黑棋 A 位扳的话可以减少对方实地，B 位立的话可以防守。
那么哪处价值更大呢？

问题 33（解答）

角上价值更大

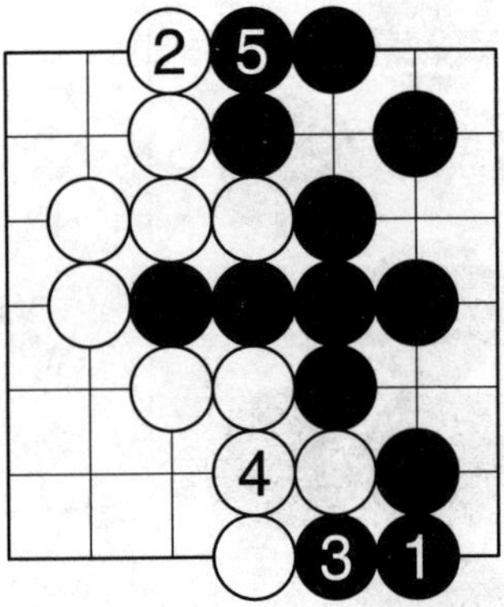

正解

黑 1 立。

白 2 立，黑 3、5 打了再团，终局。

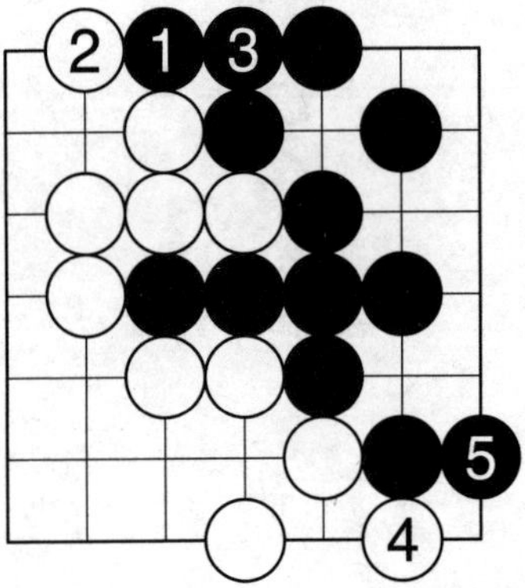

失败

黑1、3扳粘的话，白4扳。

黑 5 立，比起正解图黑地少了 2 目。

而白地只减少 1 目，相比之下，黑棋损了 1 目。

问题 34（黑先）

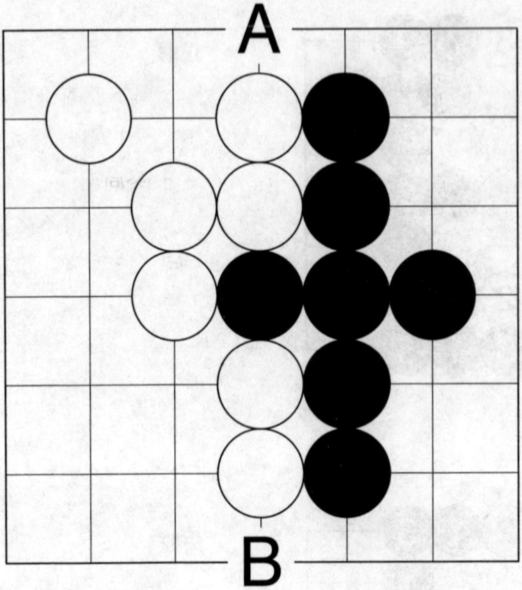

A 和 B，哪处的扳价值更大呢？

问题 34（解答）

无法挡住的先手官子

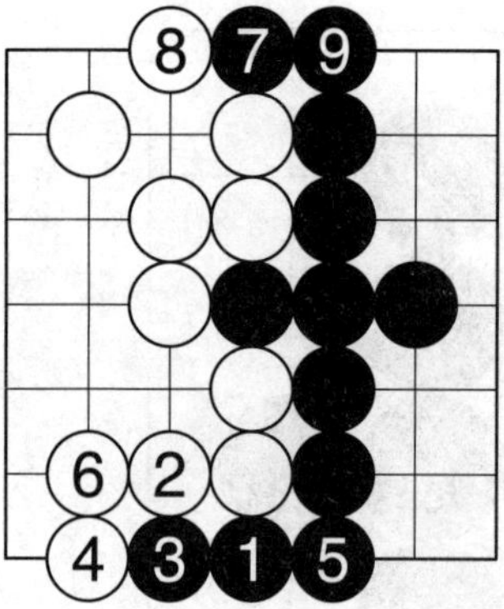

正解

黑 1 扳的价值巨大。白棋挡不住黑棋，因此白 2 曲，黑 3 接着爬。

白 6 不得不粘，黑获得先手，抢到了 7、9 的扳粘。

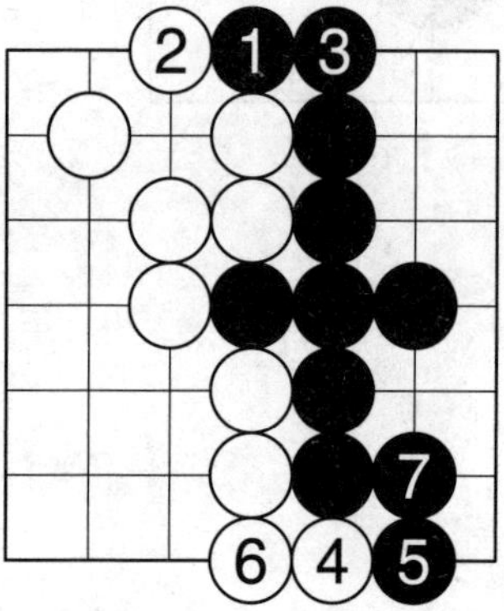

失败

黑 1、3 扳粘是后手。

白 4、6 扳粘。

下边双先官子的价值更大。

问题 35（黑先）

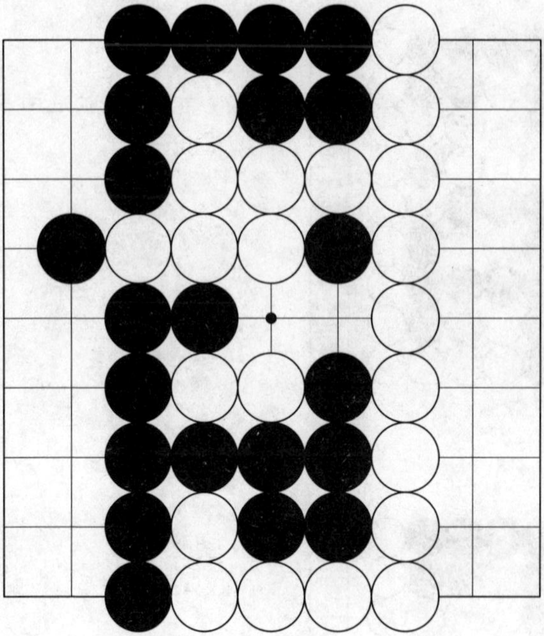

目前是黑一子和白两子分别被打吃的情况。

黑棋应该走哪里?

问题 35（解答）

仔细计算自己要吃和被吃的子数

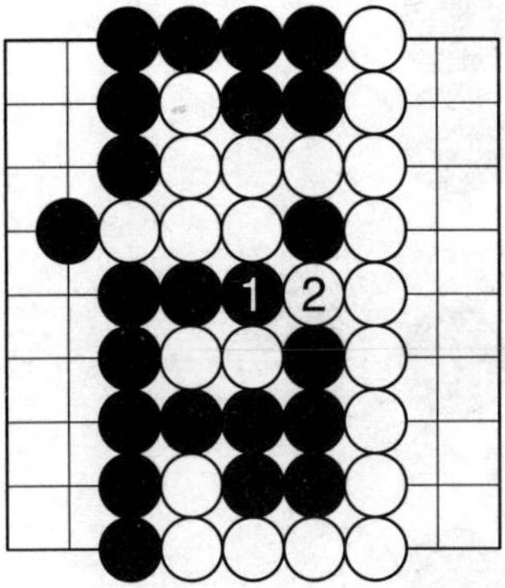

正解

黑 1 吃掉白两子，白 2 吃黑一子。

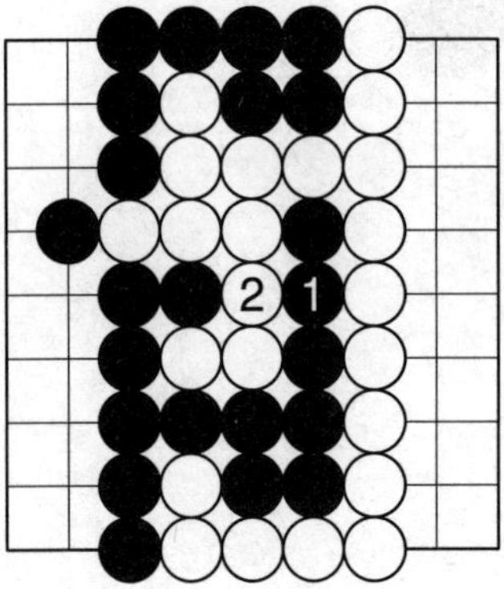

失败

黑 1 救黑一子的话太小了。

白 2 连上后白两子获救。这样的交换对于黑棋来说是吃亏的。

问题 36（黑先）

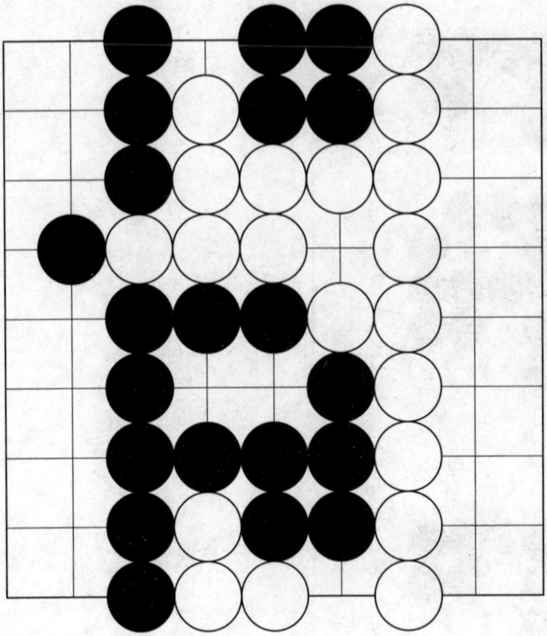

找到被打吃的棋子之后，就需要计算子数得失了。

黑棋应该走哪里？

问题 36（解答）

选择子多的

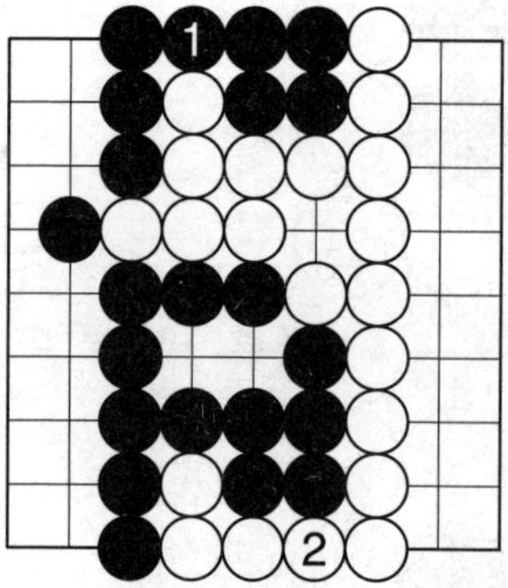

正解

黑 1 连上救出黑四子。和白 2 救白三子相比，黑棋多得一子。

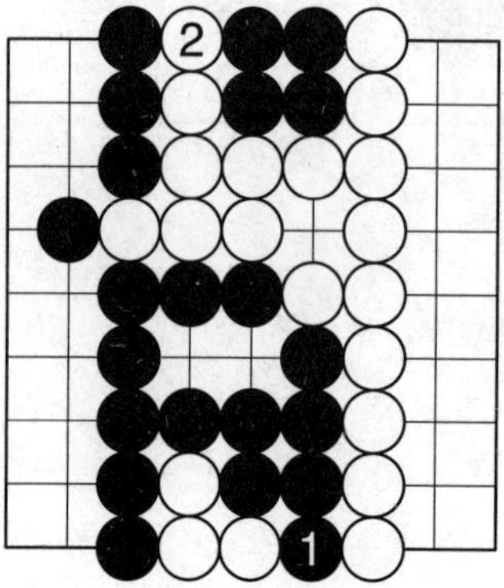

失败

黑 1 吃掉白三子的话，白 2 吃掉黑四子。

这样的交换对黑棋不利。

问题 37（黑先）

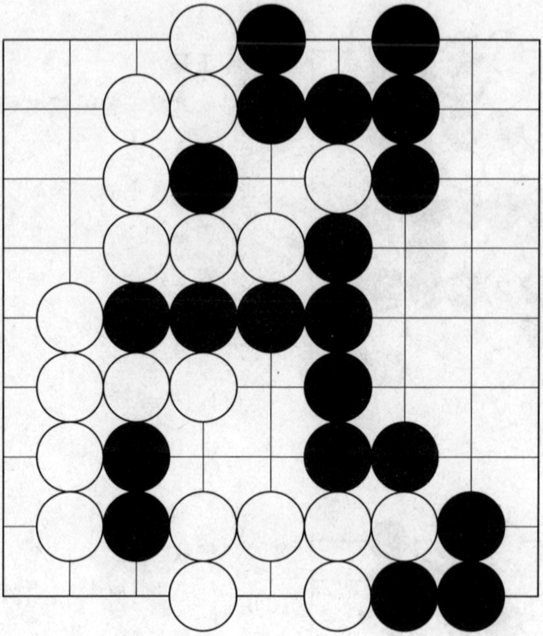

还有两处可以下，请慎重考虑后再走。

问题 37（解答）

先走先手

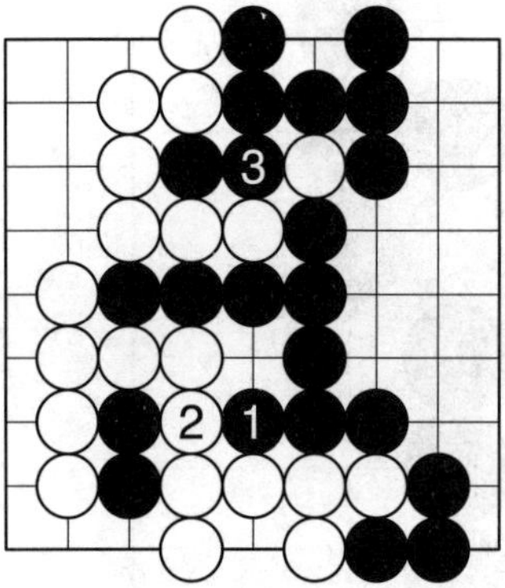

正解

黑 1 意图救出黑两子。白 2 挡住。

黑棋的先手不仅减少了白地的 1 目棋，接下来黑 3 救出黑一子后，还能同时吃掉白一子。

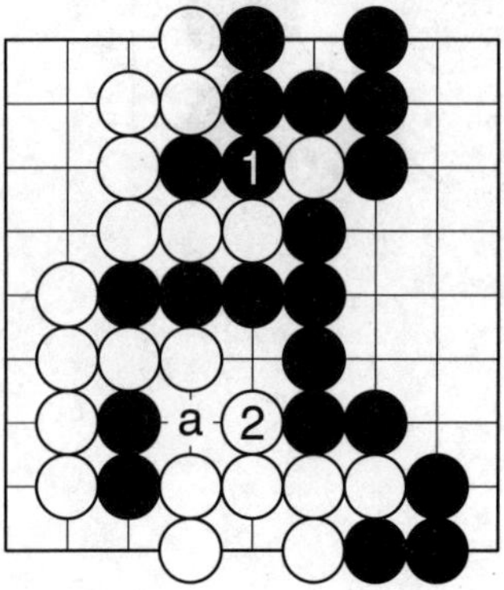

失败

黑 1 吃掉白棋的话，白 2 挡。这样一来白地增加了 a 位的 1 目。

问题 38（白先）

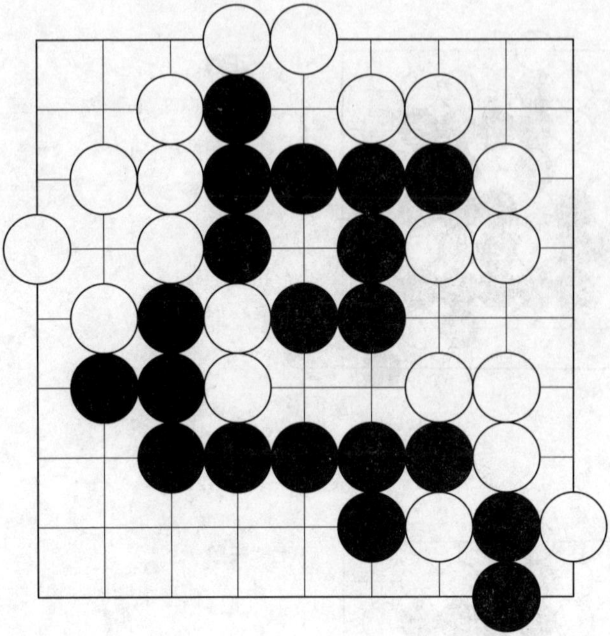

请找到先手官子，下出正确的次序。

问题 38（解答）

不要忘记走先手

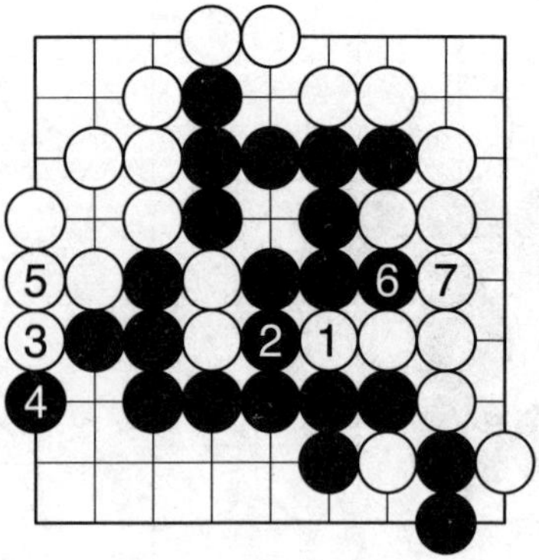

正解

白 1 冲是先手，黑 2 吃掉白两子，白棋 3、5 扳粘。

黑 6 冲，白 7 挡，终局。

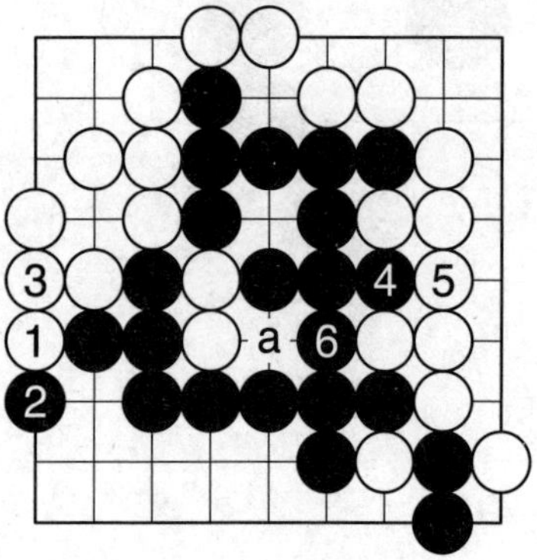

失败

白棋 1、3 位扳粘是后手，黑 4、6 冲了再挡。

和正解图相比，黑地增加了 a 位的 1 目。

问题 39（白先）

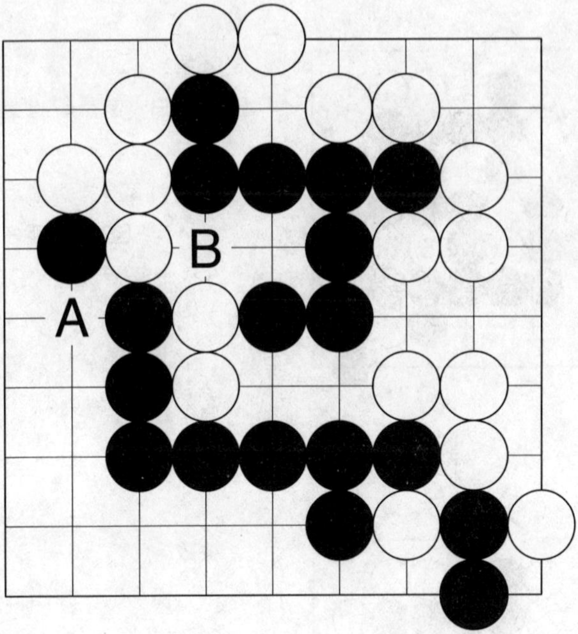

A 和 B，哪个地方价值更大呢？

请仔细计算这里细微的差别。

问题 39（解答）

选择没有后续手段的官子

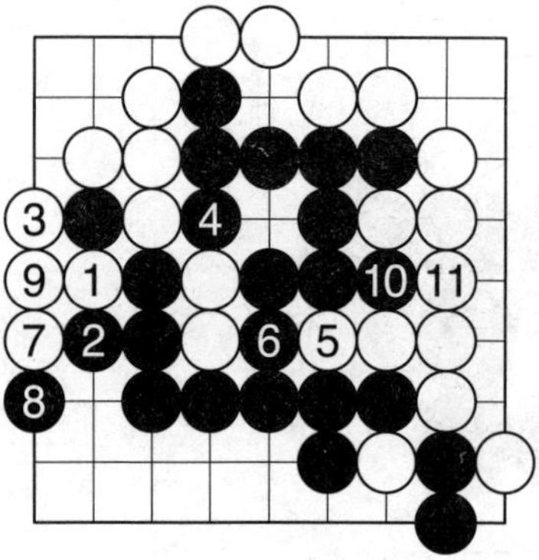

正解

白 1 断是价值更大的官子。

白 3 提掉黑棋后，虽然黑 4 可以断吃白两子，但白 5 是先手，而且白棋还走到了 7、9 的扳粘。

收官之后还能进行再收官的地方价值更大。

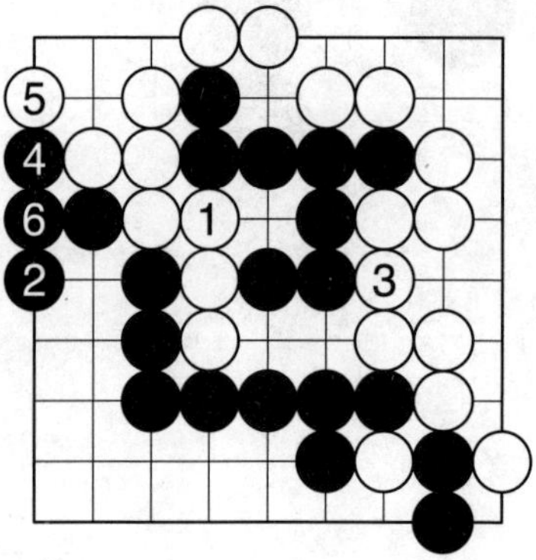

失败

白 1 粘，救出白两子，黑 2 救黑一子。白 3 挡，黑 4、6 扳粘。

比起正解图，白棋损两目。

问题 40（黑先）

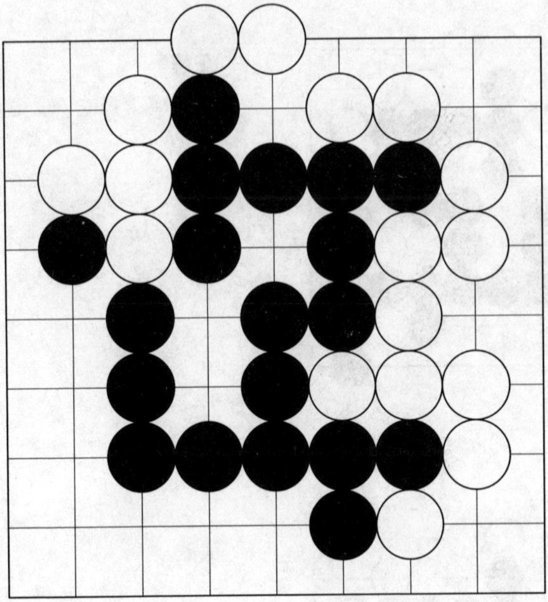

左上和右下，黑白各有一子处于将被打吃的状态。

黑棋应该走哪里?

问题 40（解答）

角地更大

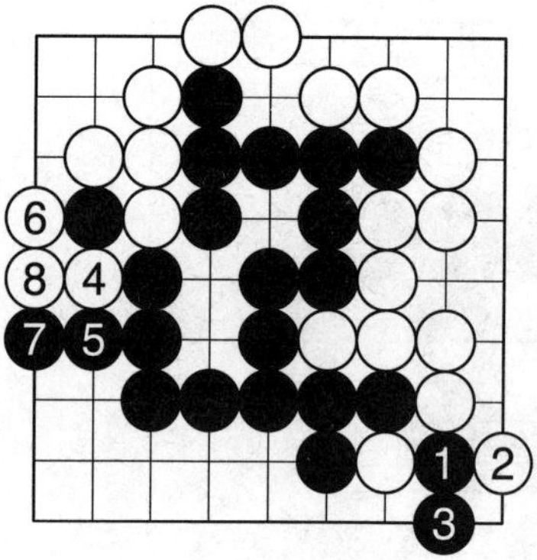

正解

黑 1 打吃价值更大。

白 2 打吃，角部的这种情况下黑棋应该立。白棋就没有后续手段了。

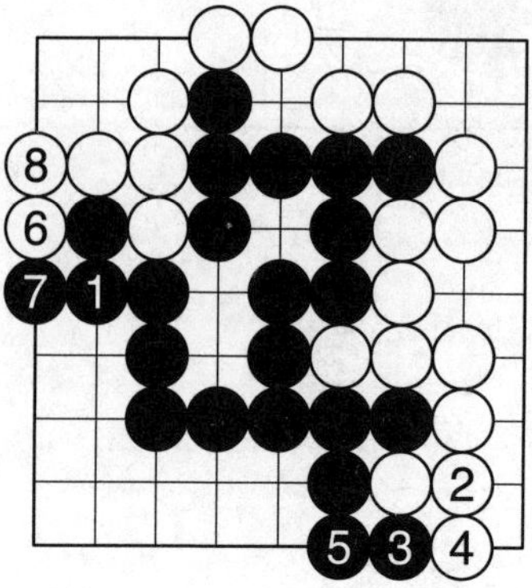

失败

黑 1 粘的话，白 2 也粘。

右下白地未受到损失。比起正解图，白棋略好。

问题 41（黑先）

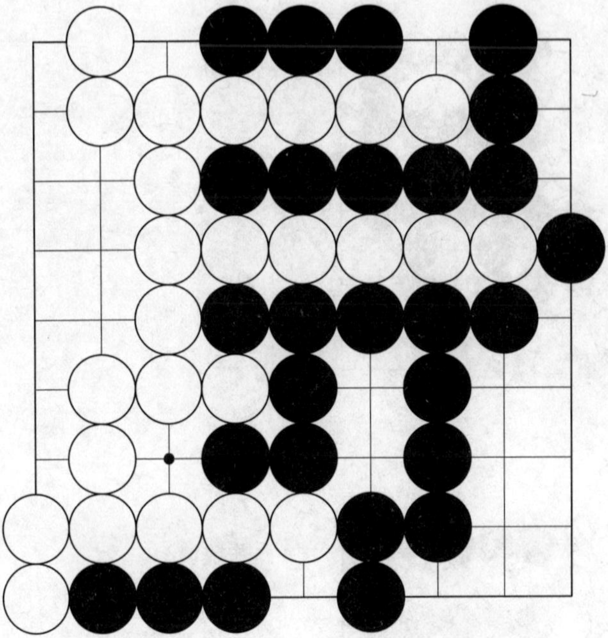

上边和下边各有 一处可能会被吃掉黑三子的地方。

黑棋应该救哪边呢？

问题 41（解答）

有空间的地方价值更大

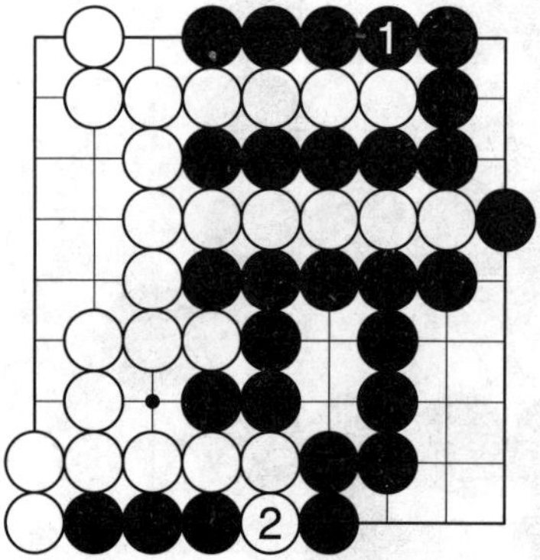

正解

黑 1 接，救上边三子。

上边的价值比下边被白 2 吃掉的黑三子价值大。

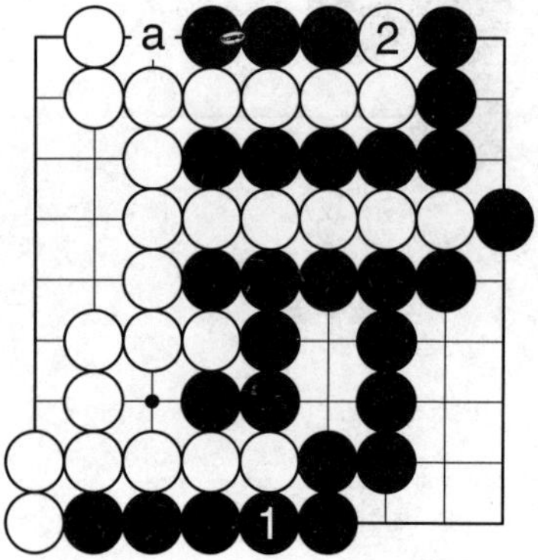

失败

黑 1 救下边的话，白 2 吃掉上边黑三子。

这样一来，a 点已然成为白棋实地。所以上边的价值比下边大。

问题 42（黑先）

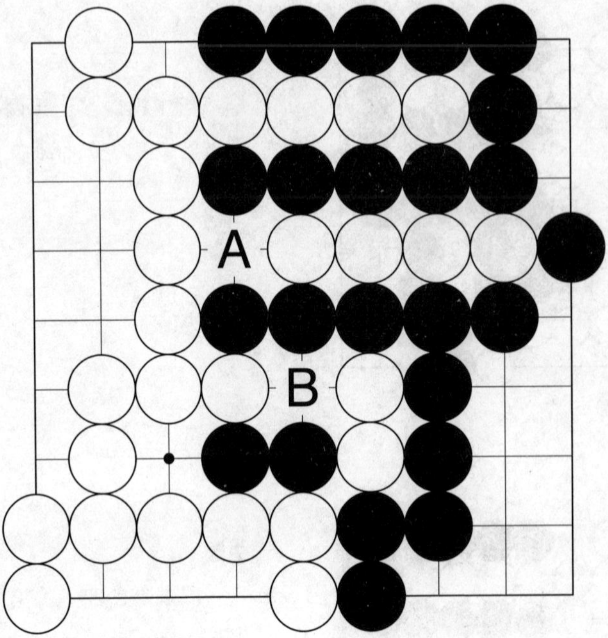

A 和 B，黑棋无论走哪里计算下来都是四子的增减。那么哪里的价值大呢？

问题 42（解答）

注意单官的位置

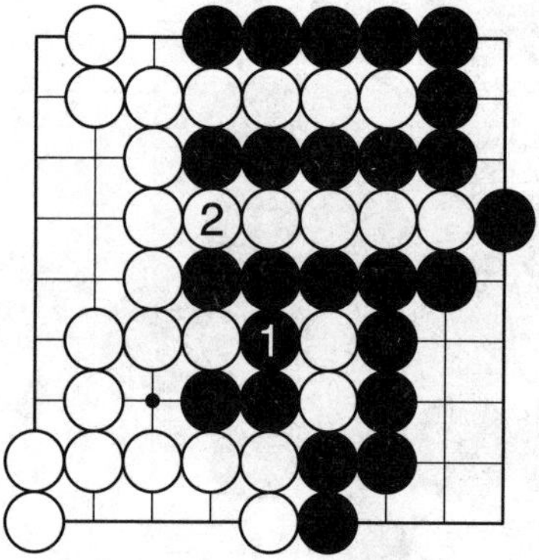

正解

黑 1 既能救出黑两子，又能吃掉白两子，价值更大。

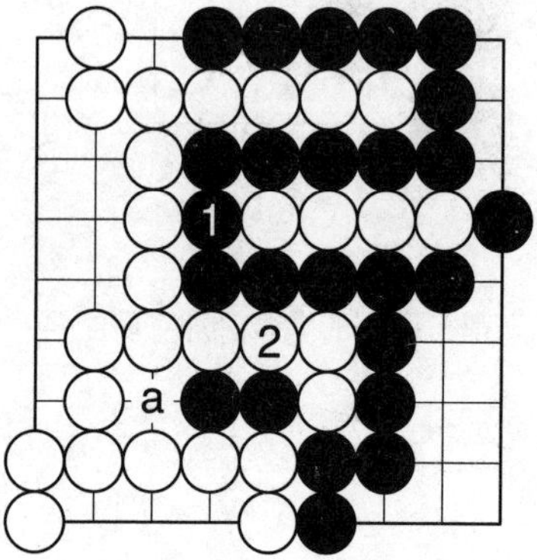

失败

黑 1 吃白四子的话，白 2 连起来，既可以救白两子，又能吃掉黑两子。

不仅如此，a 位也成为白地了。

a 位在正解图中只是单官，但在失败图里，由于白棋吃掉了黑两子，a 位就是白棋的了。这样的话白棋得利。

问题 43（白先）

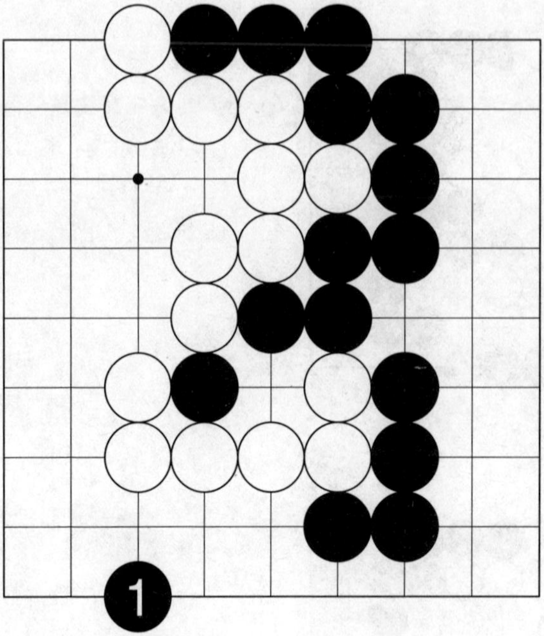

对于黑 1 大伸腿（从第二线打入第一线的招法），白棋应该如何应对？

请将中央被打吃的黑一子也考虑进来。

问题 43（解答）

靠

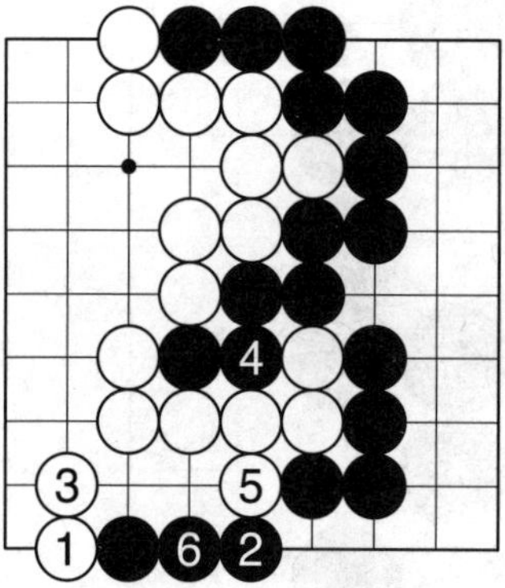

正解

白 1 靠住是此际好手。黑 2 联络的话，白 3 退。

黑 4 救回一子时，白 5 挤，黑地减少了 1 目。

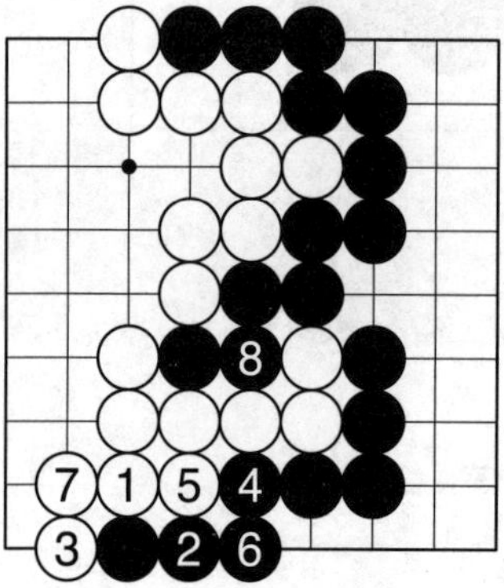

失败

白 1 顶的话，至白 7 后手补断，黑 8 连回。和正解图相比，黑地多了 1 目。

问题 44（黑先）

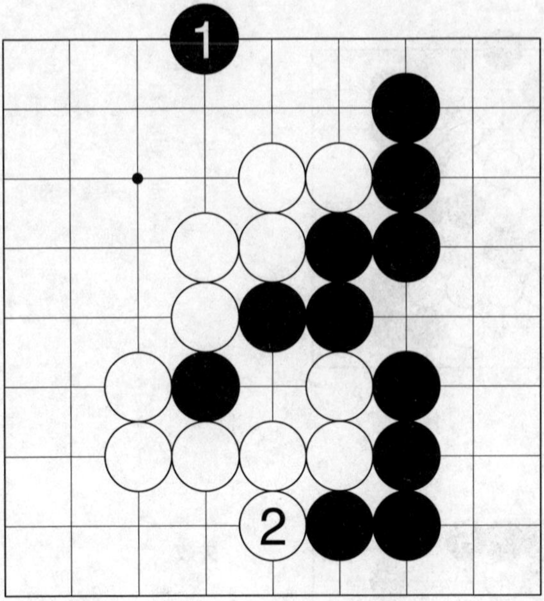

黑 1 大伸腿，白 2 脱先。

黑棋之后应该怎么继续侵入？

问题 44（解答）

选择不会被切断的走法

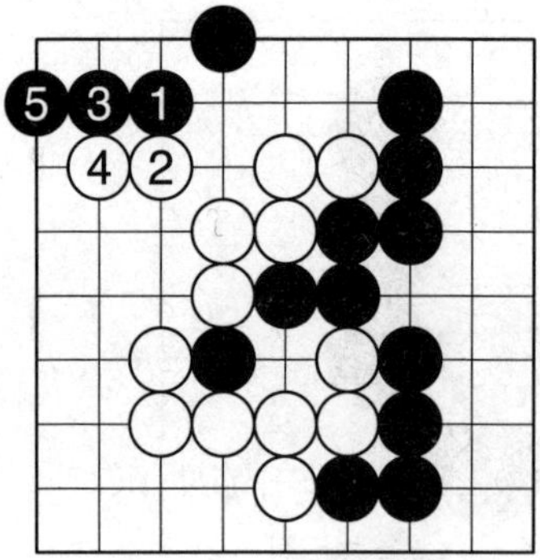

正解

黑 1 小尖是不会被切断的好手。

接下来黑棋的 3、5 也是价值很大的官子。

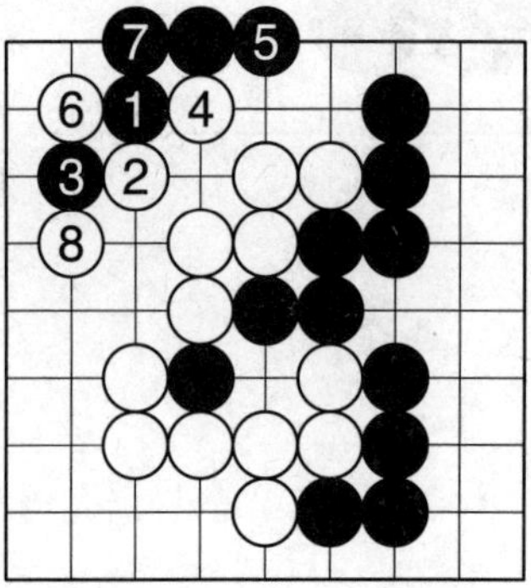

失败

黑 1 尖没问题。但是白 2 尖顶，黑 3 扳的话，白 4 挤。

黑 5 只能连回。

白 6、8 吃住黑一子。

问题 45（白先）

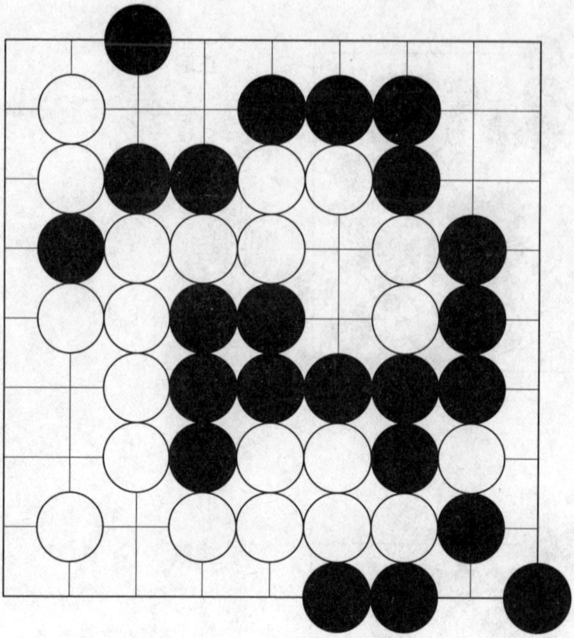

左上和中央还有两处价值大的官子。

白棋想先走左上再救出中央的白两子，那么应该如何走呢？

问题 45（解答）　先走先手——挡

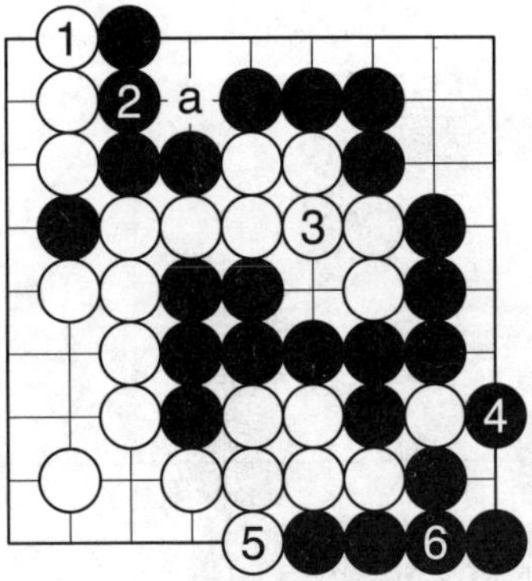

正解

白 1 挡。黑棋如果脱先的话，白走 a 位断，黑两子会被吃掉。因此黑 2 粘住。白 3 再粘，是正确的次序。

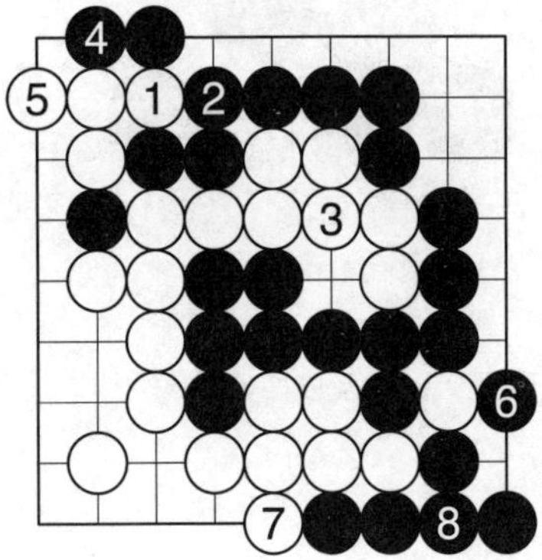

失败

白 1 冲再于 3 位粘住的话，黑 4 爬价值很大。

和正解图相比，虽然黑地减少了 2 目，但白地减少了 3 目。白损。

问题 46（黑先）

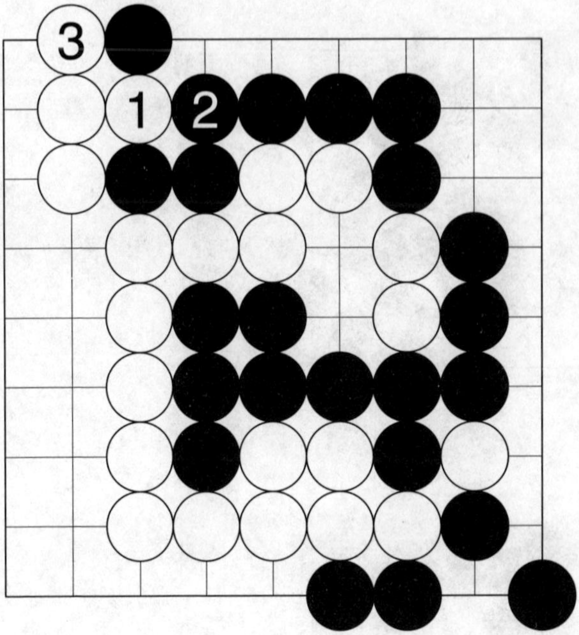

白 1 冲再于 3 位打吃。

黑棋应该怎么走?

问题 46（解答）

走最大的地方

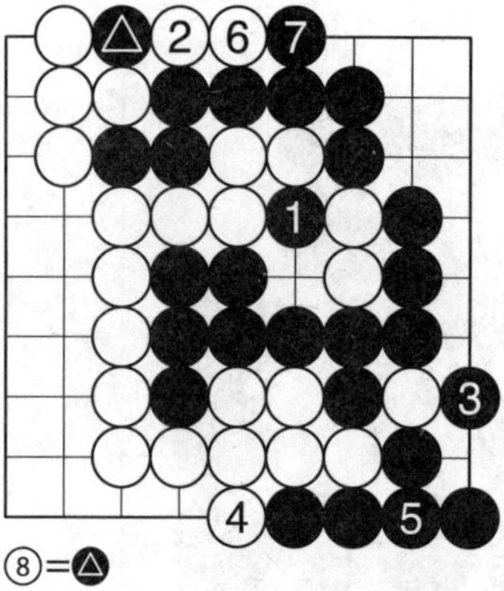

正解

黑 1 扑吃白棋，是最大的官子。

白 2 吃黑一子，黑 3 提。

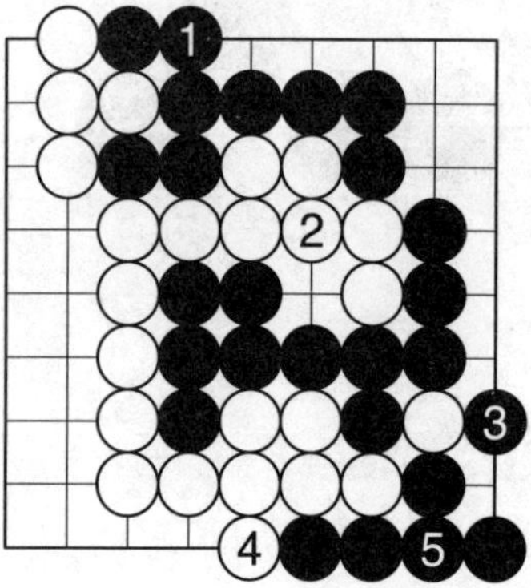

失败

黑棋不能因为被打吃就先黑 1 粘住。因为这样的话，白 2 接，救出了白两子。黑损。

问题 47（黑先）

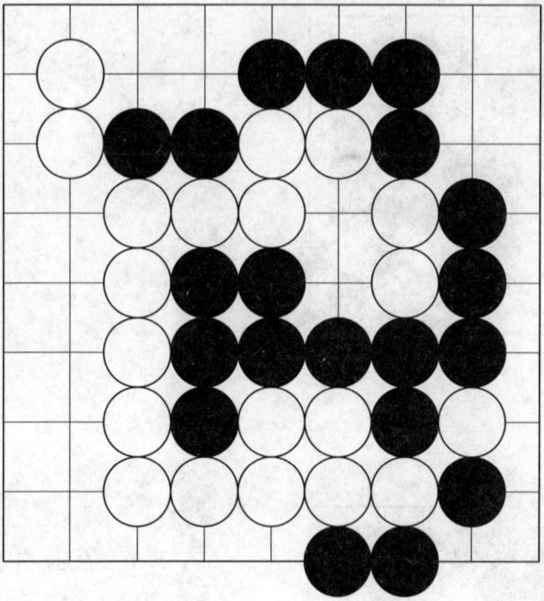

如何救左上的黑两子呢?

问题 47（解答）

跳是好手

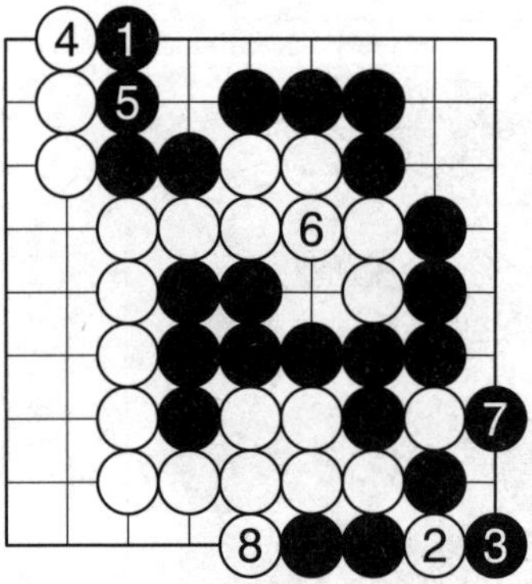

正解

黑 1 跳是好手。

白 2 扑弃子，白 4 挡，是正确的次序。

黑 5 粘，白 6 连回。

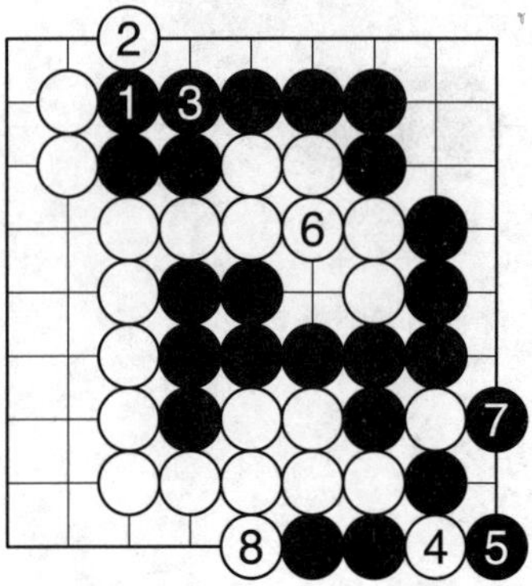

失败

黑 1 挡的话，白 2 打吃，上边的黑地少了不少。比起正解图，还是有差距的。

问题 48（黑先）

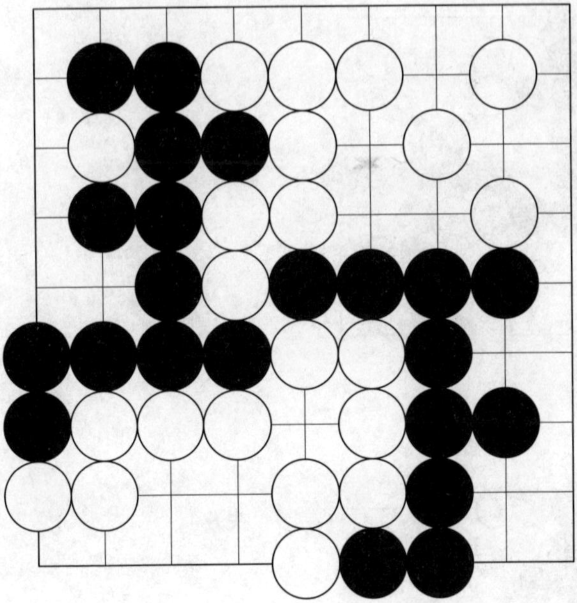

请下在还没有定形的地方。注意上边和右边的第一线。

问题 48（解答）

还有后续手段的点价值更大

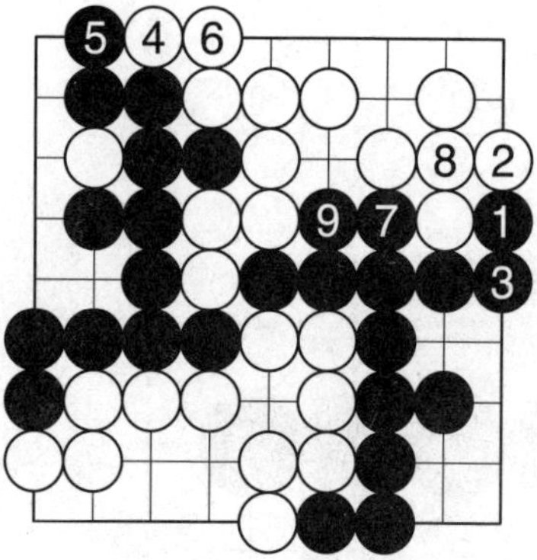

正解

黑 1、3 扳粘的价值更大。

白 4、6 扳粘的话，黑 7 可以打吃白棋，又可以使白地减少一目。

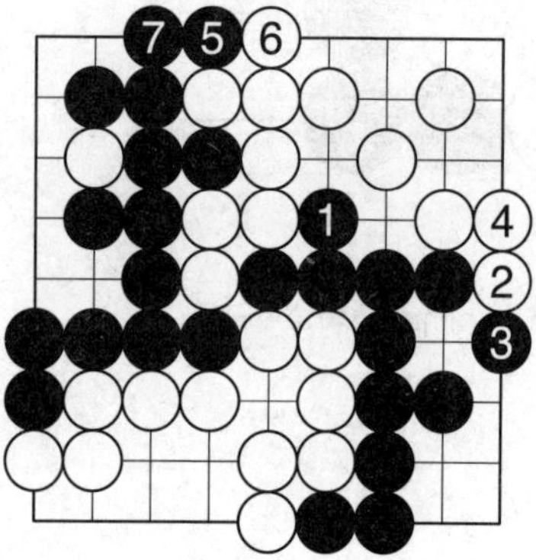

失败

黑 1 冲的话，白 2、4 扳粘。

右边黑棋有三目的损失。

就算黑 5、7 扳粘，最后算下来，黑棋还是损了一目。

问题 49（黑先）

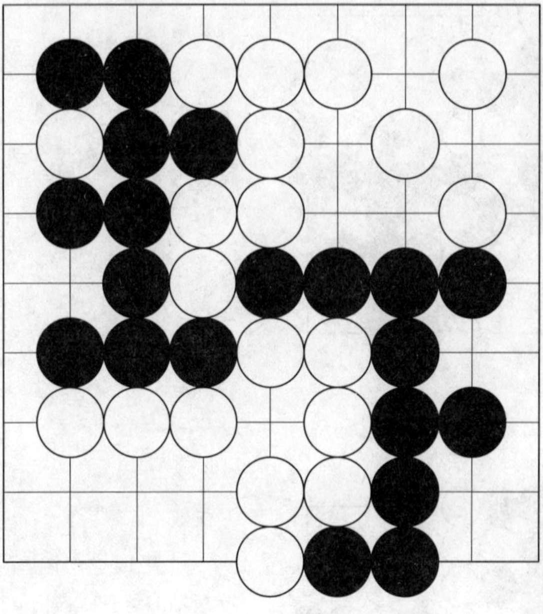

本题可以下的地方比较多。请仔细计算，从价值大的地方开始走吧。

问题 49（解答）

不要漏掉先手扳粘

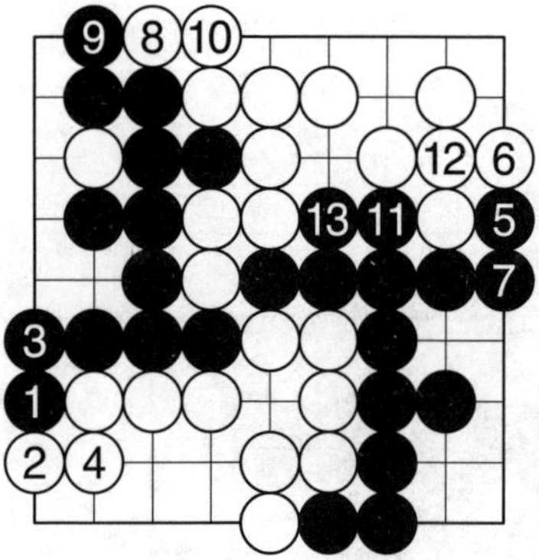

正解

黑 1、3 扳粘，是价值很大的先手。

之后黑棋走 5 到 11 是正确的次序。

至黑 13 团，黑胜 1 目。

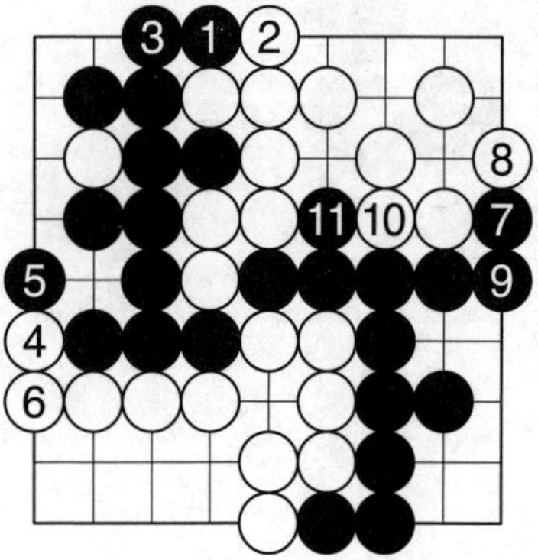

失败

黑 1、3 在价值小的地方扳粘的话，就被白 4、6 逆收了。这样就变成白棋胜 1 目。

所以，官子下错的话，很容易被对方翻盘。

问题 50（白先）

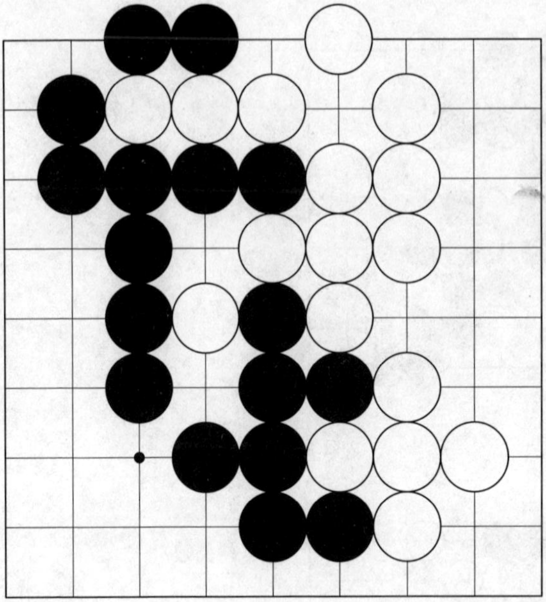

官子还有两处。应该下哪里呢？

问题 50（解答）

计算官子的价值

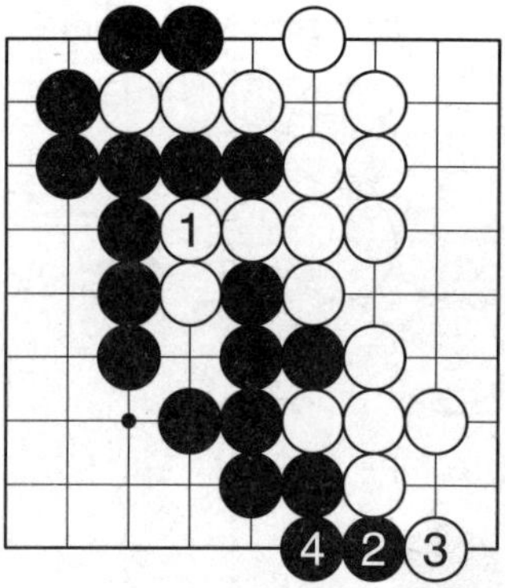

正解

白 1 粘价值更大。

黑 2、4 扳粘。

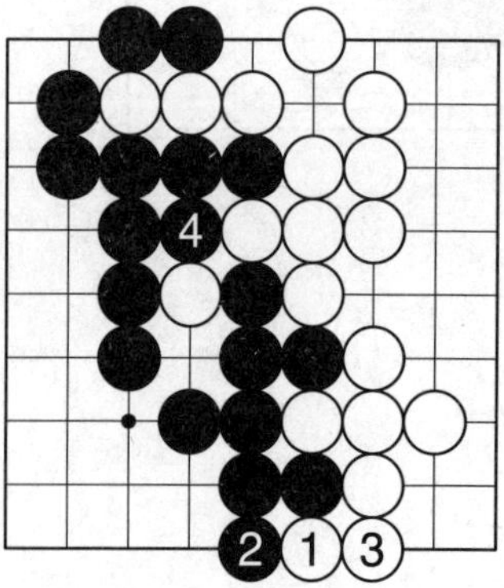

失败

白 1、3 扳粘的话，和正解图相比，由于白地增加1目，黑地减少 1 目，因此白 1 有 2 目的价值。

黑棋走 4 位的话，可得实地1目。加上被吃的白一子，一共有 3 目的价值。

因此，4 位的价值更大。

问题 51（黑先）

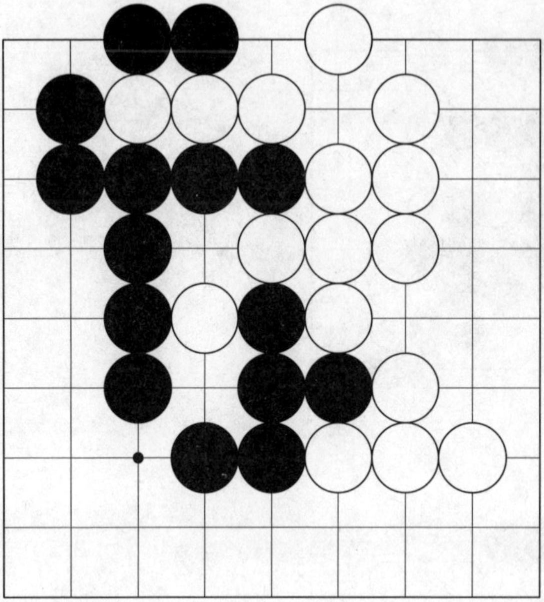

还有两处官子。虽然形状和上一问类似，但情形却完全不一样。

问题 51（解答）

第二线的扳粘很大

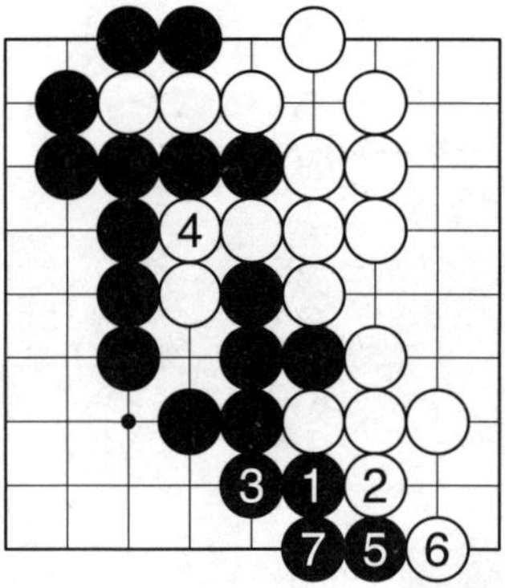

正解

黑 1、3 在第二线扳粘价值很大。

白 4 想抢先救白一子。然而黑 5、7 扳粘之后，白棋损失更大。

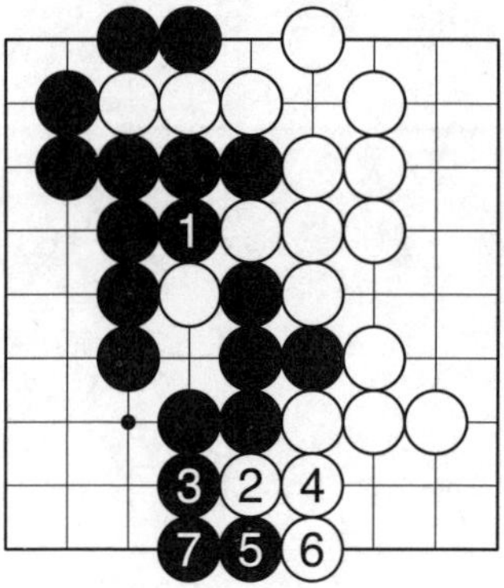

失败

黑 1 断吃的话，白 2、4 扳粘。

与正解图相比，白棋增加 3 目，黑地减少 3 目。

白 2 是比黑 1 价值更大的一手。

问题 52（黑先）

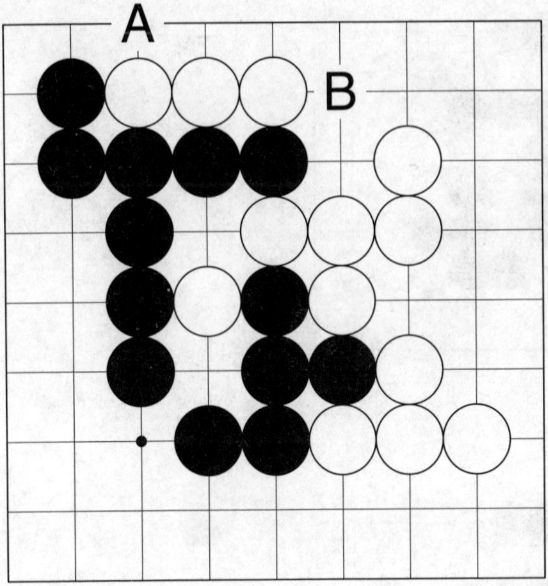

思考一下上边怎么收官。

A 和 B，应该走哪里呢？

问题 52（解答）

弃子

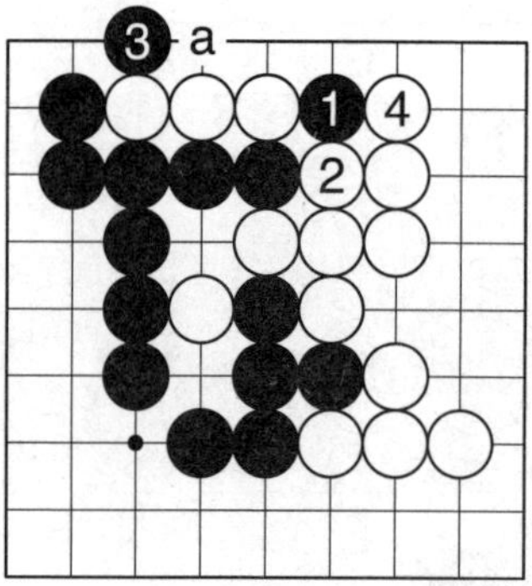

正解

黑 1 扳，白 2 断，黑 3 扳，白 4 吃。白棋不能走 a 位，黑棋可以脱先。

白棋后手吃掉黑一子，因此虽然黑棋被吃，但并不损。

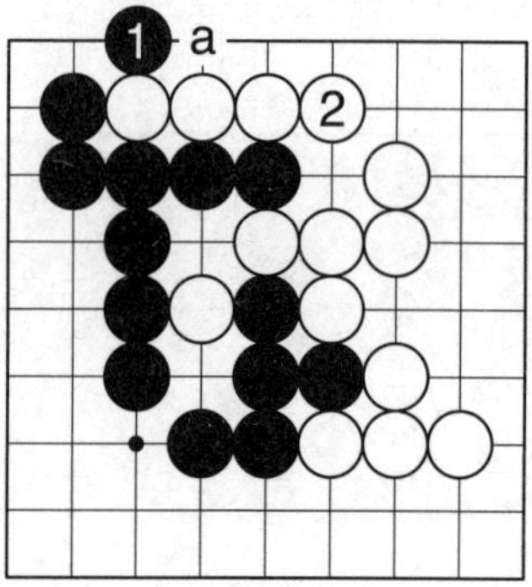

失败

黑 1 扳的话，白 2 退。

黑棋虽和正解图一样都是先手，但白棋以后可以走 a 位的挡。

3. 收官的基本技巧

本章讲解一些常见的收官技巧。虽然是基础技巧，但“不积跬步，无以至千里”，一点一点积累，总会有所收获。

问题 53（黑先）

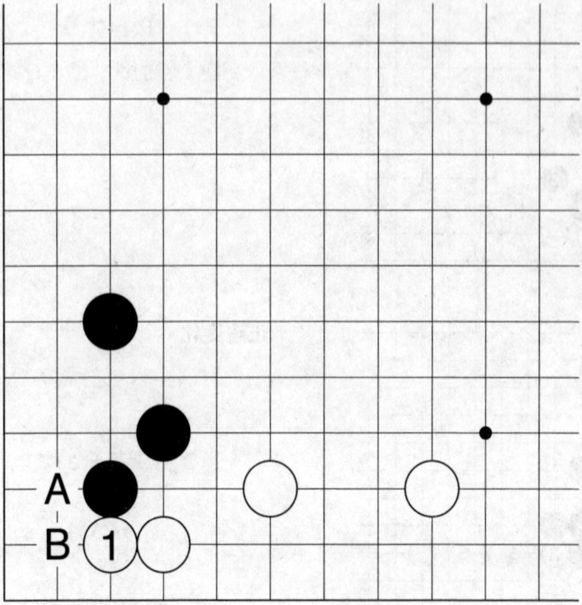

白 1 爬，既是官子，也是关乎双方根据地的一手。黑棋应该走 A 点还是 B 点？

问题 53（解答）

不必担心第二线的断

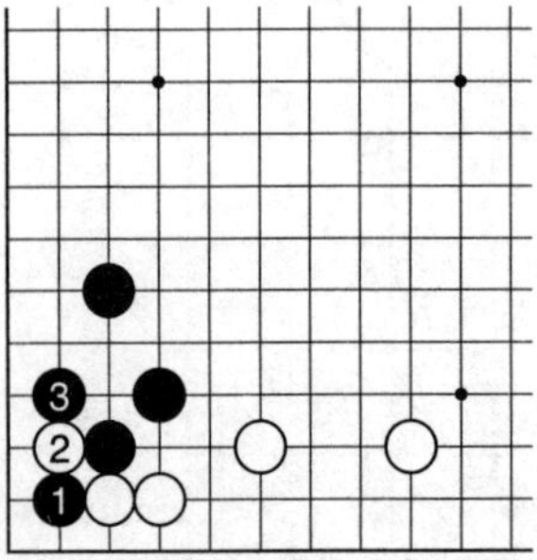

正解

黑 1 可以挡住。

白 2 断的话，黑 3 打吃即可。

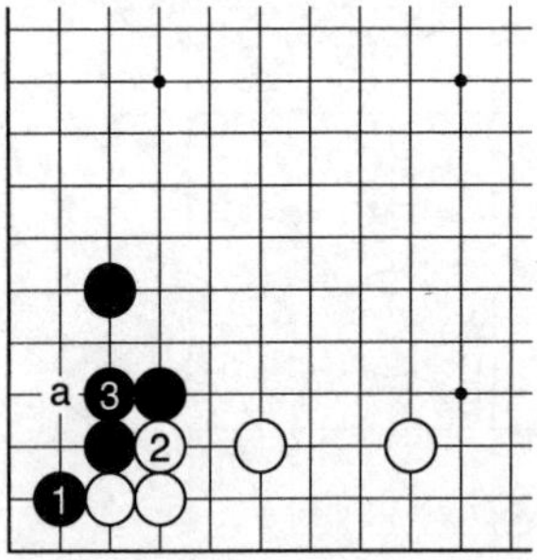

正解变化

对白棋来说，黑 1 扳，白 2 最多也只能挤。

黑 3 粘或者于 a 位虎。

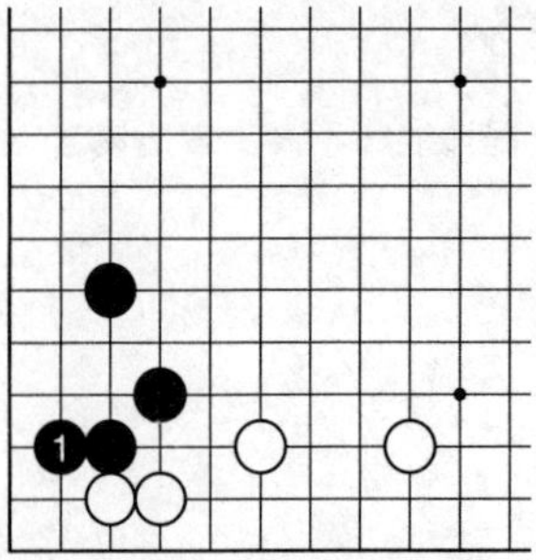

失败

黑 1 立的话损失实地。

根据地也变小了。

问题 54（黑先）

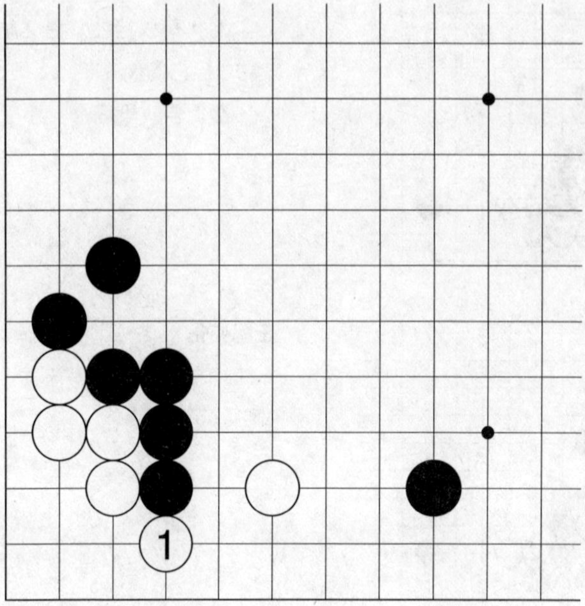

白 1 扳。

黑棋应该怎么走?

问题 54（解答） 挡

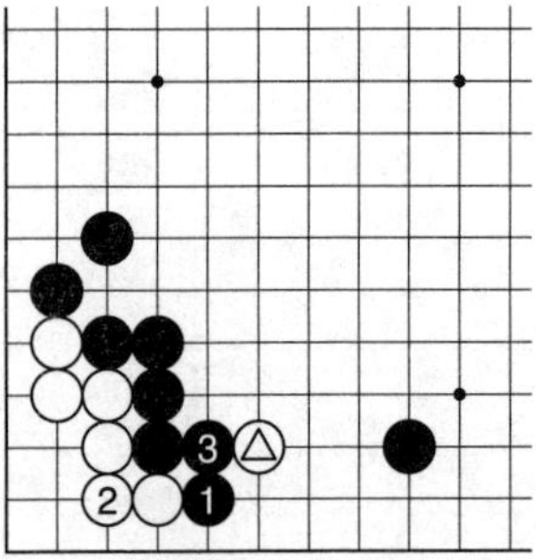

正解

黑 1 可以挡住。白 2 粘，黑 3 粘之后白◬被分断。

至此告一段落。

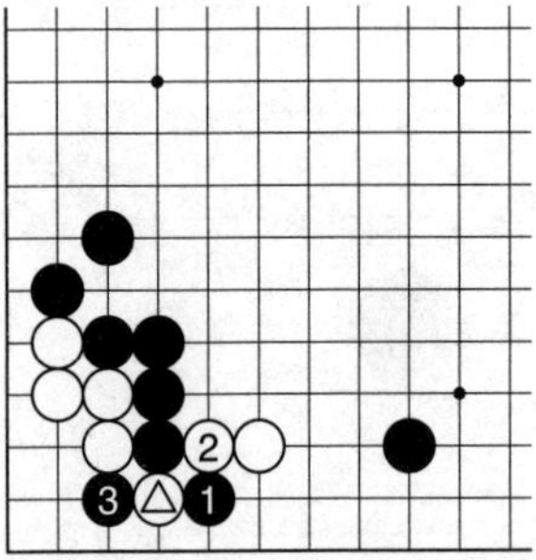

正解变化

如果白 2 断，黑 3 就可以吃掉白◬了。

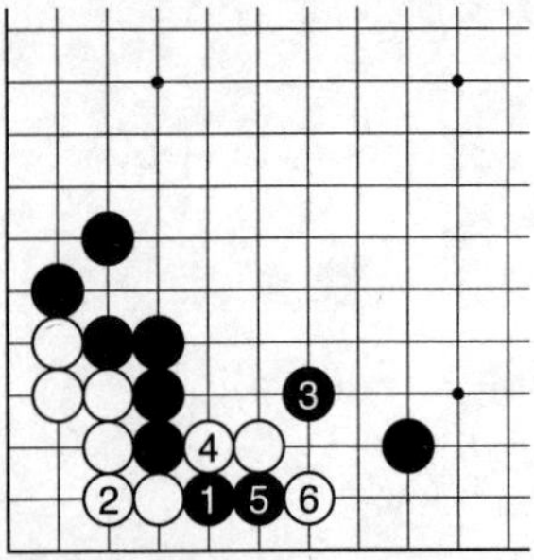

失败

黑 1 虽然是正确的，但黑 3 走别处的话，白 4 断，黑棋不行。

问题 55（黑先）

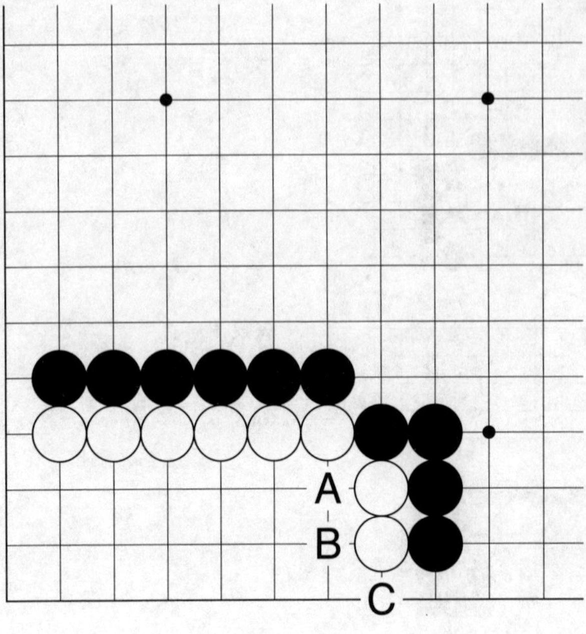

请思考下边的收官。

黑棋应该走 A、B、C 其中的哪一点？

问题 55（解答）

先手——扳

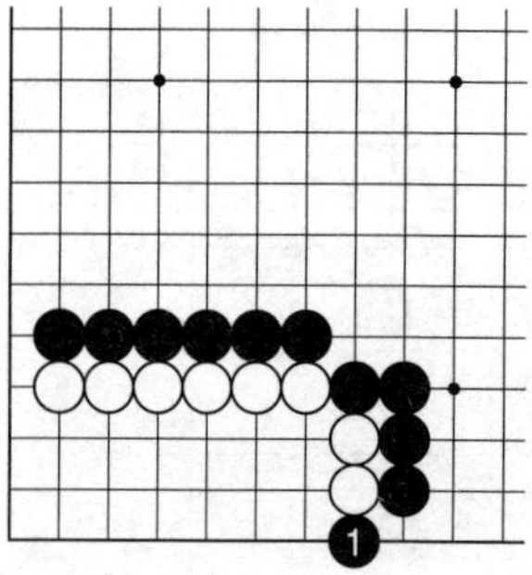

正解

黑 1 扳是先手收官。后续在下一问讲解。

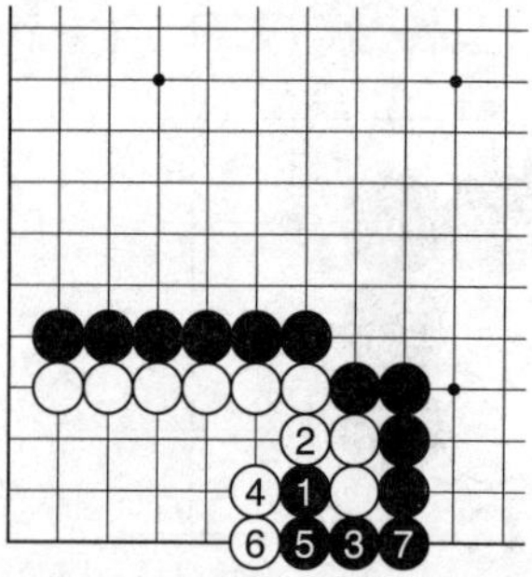

失败 1

黑 1 夹的话，白 2 粘，再于 4、6 位打吃黑棋。

至黑 7 粘，黑棋落了后手，不满。

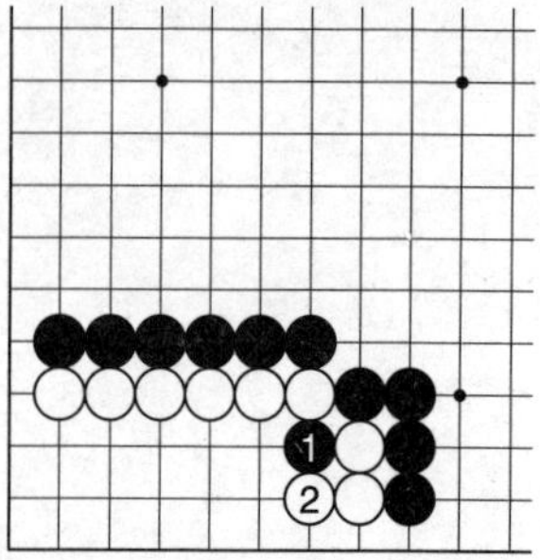

失败 2

黑 1 断，白 2 拐吃，黑棋不行。

问题 56（白先）

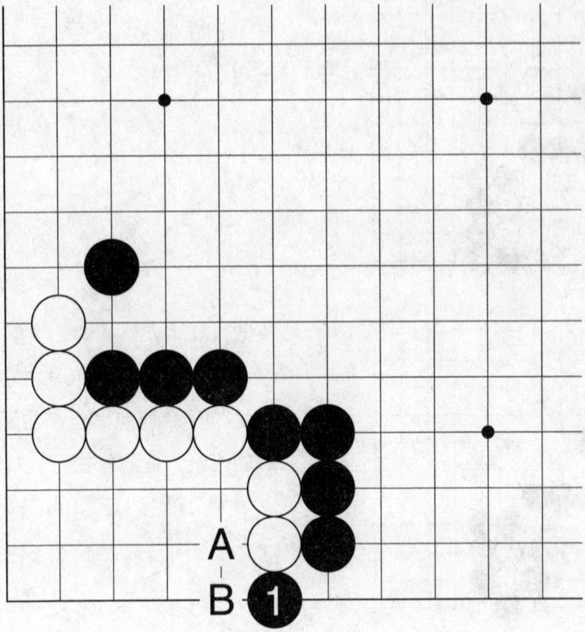

黑 1 扳。

白棋应该怎么应？请从 A 和 B 中选择。

问题 56（解答）

有两个断点时要注意

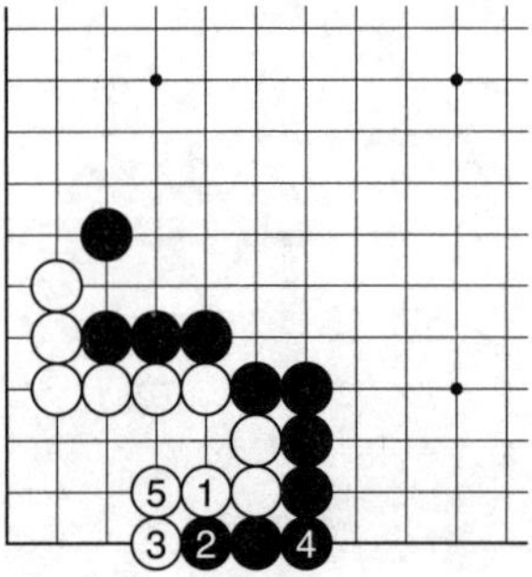

正解 A

白 1 曲。黑 2 爬时，白 3 打后再于 5 位粘。

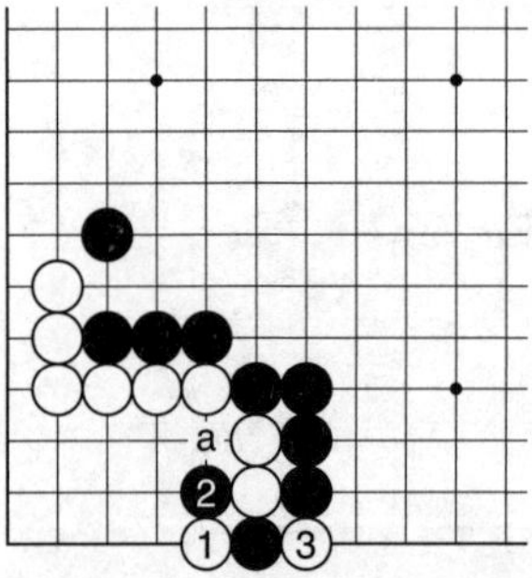

失败

白 1 挡的话，就产生了 a 位和 2 位两个断点。当产生两个断点的时候，是危险的。

黑 2 断打，白 3 可以吃掉黑一子。

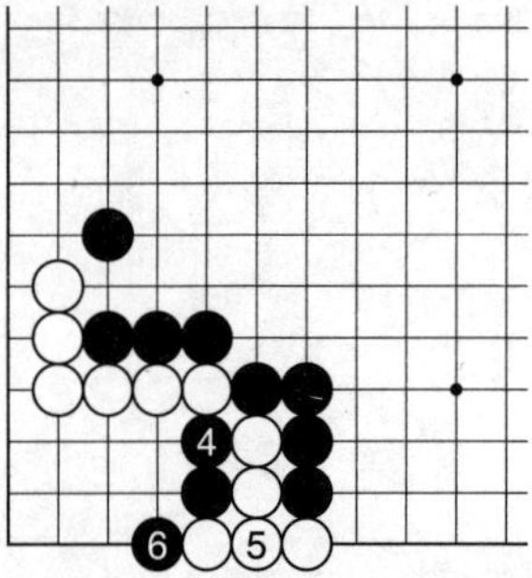

失败（续）

虽然上图中白 3 吃掉黑一子，但黑 4、6 可以吃掉下边全部白棋。

问题 57（白先）

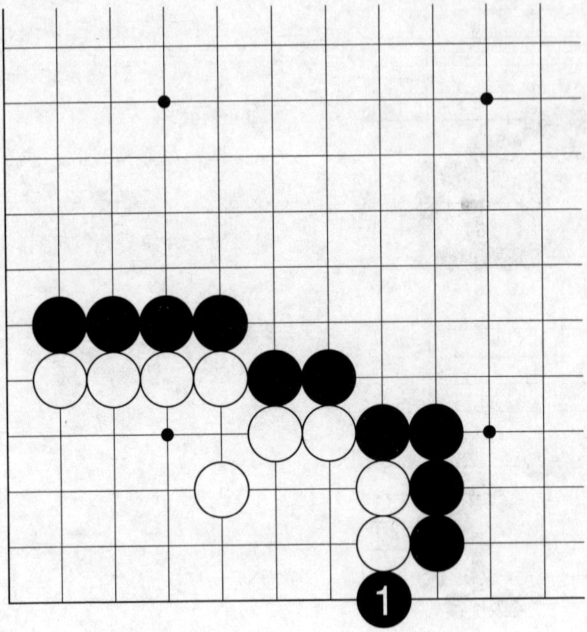

黑 1 扳。

白棋应该怎么防守才能不受损失呢？

问题 57（解答）

优先争先手

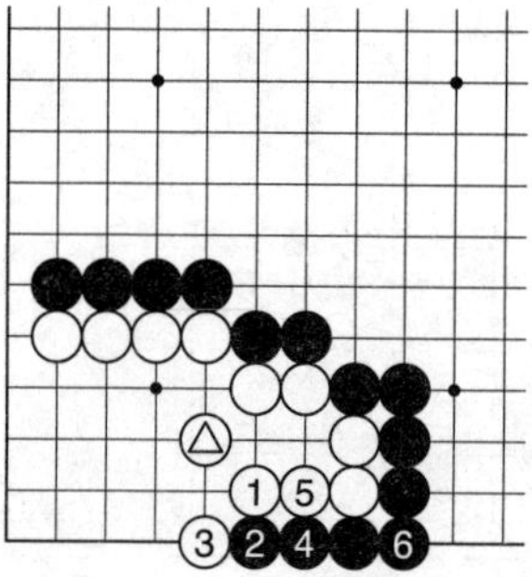

正解

当有白◎时，白 1 小尖是形，黑 2 托，白 3 打吃，至黑 6，白棋取得先手。

黑棋虽然没有立即走 2 位的必要，但是保留的话，以后就会给白棋于 4 位打吃的机会。

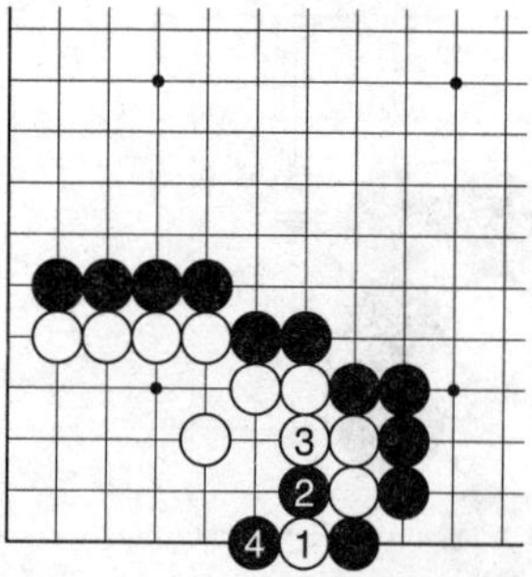

失败 1

白 1 挡的话黑 2 断，白棋大损。

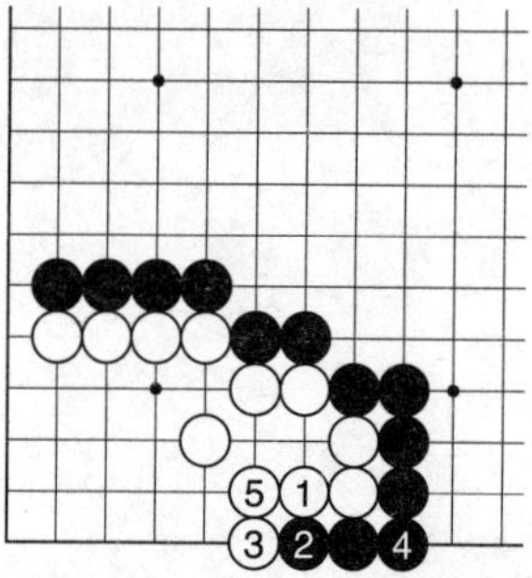

失败 2

白 1 退，和正解图相比，虽多得 1 目，但却落了后手。在收官阶段应该优先争先手。

问题 58（黑先）

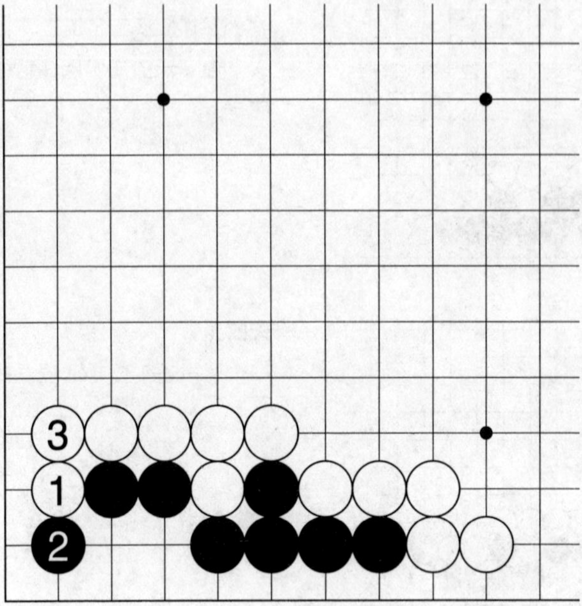

白 1、3 扳粘。

这里黑棋必须补一手，请问补在哪里呢？

问题 58（解答） 角和边走法不一样

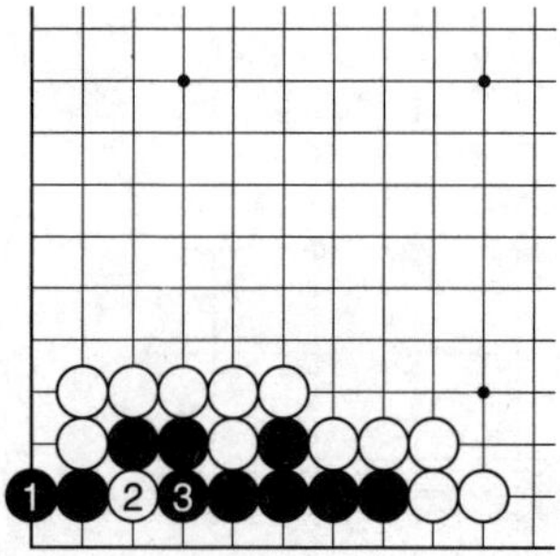

正解

黑棋应该走 1 位立。

白 2 断的话，黑 3 粘住打吃即可。

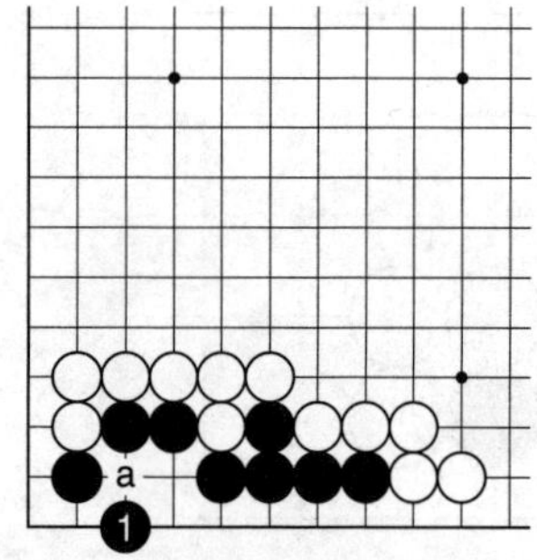

失败 1

黑棋走 1 位或 a 位没补到点子上。

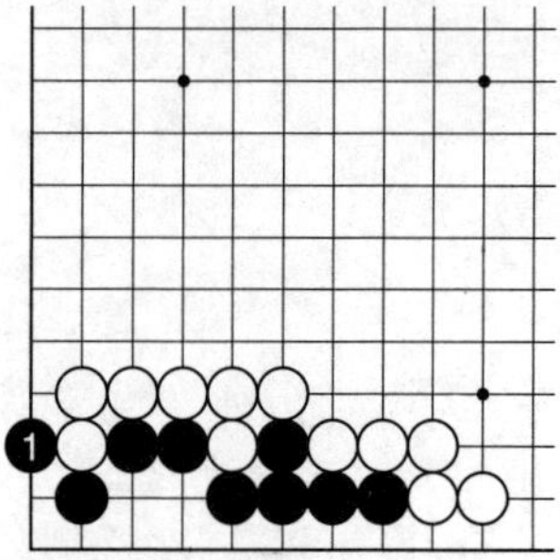

失败 2

黑 1 扳错误。

理由在下一问讲解。

问题 59（白先）

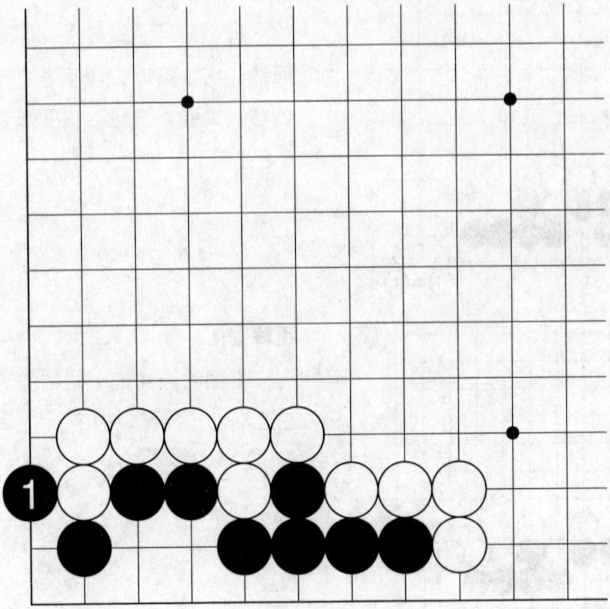

黑 1 扳不好。请思考白棋应该怎么整治黑棋。

问题 59（解答）

弃子得利

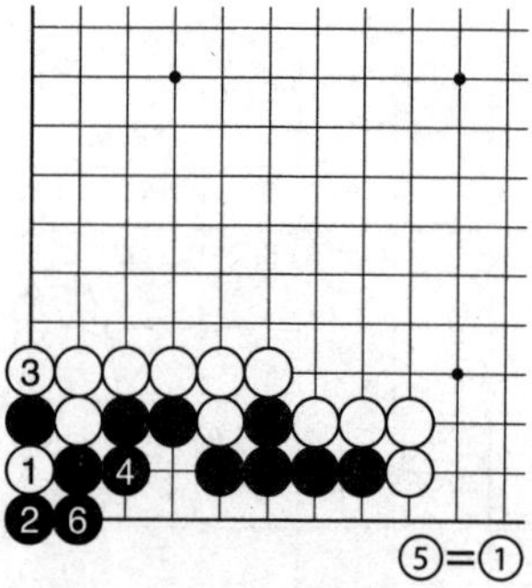

正解

白 1 扑弃子是好手。黑 2 提的话，白 3 打吃，黑棋不能于 1 位粘，只能 4 位粘。白 5 提，黑 6 还是只能粘，损失惨重。

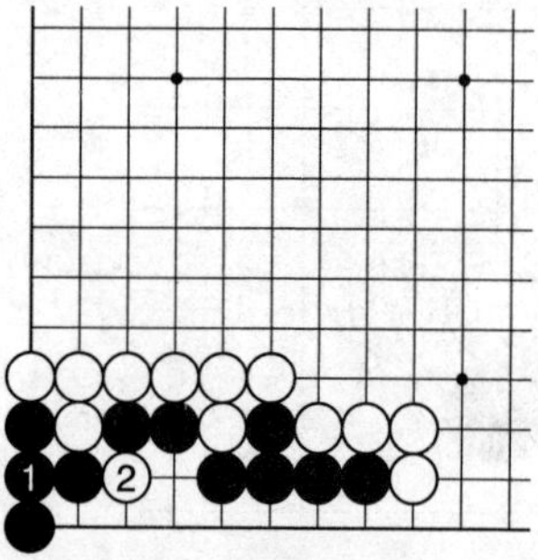

正解变化

上图的黑 4 走 1 位粘的话，白 2 断即可吃掉黑四子。

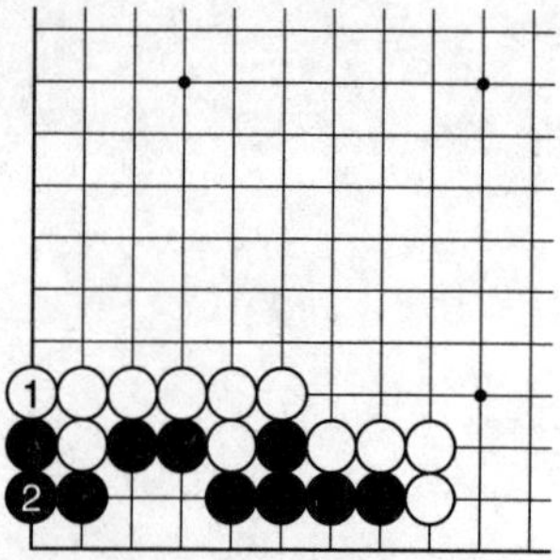

失败

白 1 打吃的话黑 2 粘，白棋无法再追究黑棋了。

问题 60（黑先）

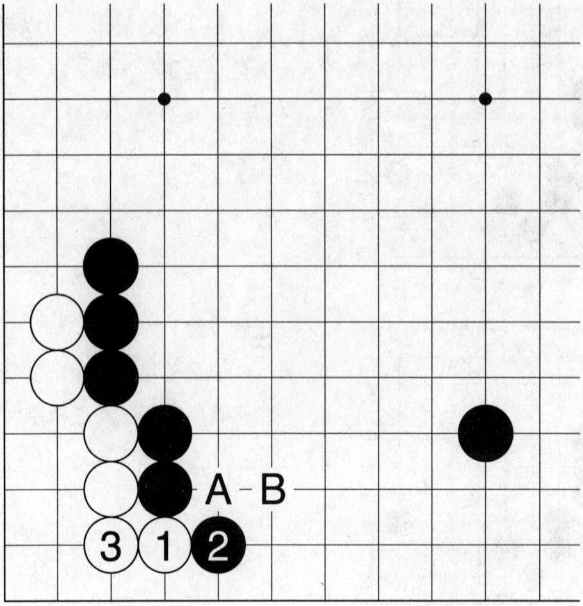

白 1、3 扳粘。

黑棋想补断点的话，应该走哪里呢？请从 A 、B 中选择。

问题60（解答）

虎

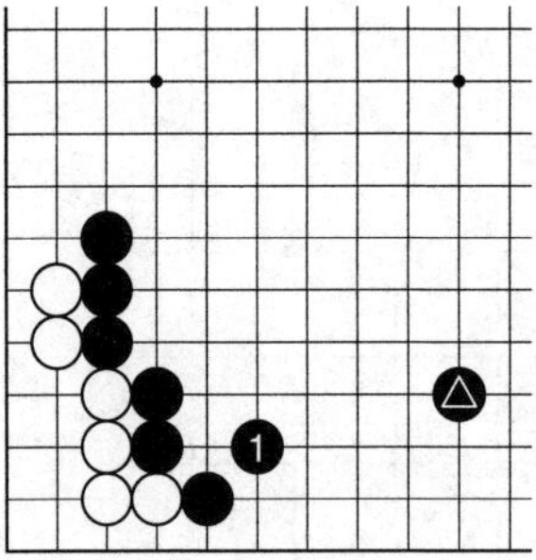

正解

黑1虎是好形。可以与黑▲呼应，且眼形丰富。

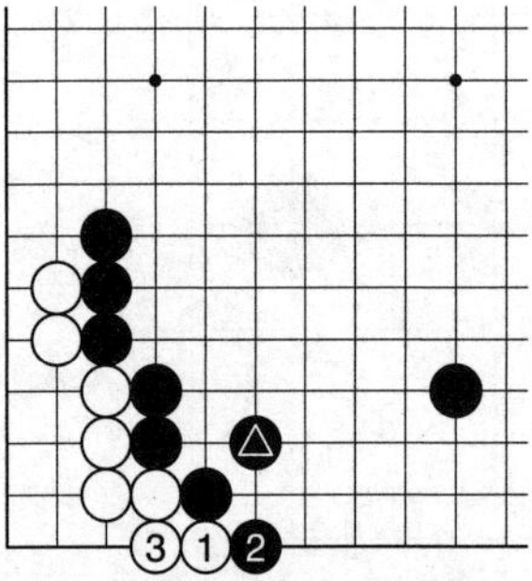

正解（续）

之后的官子，白1、3扳粘时，由于有黑▲一子，白棋是后手。

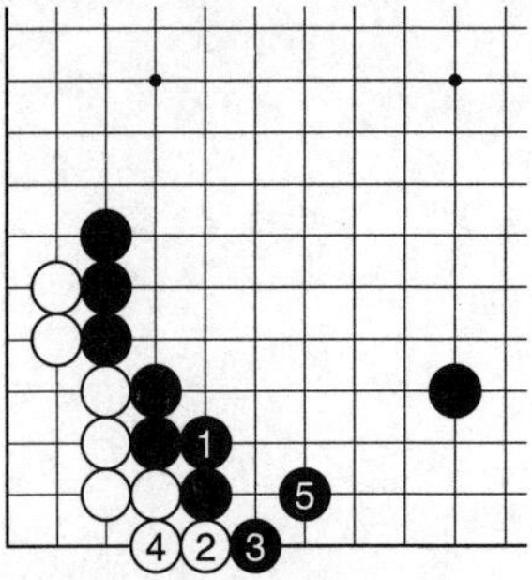

失败

黑1粘是缺乏眼形的一手。

之后如果白2、4扳粘的话，黑5还必须后手补。

问题 61（黑先）

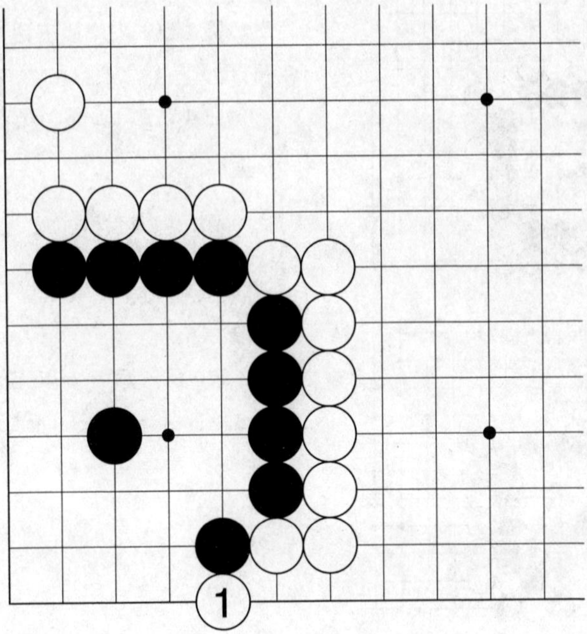

白 1 扳，黑棋应该怎么应？

问题 61（解答）

退一手再挡

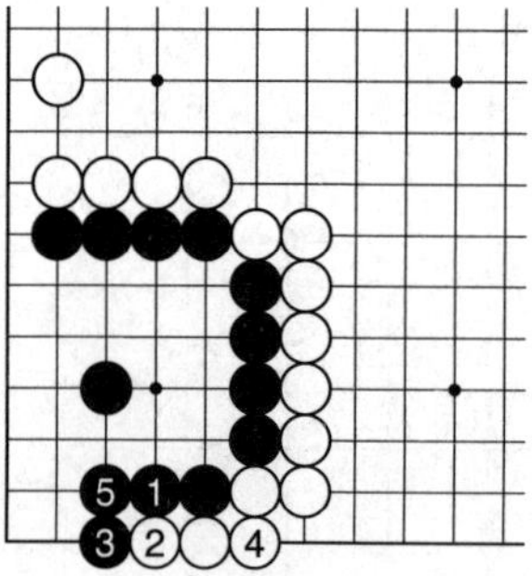

正解

黑 1 退。白 2 爬的话，黑 3 再打。

白 4 粘，黑 5 粘，双方告一段落。

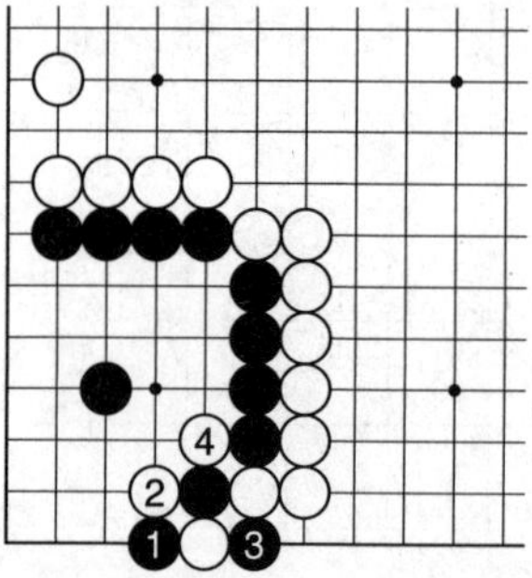

失败

黑 1 挡。有两个断点，白 2 断，黑 3 吃掉白一子，白 4 断打。

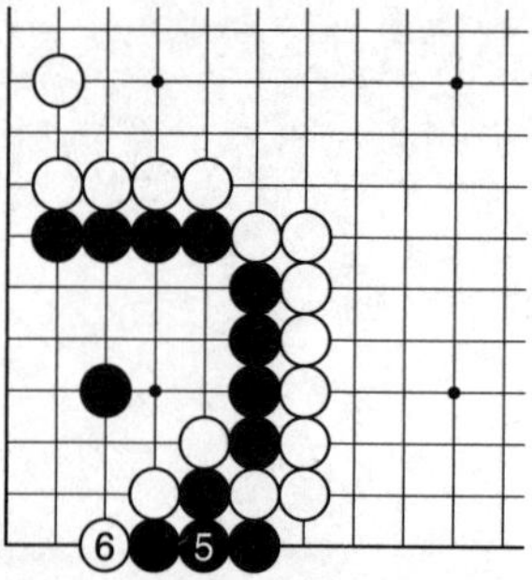

失败（续）

黑 5 粘，白 6 再打，黑棋四子尽数被吃。

问题 62（白先）

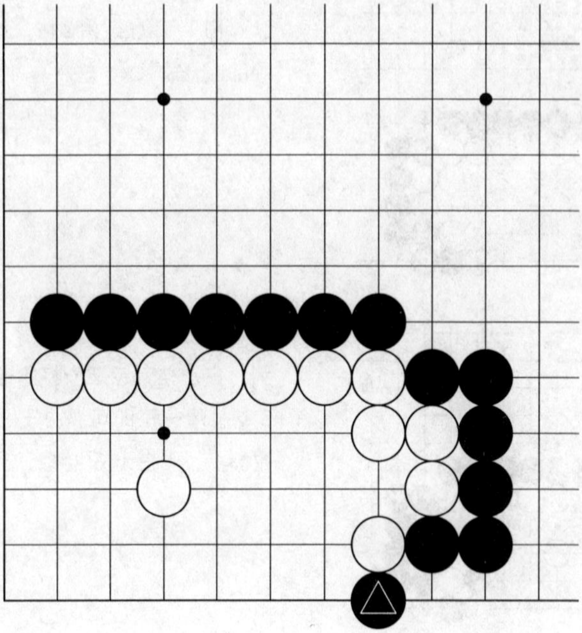

对于黑◭的扳，白棋可以挡吗？

问题 62（解答）

可以挡的场合

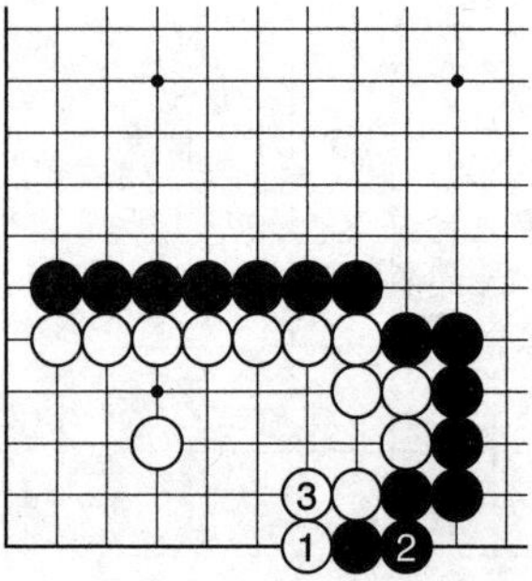

正解

白 1 可以挡。黑 2 粘，白 3 粘，局部告一段落。

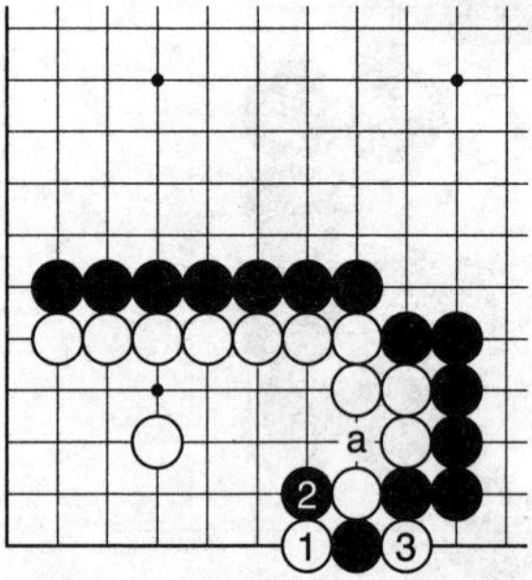

正解变化

白 1 挡，黑 2 断打的话，白 3 吃掉黑一子即可。由于 a 位不是断点，黑棋无法继续打吃。

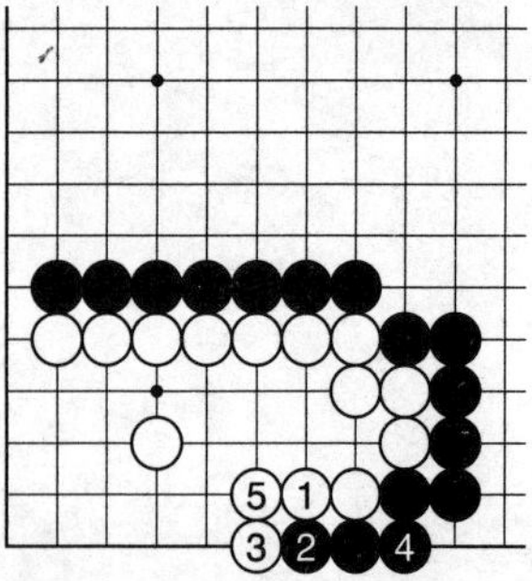

失败

白 1 退的话有损实地。

问题 63（白先）

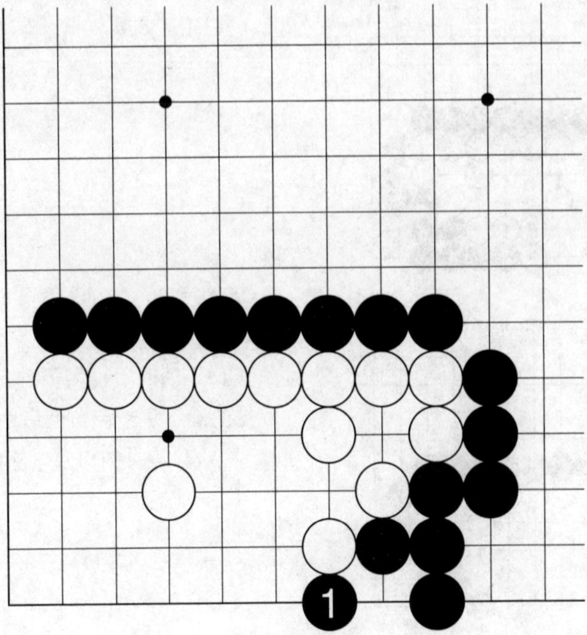

黑 1 扳，白棋应该怎样应对？请根据周围的情况做出判断。

问题 63（解答）

双打吃的形

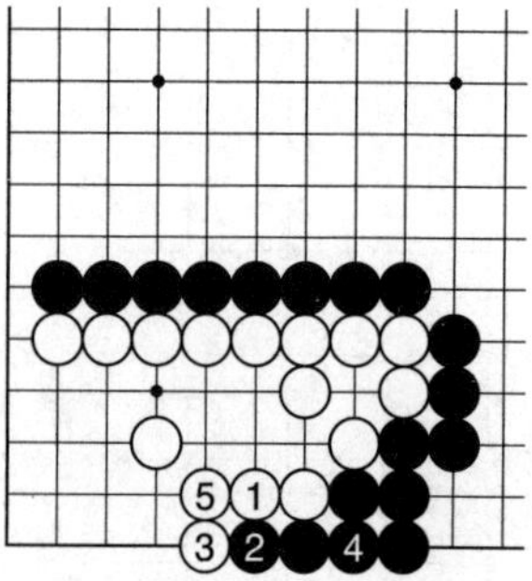

正解

白 1 应该退。

黑 2 爬，白 3 挡，至白 5 粘住，局部告一段落。

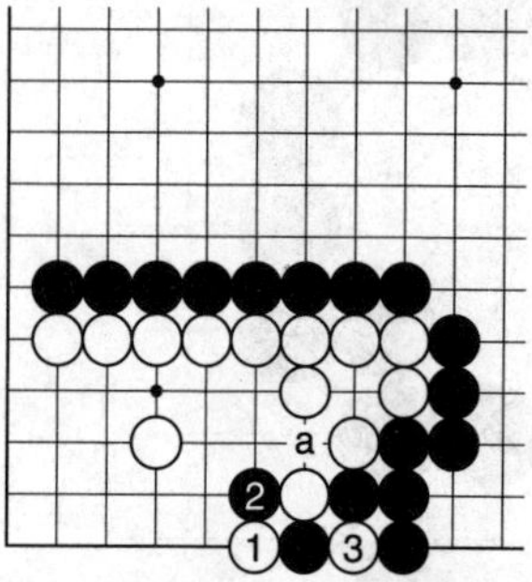

失败

白 1 挡的话，黑 2 断。虽然 a 位的确不是断点，但白 3 吃掉黑一子后，黑 4 可以从后面打吃。

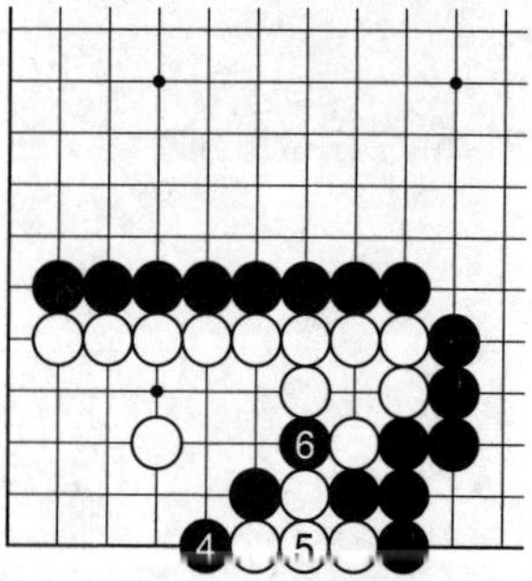

失败（续）

白 5 粘的话，黑 6 提，白棋崩溃。所以要注意根据周围的情况来判断是否能挡。

问题 64（黑先）

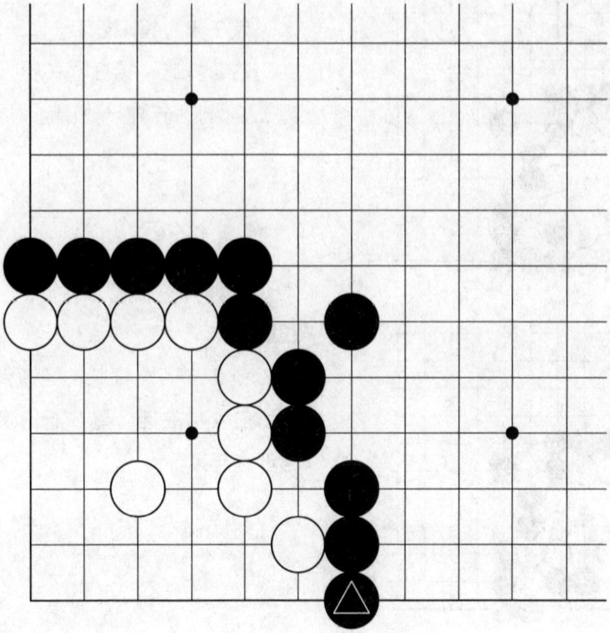

请仔细考虑如何发挥黑△的作用。

问题 64（解答） 手筋——卡

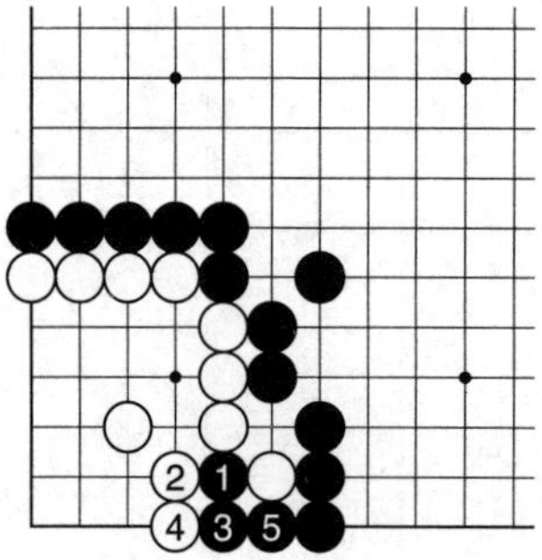

正解

黑 1 卡是官子好手。

白 2 打吃，黑 3 立关键。至黑 5 连回，局部告一段落。

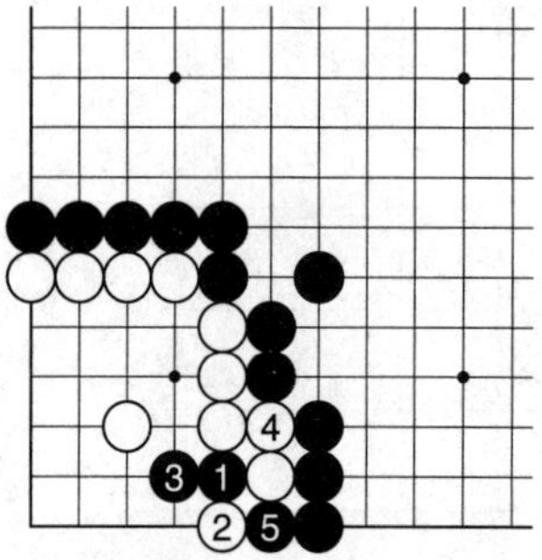

正解变化

白 2 从下面打吃的话，黑 3 跑。白 4 粘的话，黑 5 断，黑棋全都连起来了。

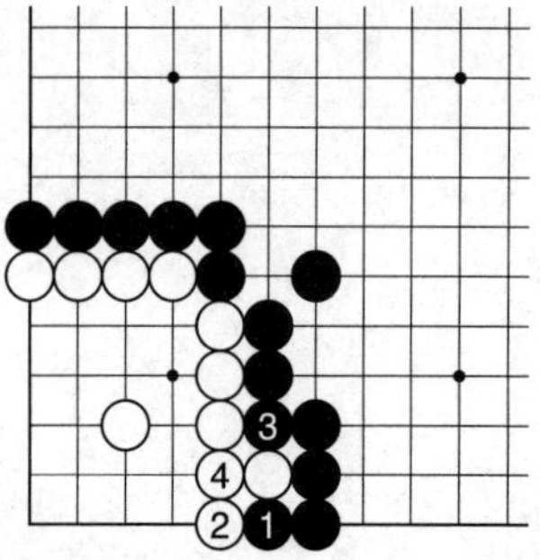

失败

黑 1 拐怯懦。

这样就无法达到最佳破空效果了。

问题 65（白先）

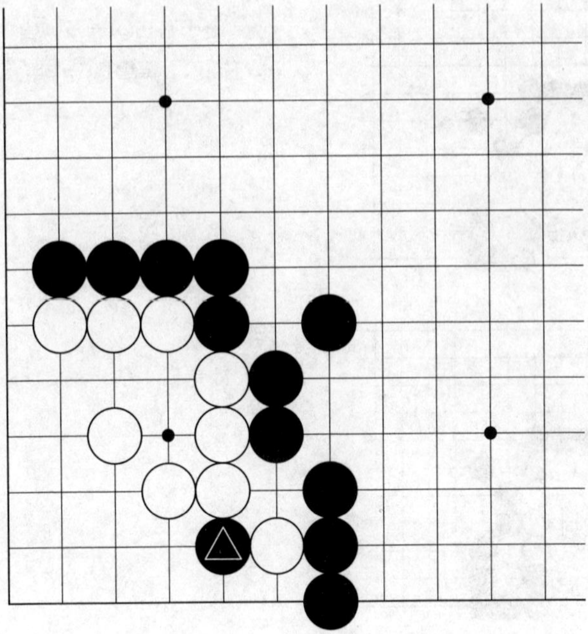

当第一线上有子时，黑△卡。白棋可以容忍吗？

问题 65（解答）　征吃

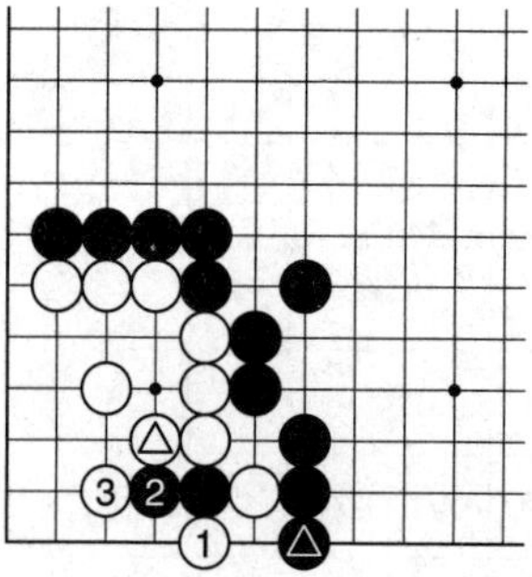

正解

由于有白△一子，白 1 就可以征吃了。黑▲毫无作用。

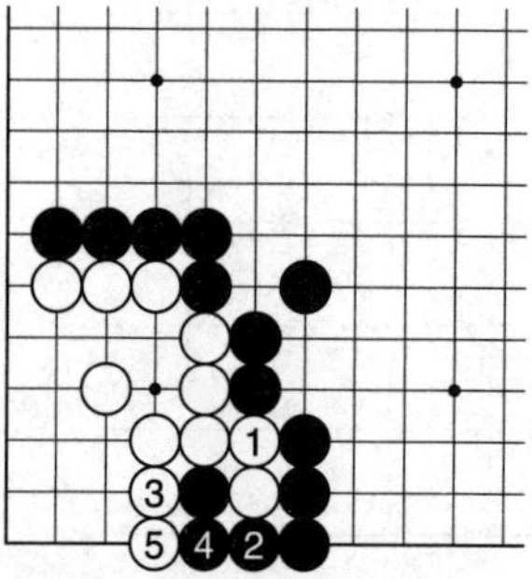

失败 1

如果白 1 粘，黑 2 就取得联络了。

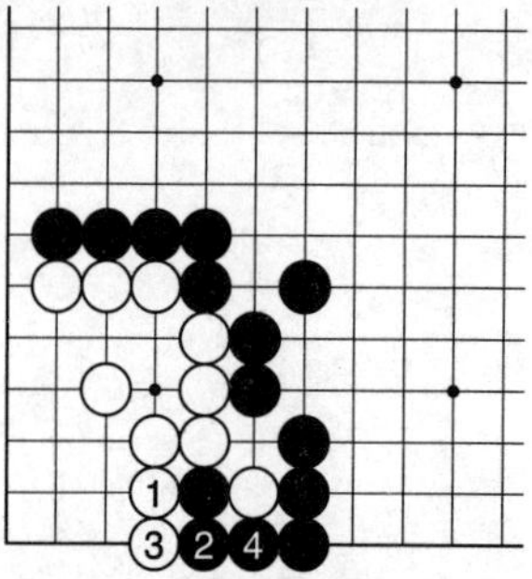

失败 2

白 1 打吃的话，黑 2 立。由于白棋不能走 4 位，因此无法分断黑棋。

问题 66（黑先）

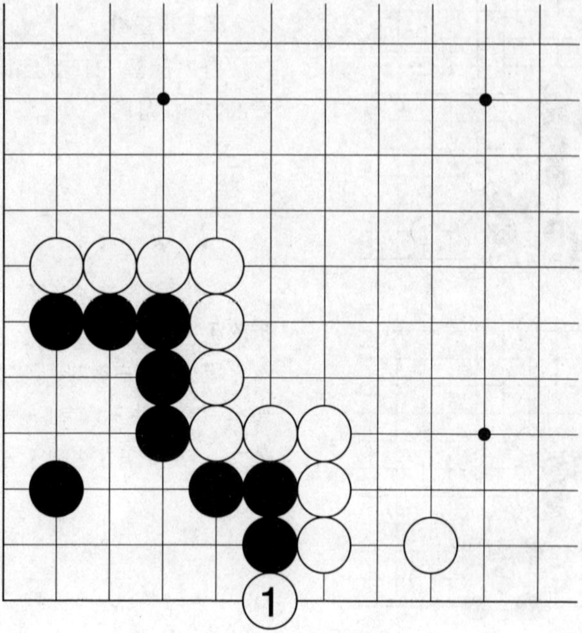

黑棋需要小心白 1 的扳。

黑棋气紧，需要小心应对。

问题 66（解答） 虎

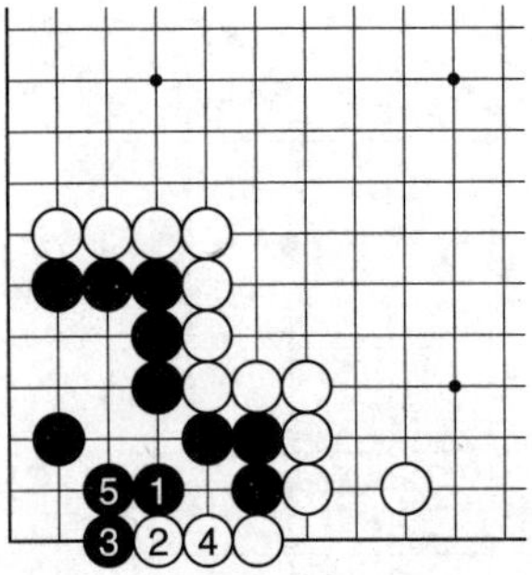

正解

黑 1 虎正招。

白 2 托。黑 3 打吃，至黑 5 粘，局部告一段落。

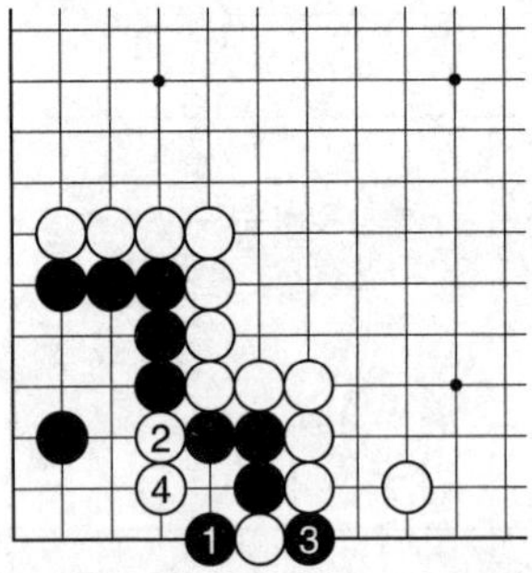

失败 1

黑 1 打吃白棋的话，白 2 断，黑棋危险。黑 3 即使提一子，白 4 立，下边黑五子也跑不出去了。

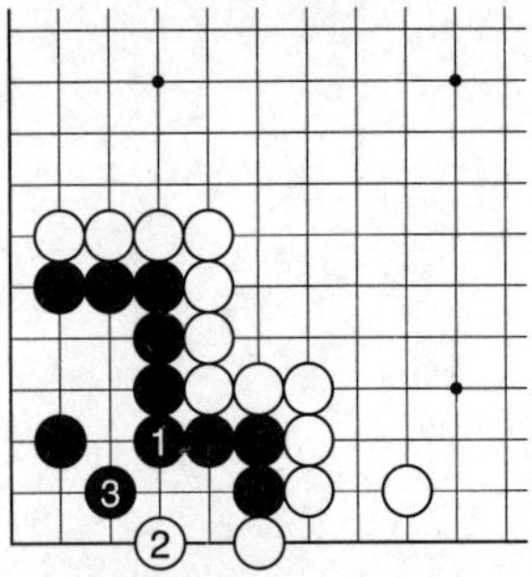

失败 2

黑 1 粘住虽然无事，但白 2 跳，黑棋损。

问题 67（黑先）

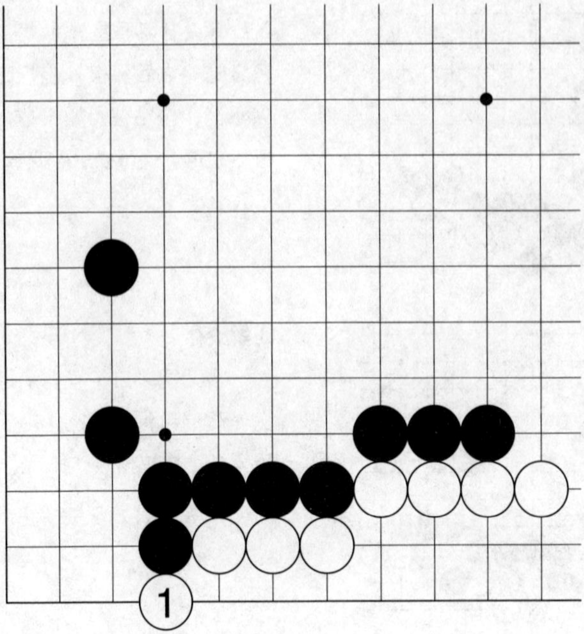

白 1 扳。

对黑棋来说如果应对有误的话会错失良机。

问题 67（解答）

弃子得利

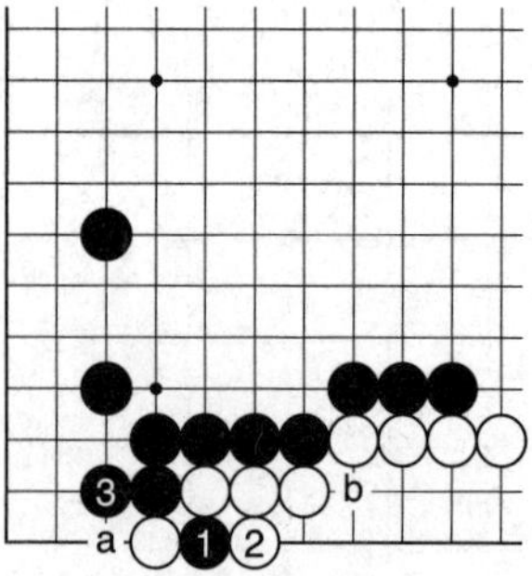

正解

黑 1 扑弃子是好手。白 2 提，黑 3 退。之后黑棋 a 位打吃时白棋不能 1 位粘住。如果粘，黑棋于 b 位断，就可以尽数吃掉白棋。

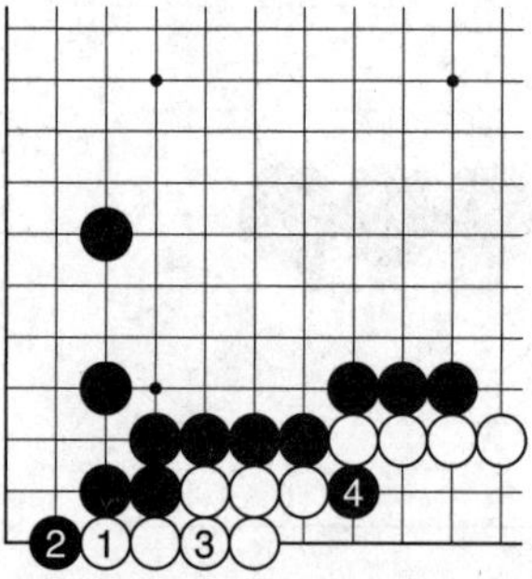

正解变化

接上图，白 1 不能爬。因为白 1 爬的话黑 2 打吃，白 3 粘，黑 4 断，白棋全被吃掉。

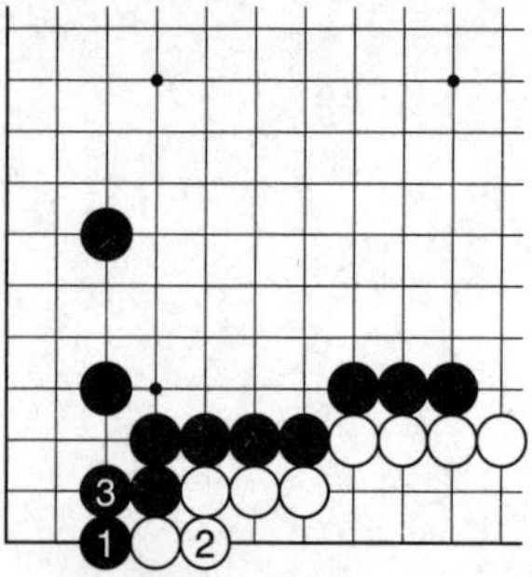

失败

黑 1 打吃的话，白 2 粘，黑棋没有后续手段。

问题 68（黑先）

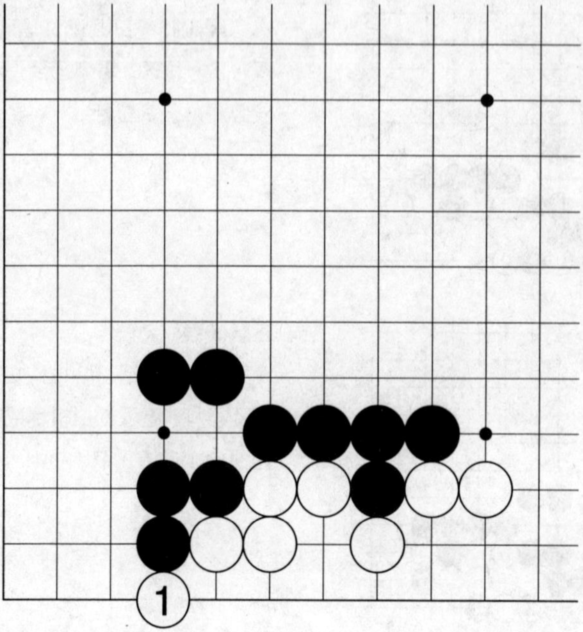

白 1 扳，黑棋有得利的手段，黑棋应该怎么走？

问题 68（解答）　弃子得利

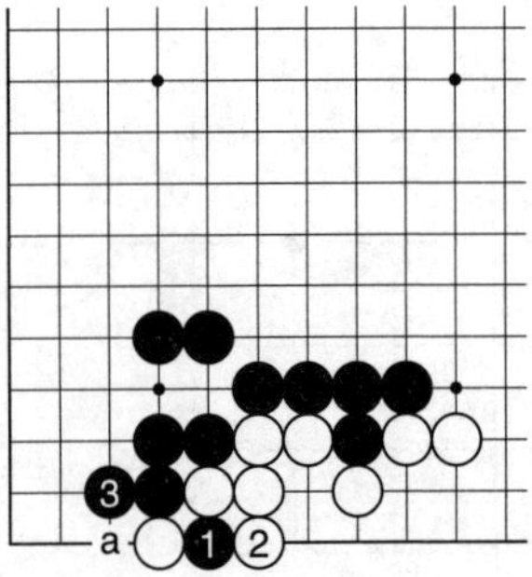

正解

黑 1 扑，白 2 吃，黑 3 退，双方告一段落。黑棋已经得利了，没必要再于 a 位挡。

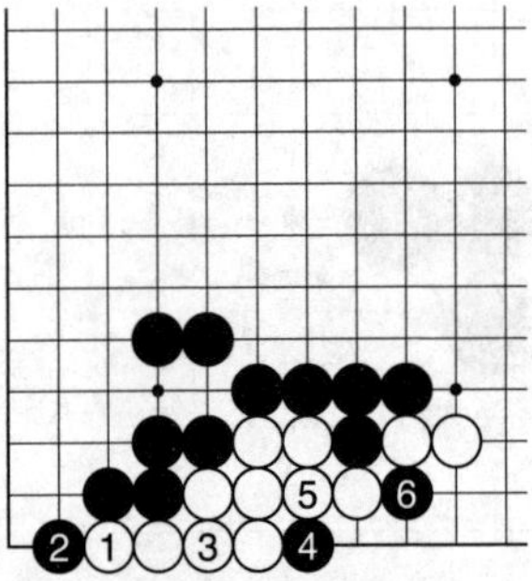

正解（续）

白 1 爬的话，黑 2 打，白 3 粘，黑 4 再打，至黑 6 白棋尽数被吃。因此白 1 爬不可取。

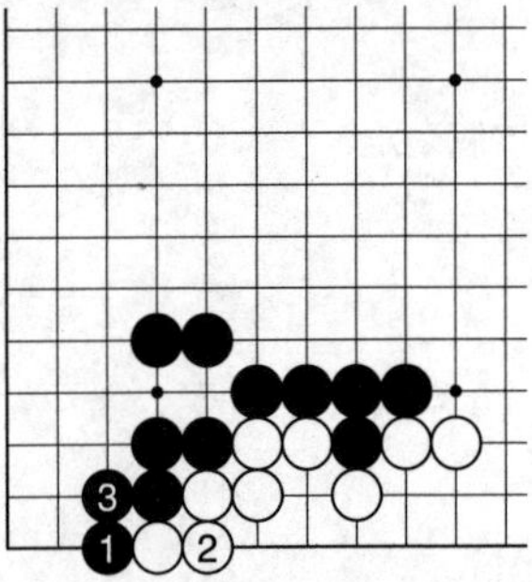

失败

黑 1 挡的话，白 2 粘，黑 3 粘。黑棋没有任何手段。

问题 69（黑先）

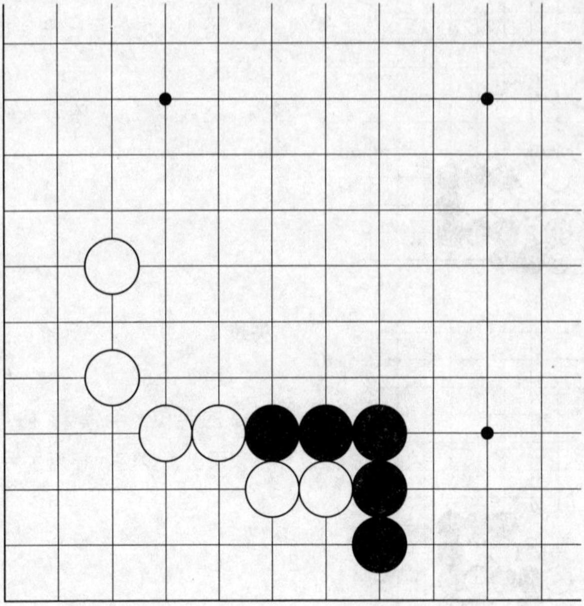

请思考下边如何收官

问题 69（解答）

夹

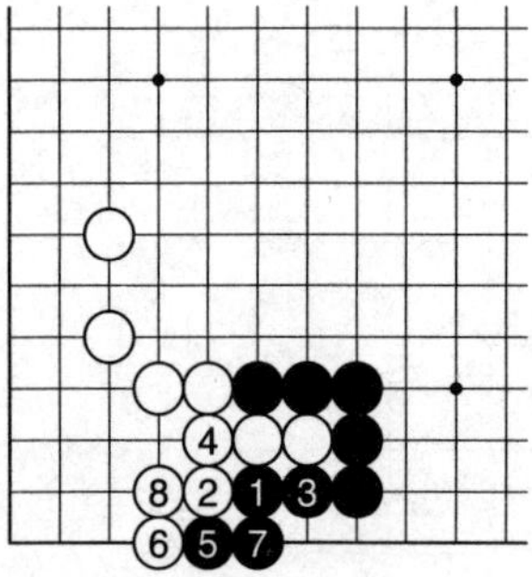

正解

黑 1 夹是好手。白 2 挡，黑 3 打吃。

之后黑 5、7 还可以先手扳粘。

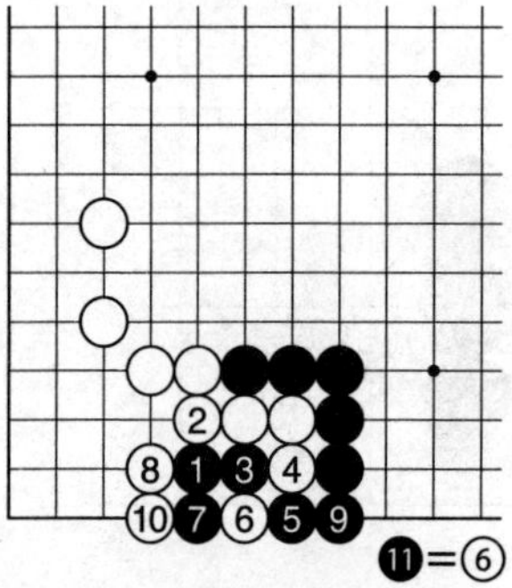

失败 1

黑 1 点的话，白 4、6 使用弃子的手段，至黑 11 粘，黑棋不仅没破多少空，还落了后手。

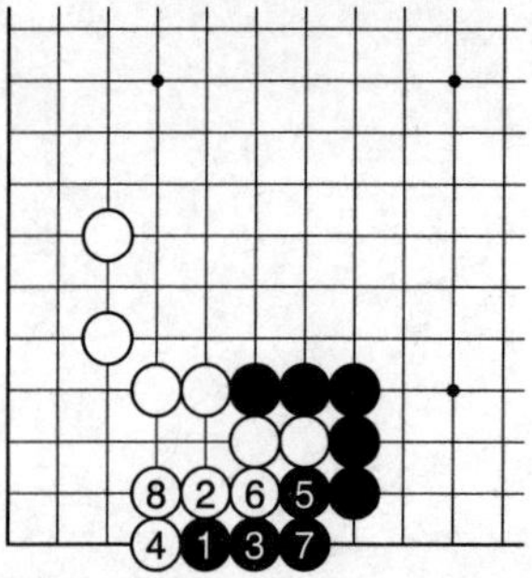

失败 2

黑 1 大伸腿，白 8 虽然先手收官，但是本图比正解图损 2 目。

问题 70（黑先）

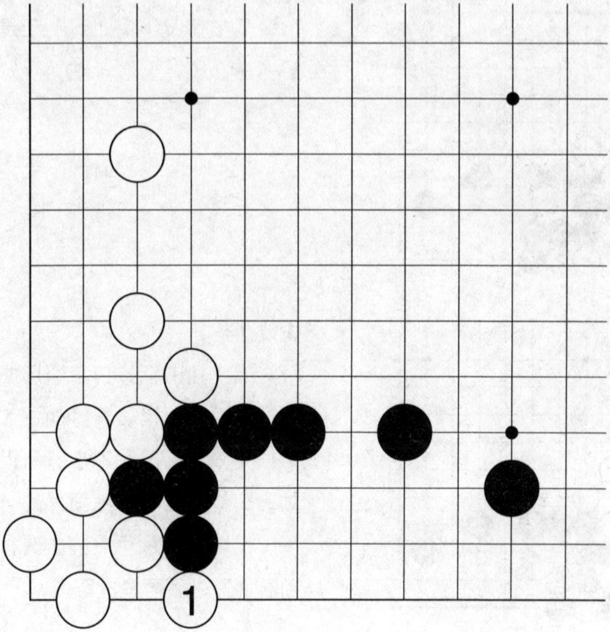

白 1 扳，黑棋应该如何应对？

问题 70（解答）

不要打负担很重的劫

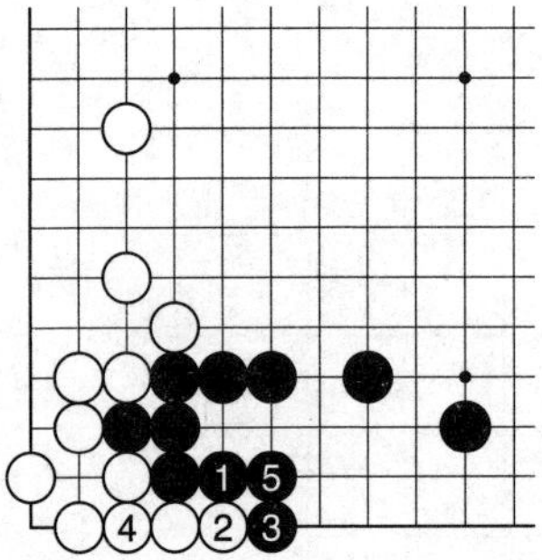

正解

多数情况下黑 1 退一手是正解。白 2 爬，至黑 5 粘，双方告一段落。

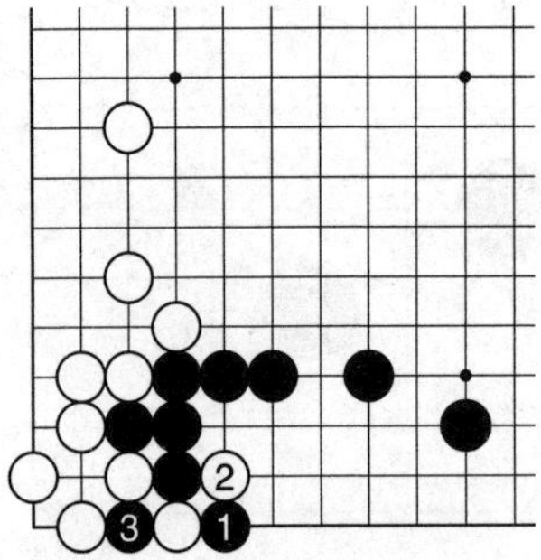

失败 1

黑 1 挡的话，白 2 断形成打劫。这里的黑棋如果打劫失败的话损失太重，因此不推荐黑棋打劫。劫材多或者是赢面大的情况下，黑 1 打劫是可以的，请大家判断情形之后再做决定。

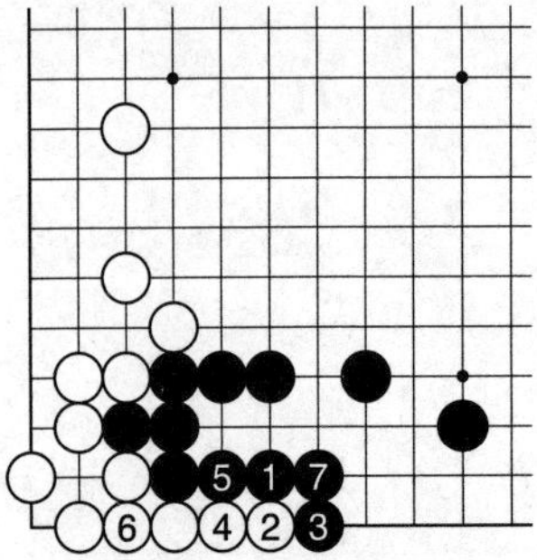

失败 2

黑 1 跳不仅是后手，黑地也大幅减少。

问题 71（黑先）

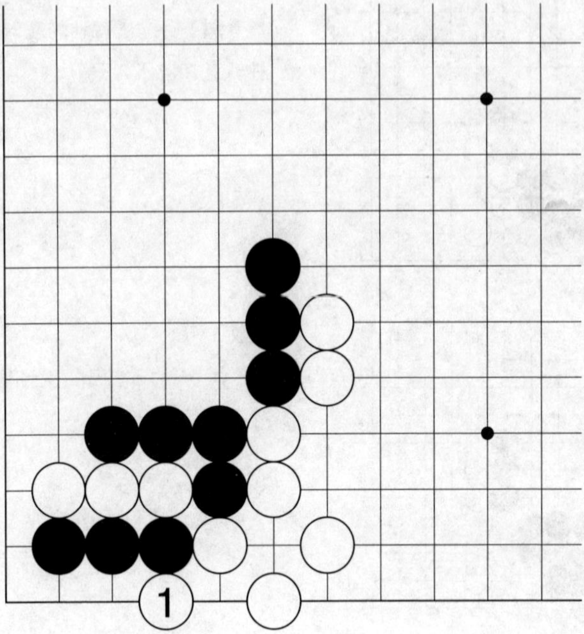

对于白 1 扳，黑棋应该如何防守。

问题 71（解答）

拐是好手

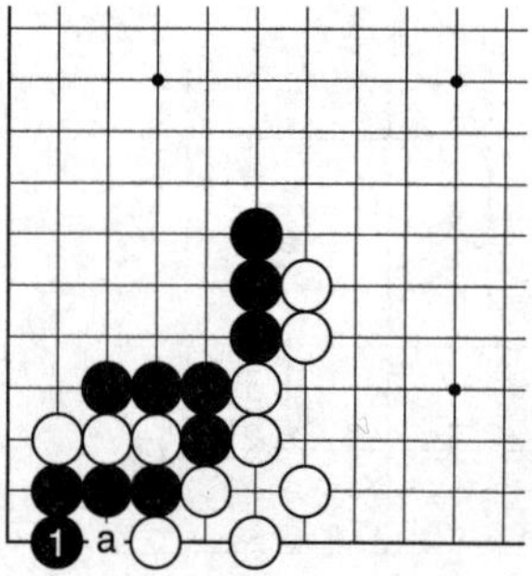

正解

黑 1 拐是最有利的应对方式。白棋走 a 位不入气。

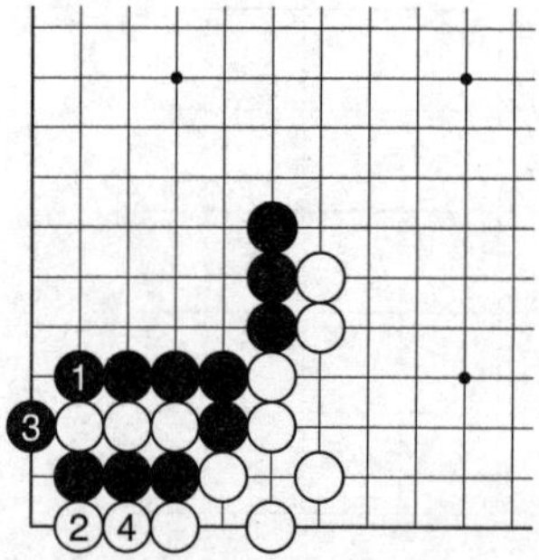

失败 1

黑 1 打吃，白 2 夹好棋，至白 4 连回，黑损。

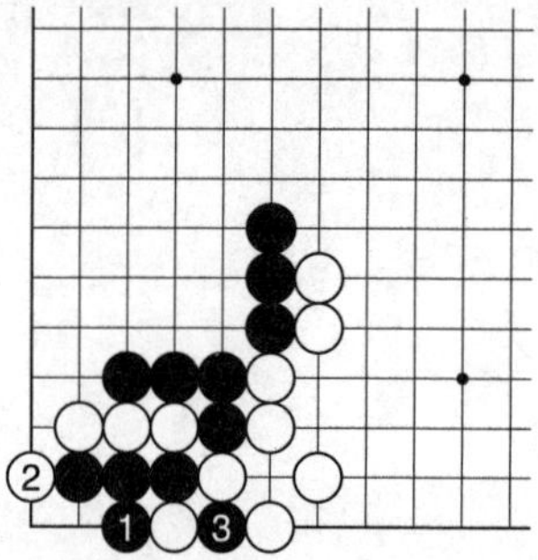

失败 2

黑 1 挡，白 2 打吃开劫，黑 3 提。

黑棋负担巨大。

问题 72（黑先）

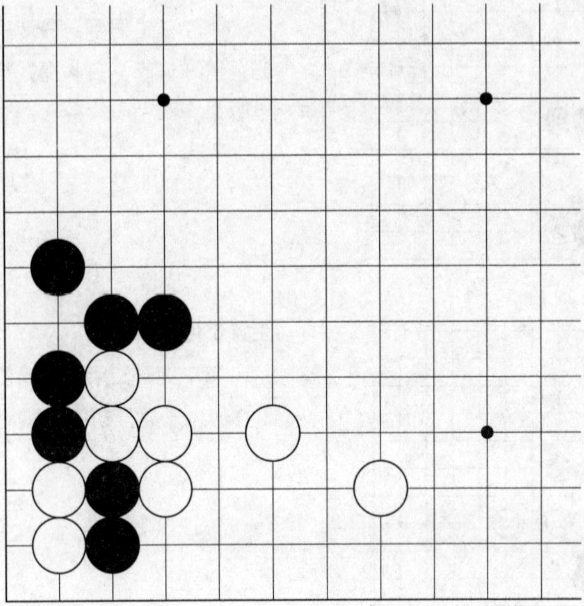

活用被吃住的黑棋两子，仔细考虑角部如何收官。

问题 72（解答）

手筋——夹

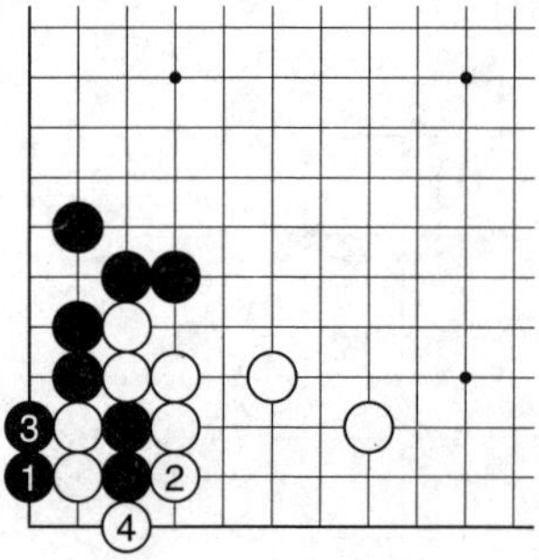

正解

黑 1 夹是好手。白 2 只能打吃，黑 3 打吃，白 4 提，黑棋先手收官。

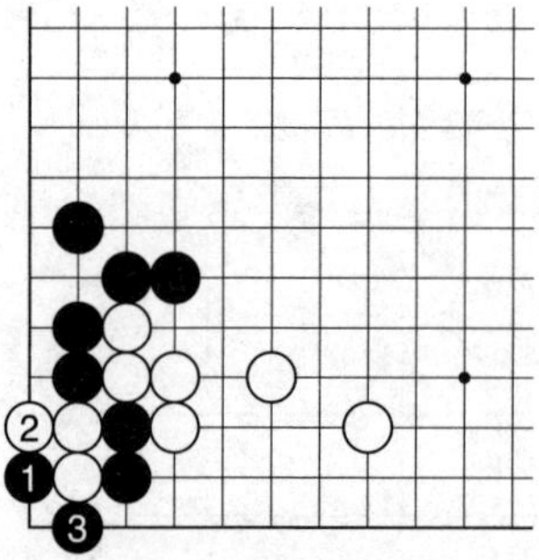

正解变化

黑 1 夹时如果白 2 挡住，黑 3 打劫。形成打劫的话黑棋已经成功。

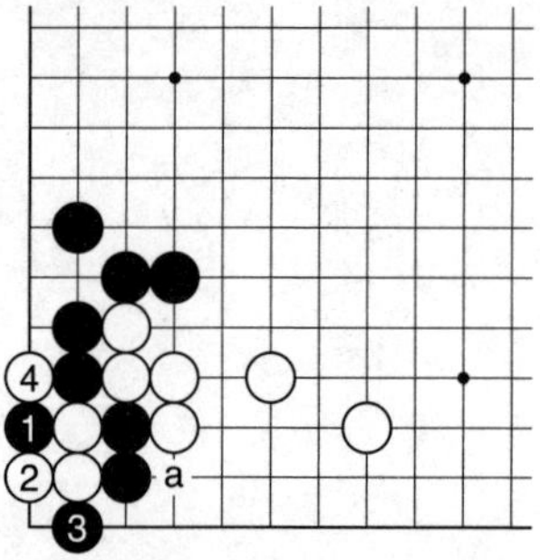

失败

黑 1 扳欠妥。黑 3 打吃是吃不掉白棋的，所以黑 3 只能走 4 位粘住。白走 a 位，和正解图相比，损失显而易见。

问题 73（黑先）

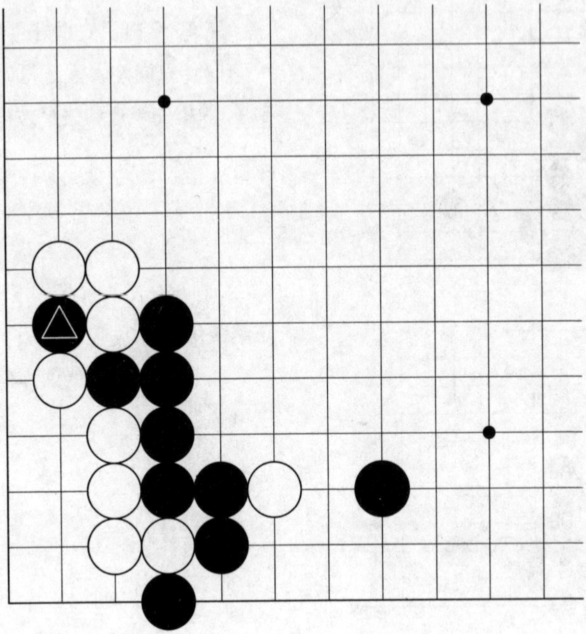

这是定式完成后常见的形。

此时黑棋应该走哪里？请好好利用被吃住的黑△。

问题 73（解答）

瞄准“腹部”弱点

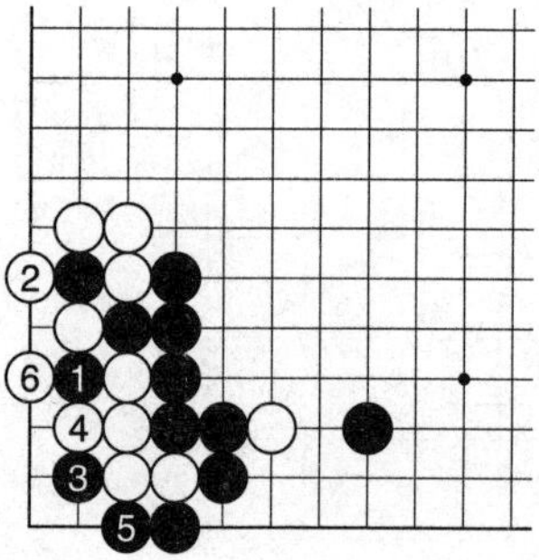

正解

黑 1、3 打了夹是好手。

白 4 只能冲，黑 5 打吃，白 6 提，黑棋先手抢到这个大官子。

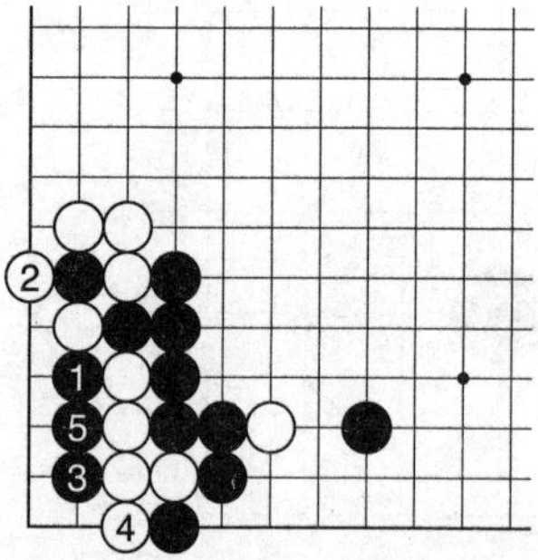

正解变化

黑 3 夹，白 4 挡的话，黑 5 粘，白棋被吃。

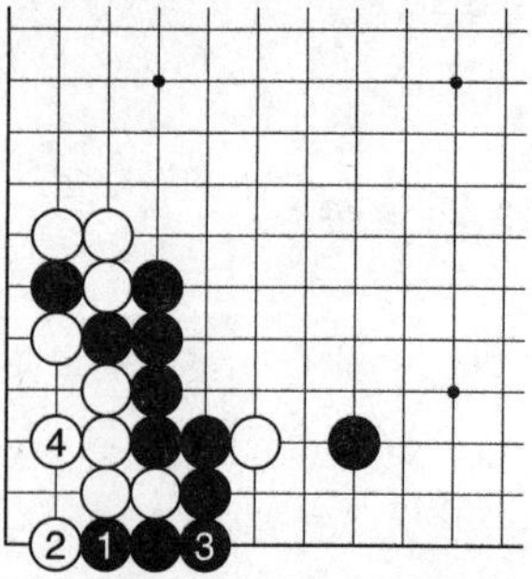

失败

黑 1 爬，白 2、4 护住实地。白 4 虎好棋，同时补住了两个断点。

问题 74（黑先）

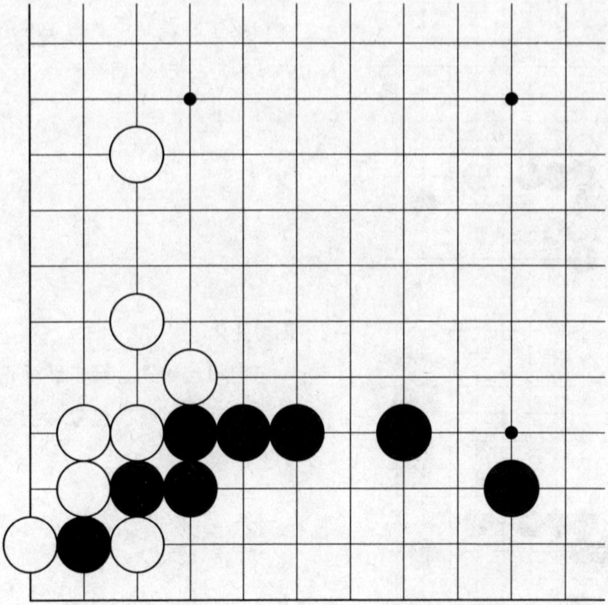

黑棋应该走哪里才能阻止白棋进一步入侵黑地？

问题 74（解答）

为下一手铺垫

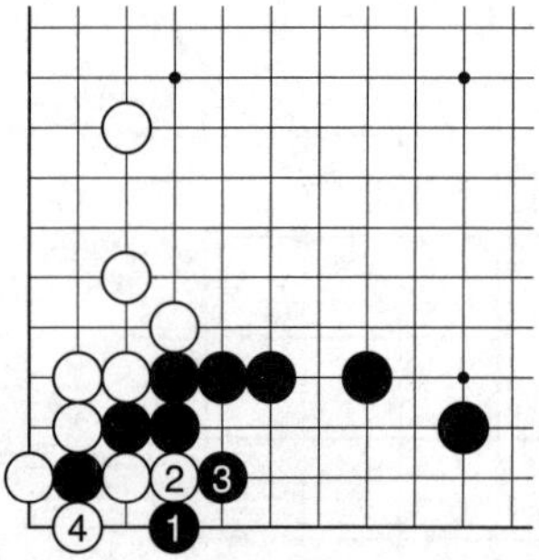

正解

黑 1 跳是好手。白 2 冲的话黑 3 打吃，白 4 吃黑一子。黑棋获得先手。

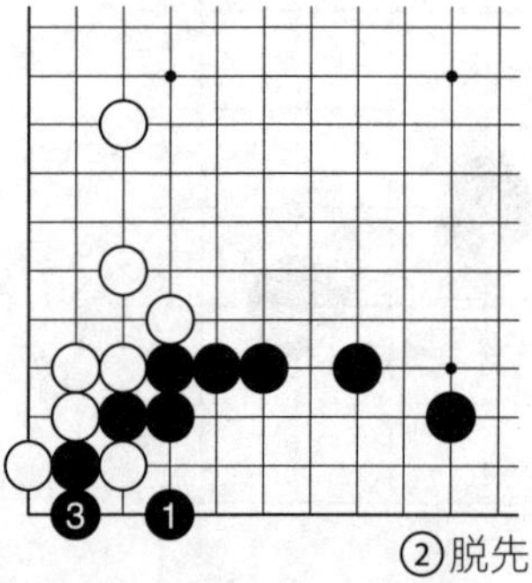

正解变化

白棋若不理会黑 1 跳而选择脱先的话，黑有 3 位立救出黑一子的手段。

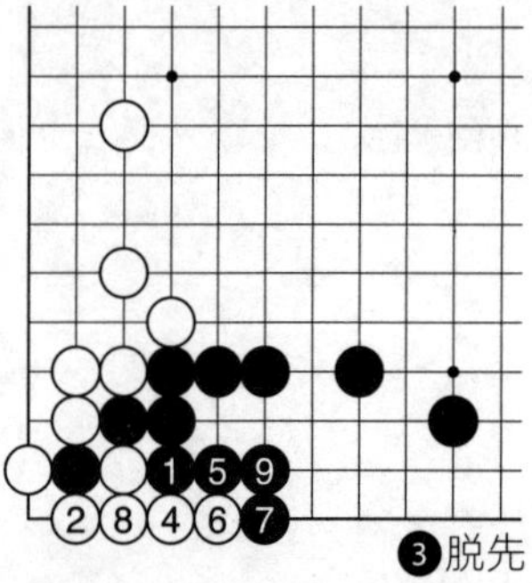

失败

黑 1 如果打吃，白 2 提。之后白棋留有 4 位扳的大官子，至黑 9 粘，黑棋损失惨重。

问题 75（黑先）

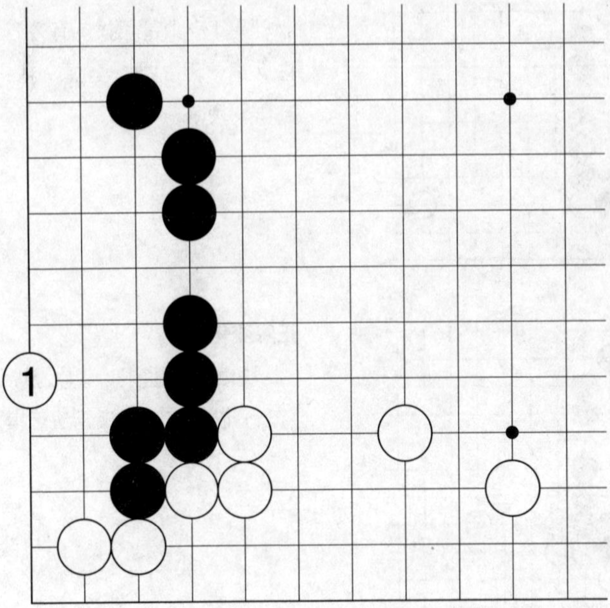

本题继续讲解问题 43 中提到的大伸腿。

白 1 大伸腿。此时黑棋应该如何阻止白棋？

根据情况的不同，黑棋有不同的应对方式。

问题 75（解答） 小尖

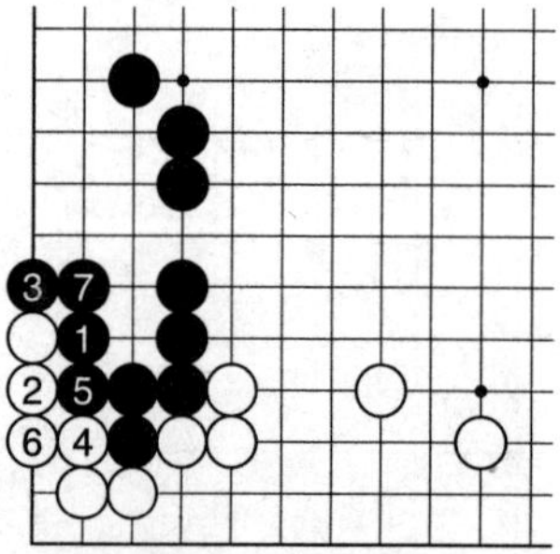

正解

黑 1 小尖是止损的有效方法。白 2 退，黑 3 挡，至黑 7 粘，局部告一段落。

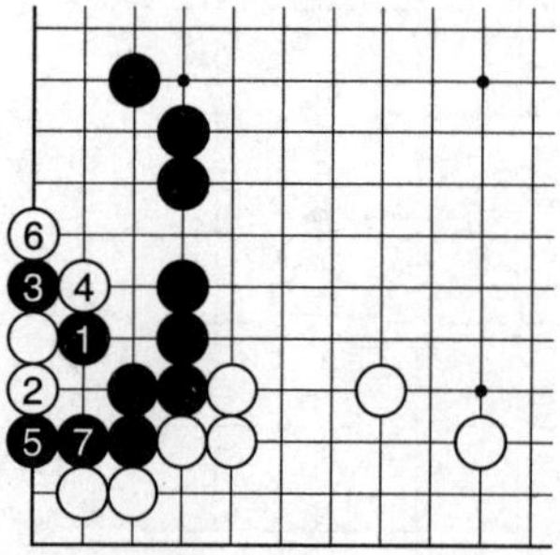

正解变化

如果白 4 断打，黑 5 从后方打吃分断白棋。白棋无法活棋。

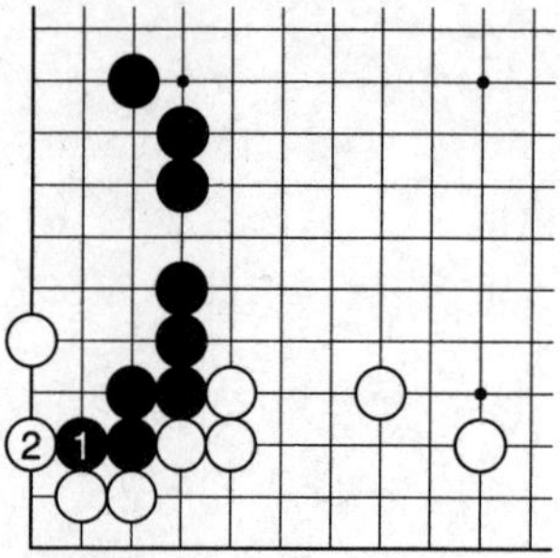

失败

黑 1 挡的话，白 2 连，黑棋不好。

问题 76（黑先）

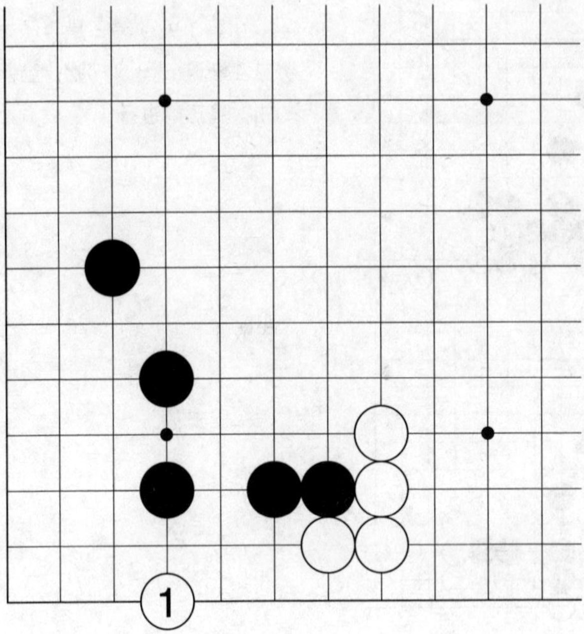

对于白棋的大伸腿，黑棋应该如何应对？

问题 76（解答） 利用弃子阻止

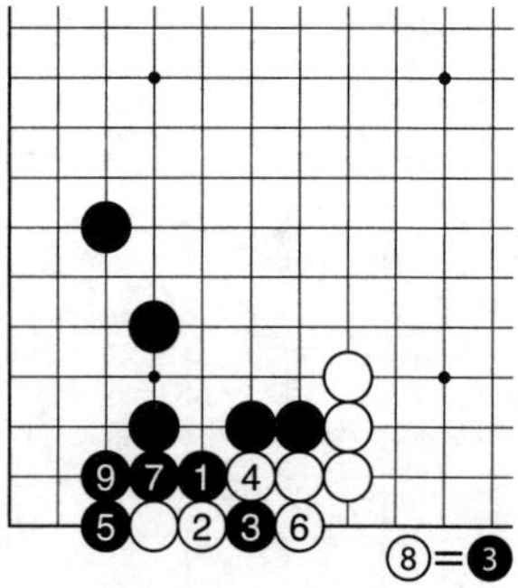

正解

黑 1 尖，黑 3 是弃子好手，白 4 断吃，黑 5 打吃，至黑 9 粘住，是正确进行。

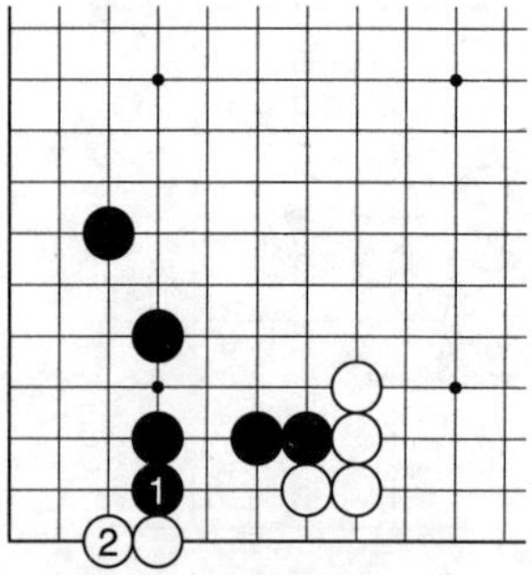

失败 1

黑 1 顶的话，白 2 就伸进黑棋空里去了。

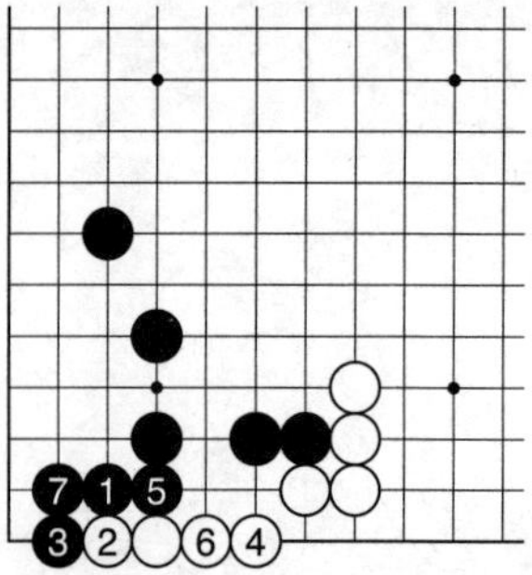

失败 2

黑 1 小尖怯懦，实地损失巨大。

问题 77（白先）

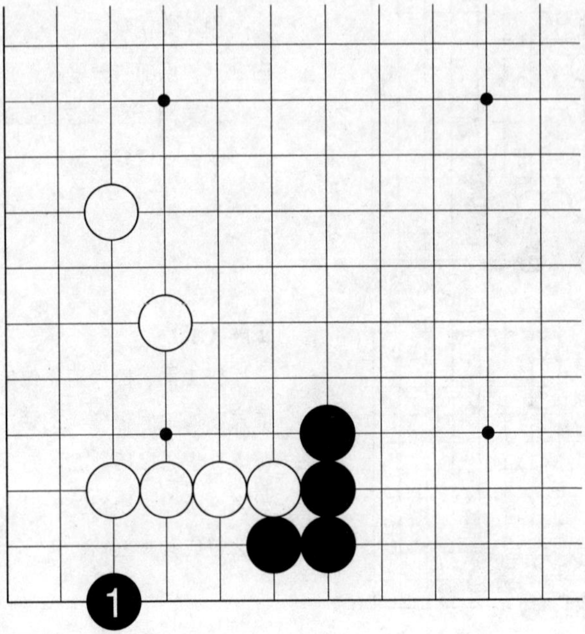

白棋应该如何处理这种排成一排的情况？

问题 77（解答）　靠

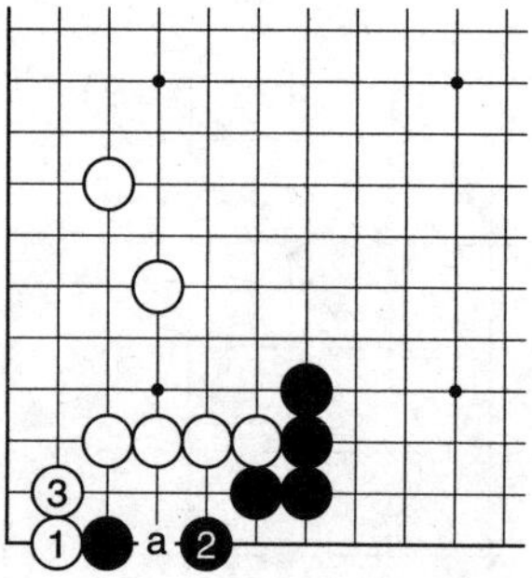

正解

白 1 靠正解。黑 2 小尖连回，白 3 退，局部告一段落。

如果黑 2 在 3 位打吃的话白棋可以于 a 位分断黑棋。

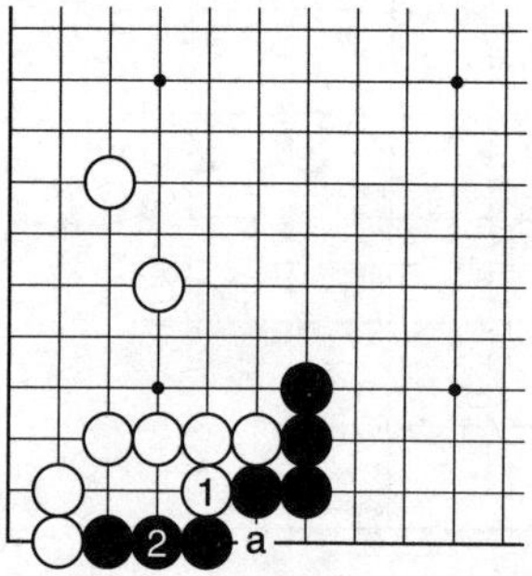

正解（续）

接上图，白棋有 1 位的先手便宜。如果黑棋脱先的话，白棋可以扑进去以接不归的方式吃掉黑棋。所以黑棋得补一手，可以在 2 位或者 a 位粘。

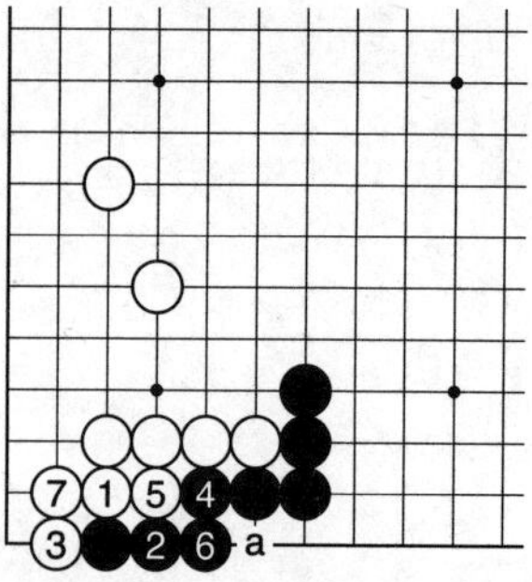

失败

白 1 如果顶的话，黑棋在 a 位多出 1 目棋。

问题 78（黑先）

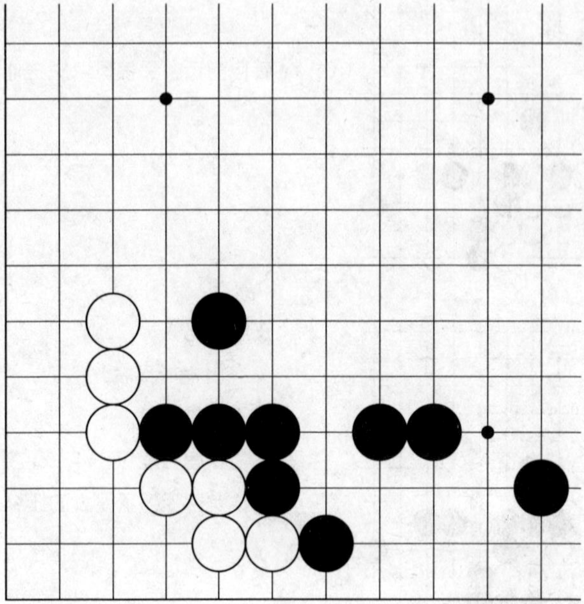

如果只是不动脑筋的扳粘的话那就不是官子了。

此时黑棋应该怎么走？好好想一想，把利益最大化。

问题 78（解答）

立在一路是好手

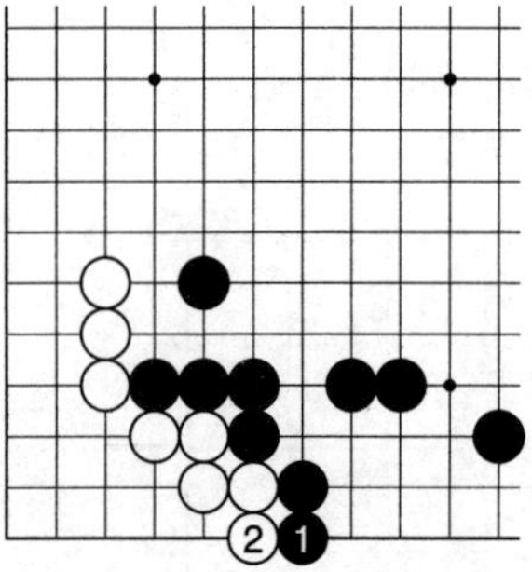

正解

黑 1 立是好手，如果白棋跟着应的话，黑棋可以脱先他投。

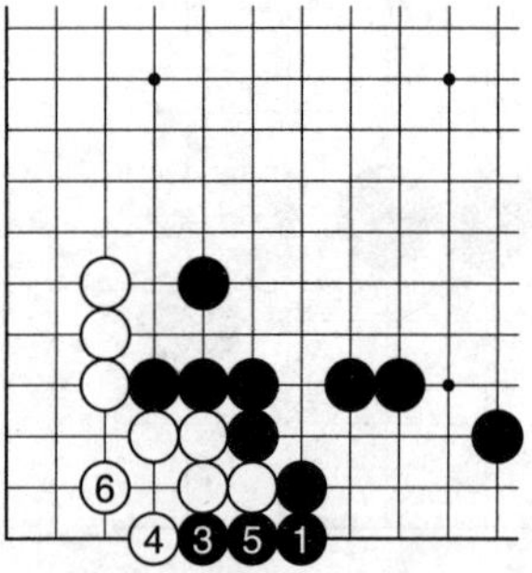

正解变化 1

白棋如果脱先的话，黑棋可以于 3 位托。

白棋只能应在 4、6 位退让，这样实空受到了很大的压缩。

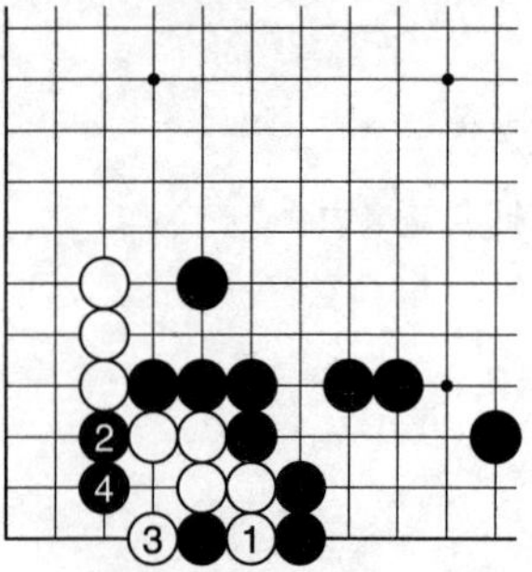

正解变化 2

如果白棋走在 1 位断的话，黑 2 断可以吃掉白棋。所以白棋不能下在 1 位。

问题 79（黑先）

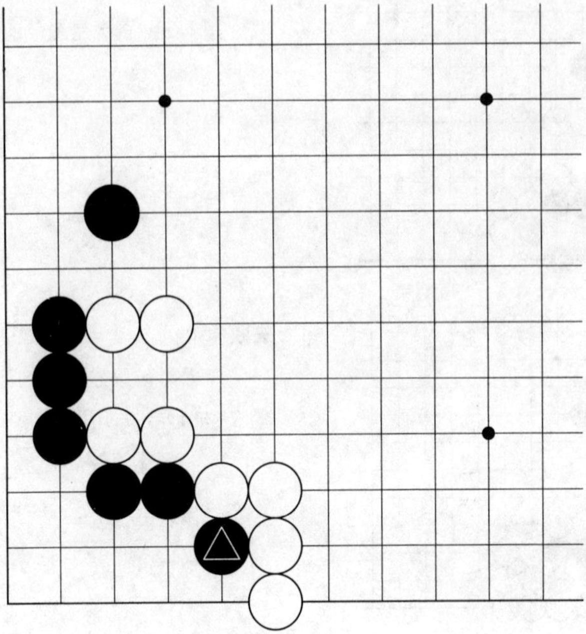

请思考如何救出黑▲。

问题 79（解答）

仅此一手——虎

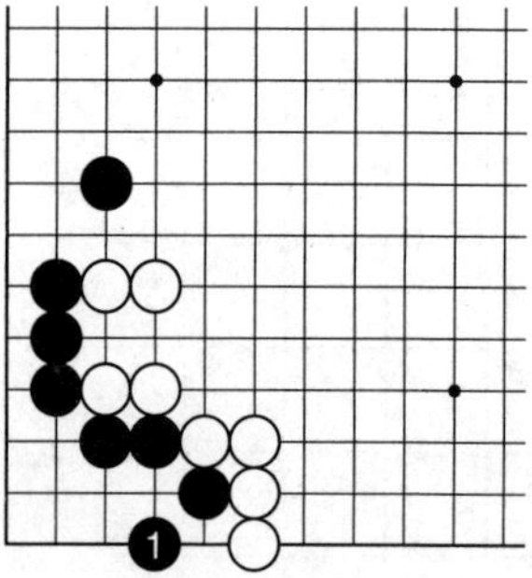

正解

黑 1 在一路虎是最佳的防守。

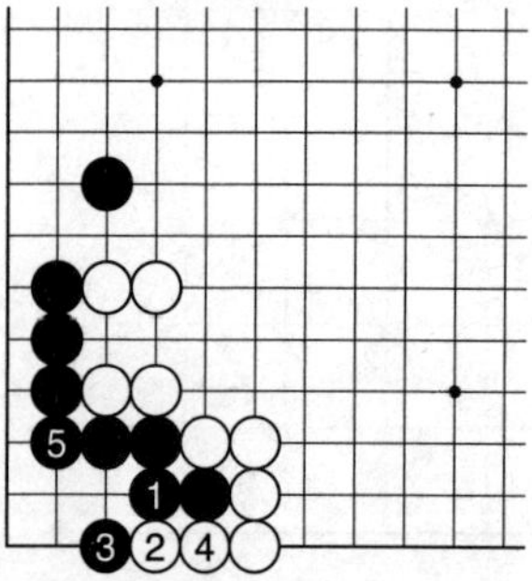

失败

如果黑 1 只是粘上的话，至黑 5，实地受损明显。

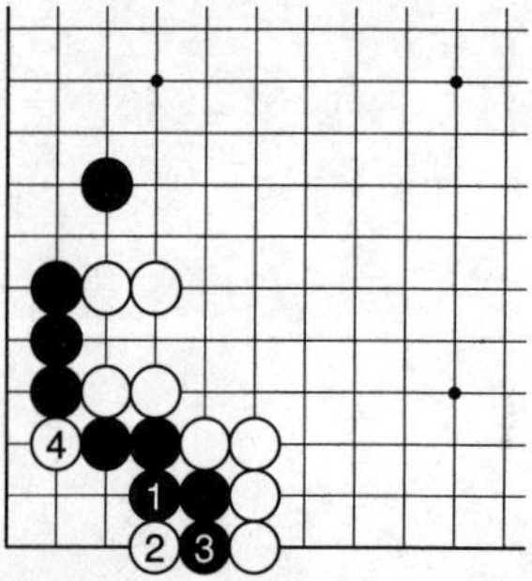

失败变化

白 2 托，如果黑棋仍旧黑 3 挡的话，白 4 打吃，黑棋被杀。

问题 80（黑先）

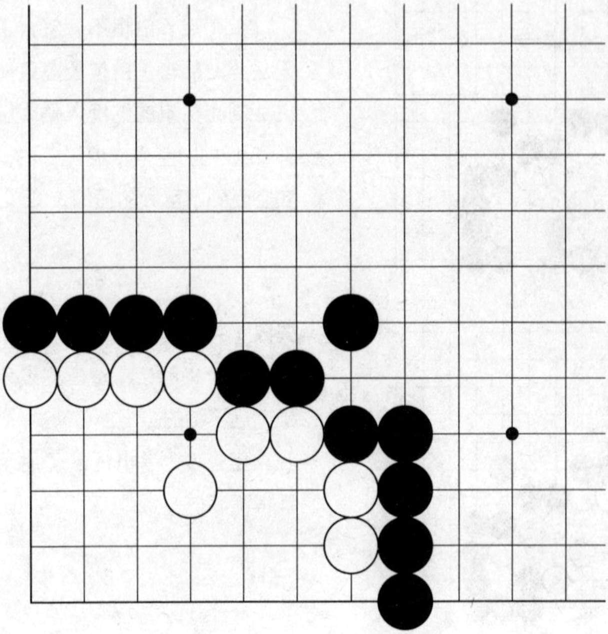

第一线的立能起到什么作用呢？

黑棋应该怎么去破坏白棋的空呢？

问题 80（解答）

急所——点

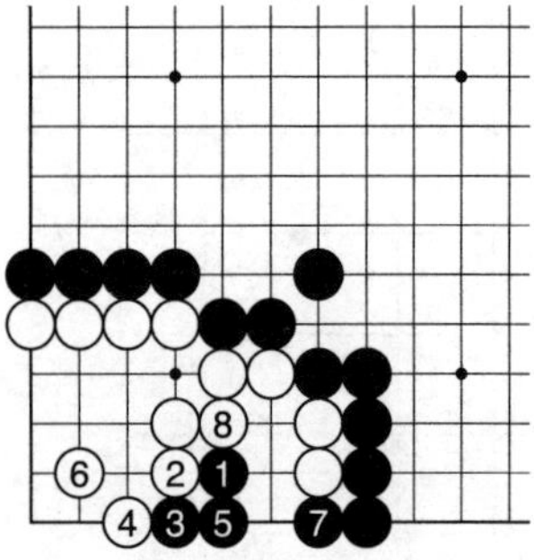

正解

黑 1 点。白棋不管怎么下都无法分断黑棋。白棋最多只能走白 2 制止黑棋的继续入侵。黑棋 3、5 扳粘，至黑 7 渡过，白棋的实空受到了巨大的压缩。

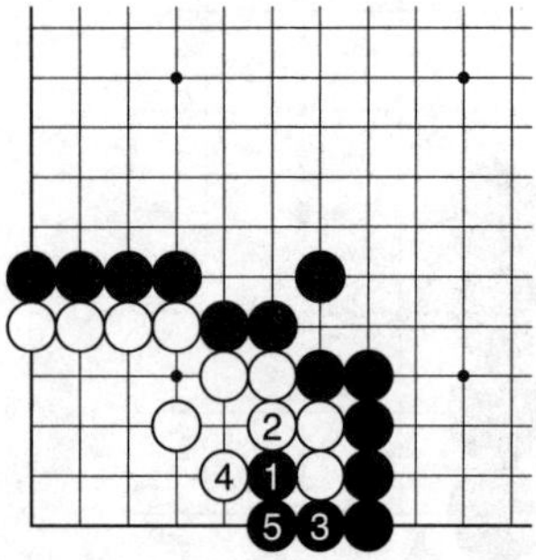

失败 1

黑 1 夹的话，对白的破坏力是远远不够的。

至黑 5，黑棋还落了后手，黑棋不满。

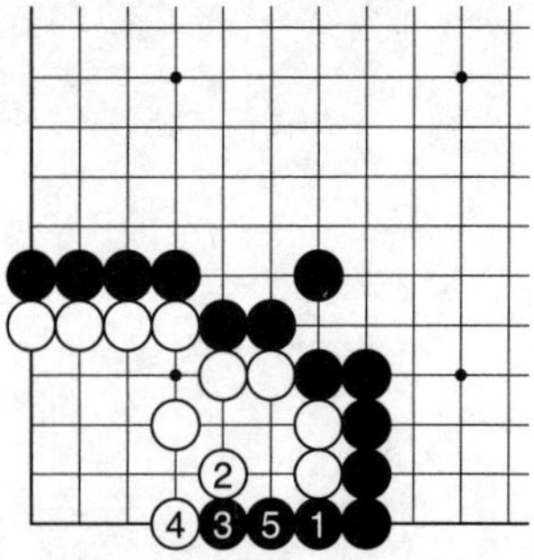

失败 2

黑 1 也不好。白 2 尖正好可以限制住黑棋的深入。

问题 81（白先）

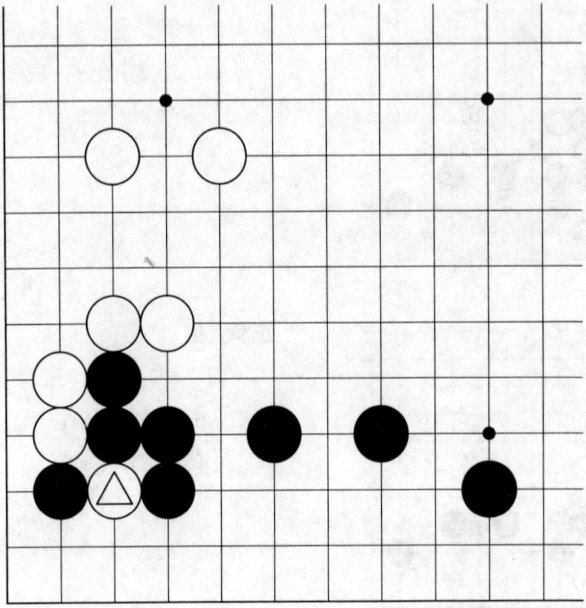

这是实战中经常出现的形。

请利用白◬进行收官。

问题 81（解答） 翻打渡过

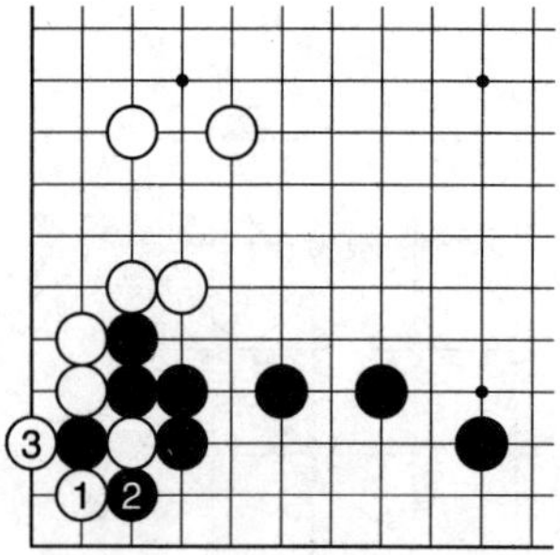

正解

白 1 翻打是好手。

黑 2 吃掉白一子，白 3 渡过。

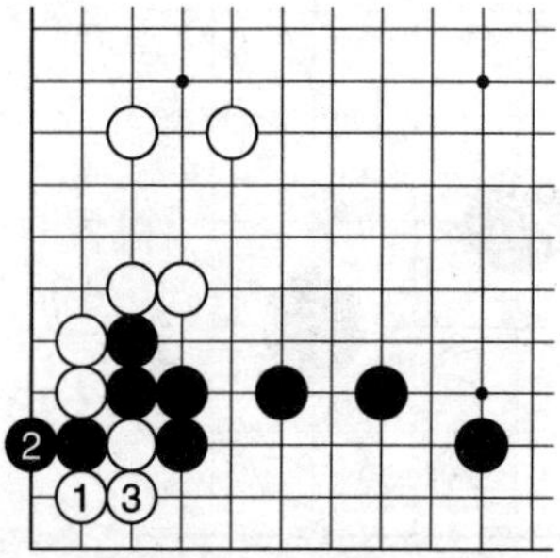

正解变化

白 1 翻打，黑 2 阻渡是行不通的。白 3 粘，黑棋被吃。

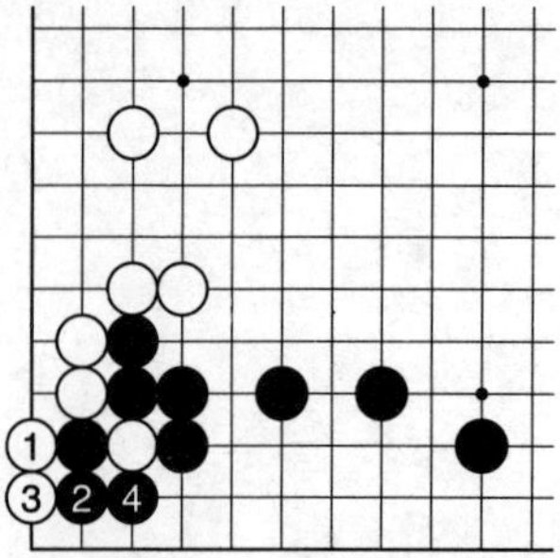

失败

白 1 打欠妥。

黑 2、4 吃掉白棋一子后，和正解图相比，黑地明显增大。

问题 82（黑先）

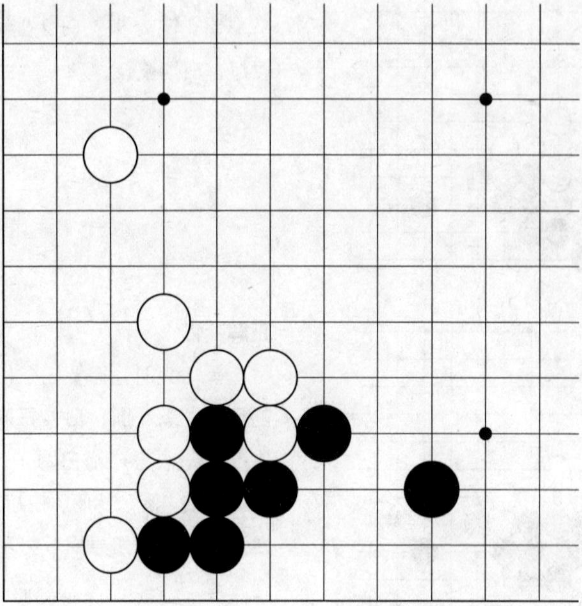

黑棋有大举破坏白地的手段，请思考应该走在哪里？

问题 82（解答）

大举破空——夹

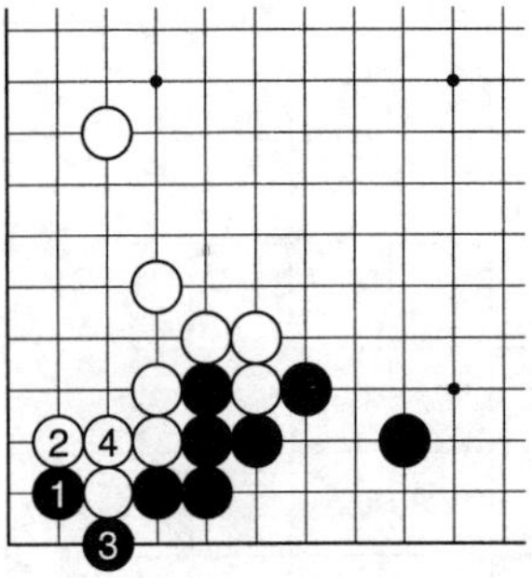

正解

黑 1 夹好棋。白 2 挡，黑 3 渡过。白地被破。

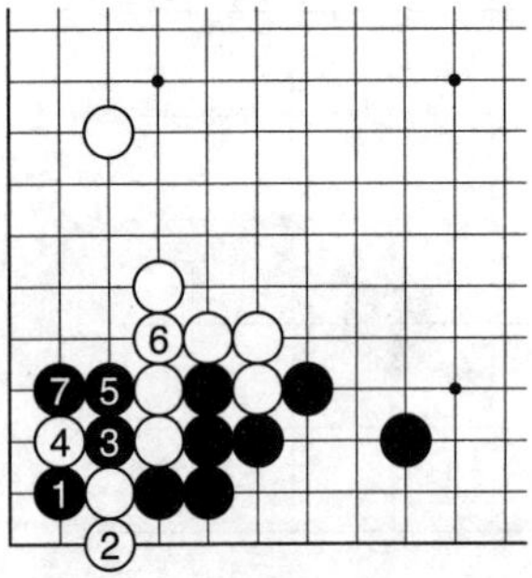

正解变化

黑 1 夹时，需要注意白 2 立的情况。黑 3 断，白 4 打吃时，黑 5 跑，顺势打吃白两子。白 6 不得不粘，黑 7 拐吃，白棋崩溃。要注意的是，如果黑 5 打不到的话，黑 1 的夹是不成立的。

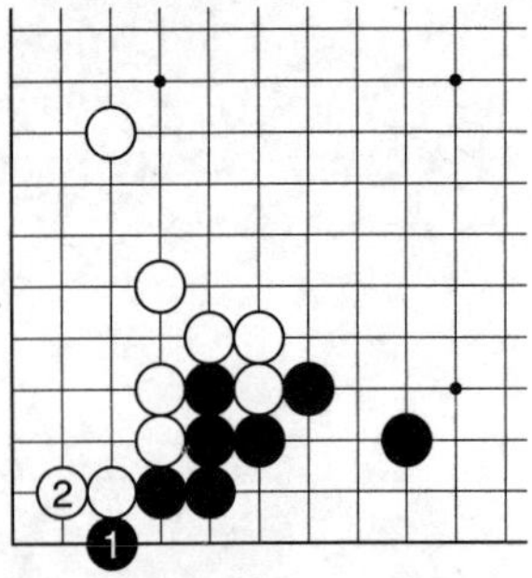

失败

黑 1 扳过于简单，思考不足。

问题 83（黑先）

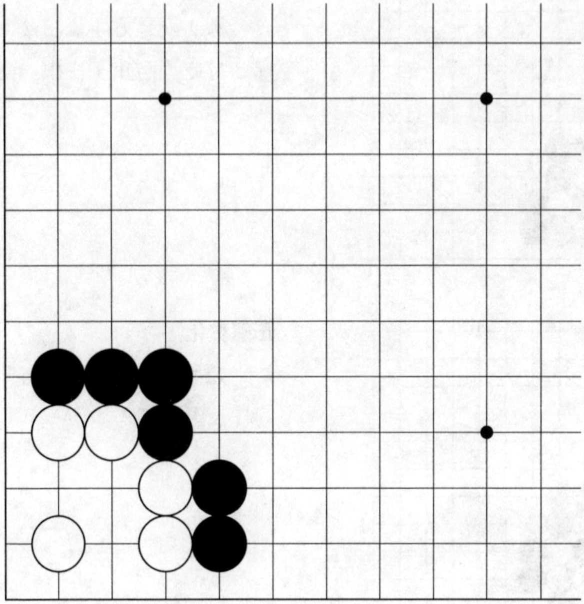

角部的白棋是杀不死的。黑棋走哪里得利最大？

问题 83（解答）　防止先手扳粘

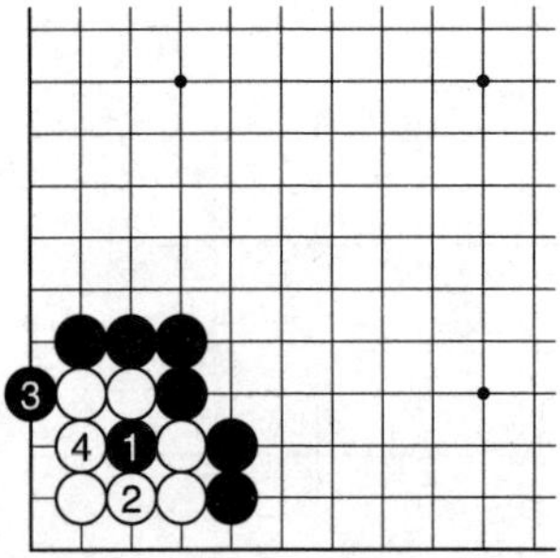

正解

黑 1 断是好手。白 2 吃时，黑 3 打吃，防止了白棋的先手扳粘。

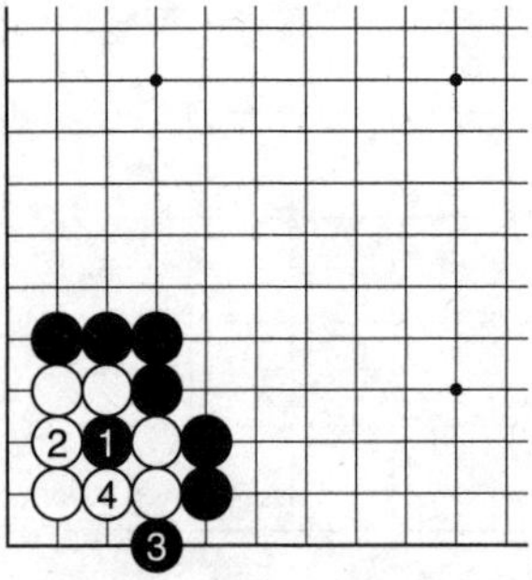

正解变化

如果白 2 从另一个方向吃，同样，黑 3 打吃。

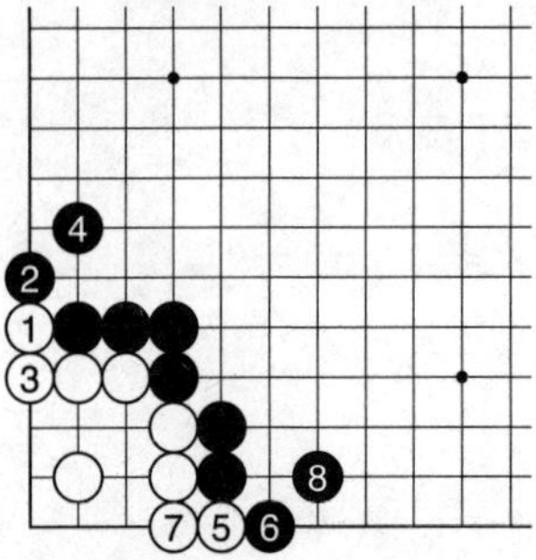

参考

如果不走正解图中的断的话，白 1、3 和 5、7 连着两个先手扳粘，一前一后，黑白实地差异明显。

问题 84（黑先）

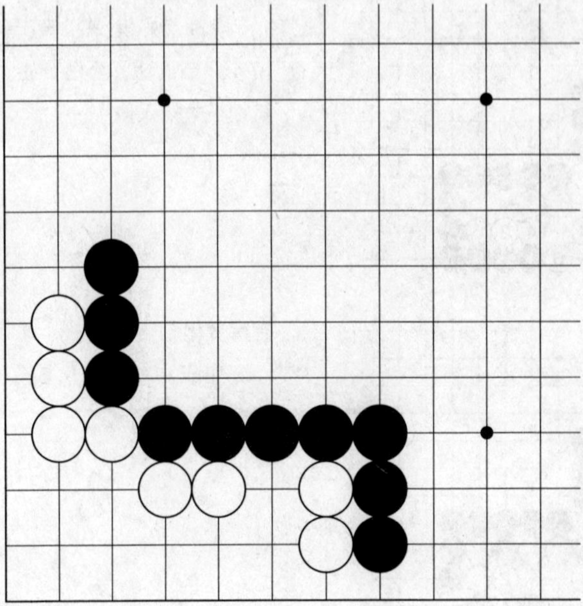

黑棋该如何深入白地？

问题 84（解答）　追究对方缺点

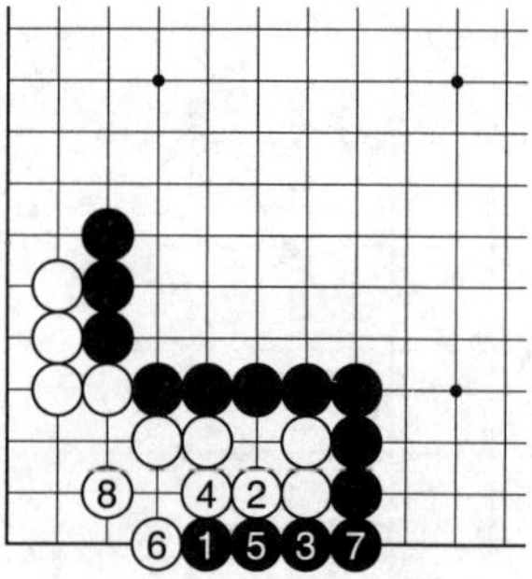

正解

黑 1 点好棋。白 2 弯，黑 3 扳。白 4 只能退让，至白 8 止，白棋实地被大幅入侵。

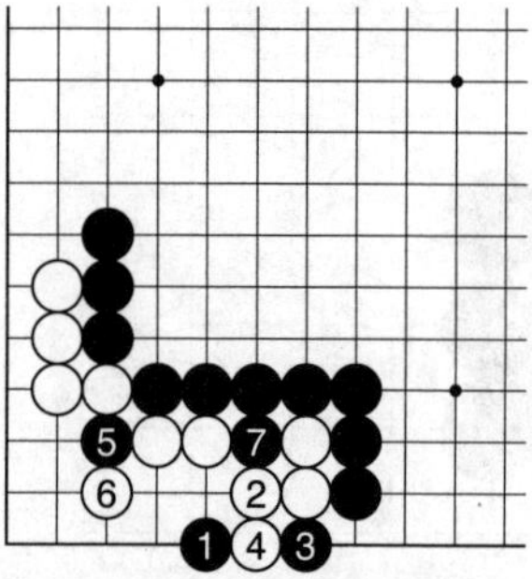

正解变化

如果白 4 挡，黑 5、7 断了再挤，白棋不行。

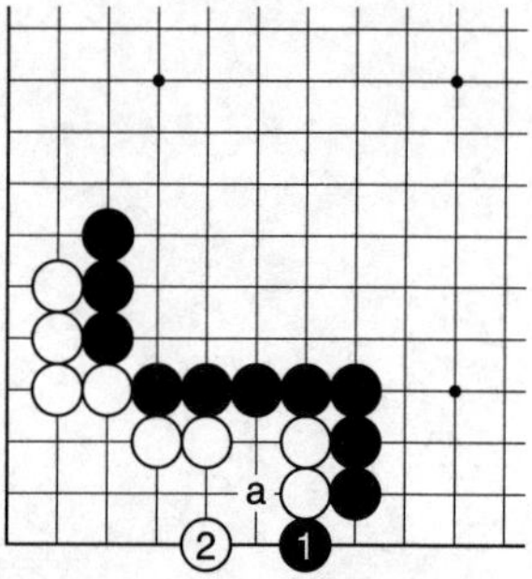

失败

黑 1 扳的话，白 2 跳补。如果白 2 走 a 位的话，黑 3 走 2 位，这样就又回到了正解上。因此 2 位是本题急所。

问题 85（黑先）

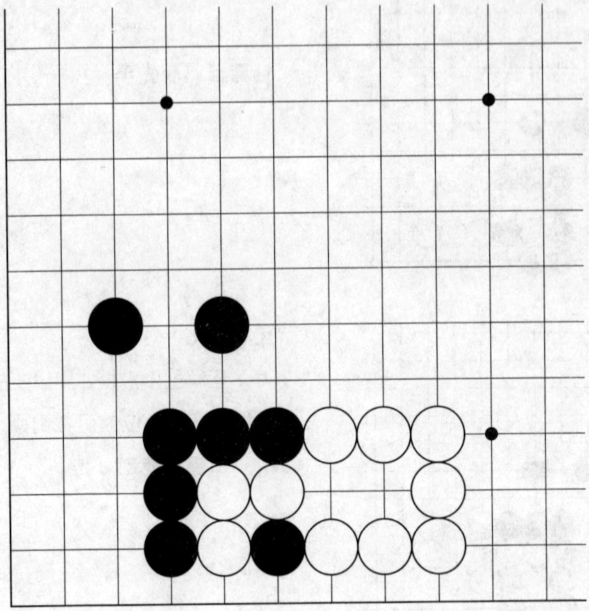

注意下边。

虽然都是后手，但选择之后还有攻击手段的才是上策。

问题 85（解答）

立在第一线是好手

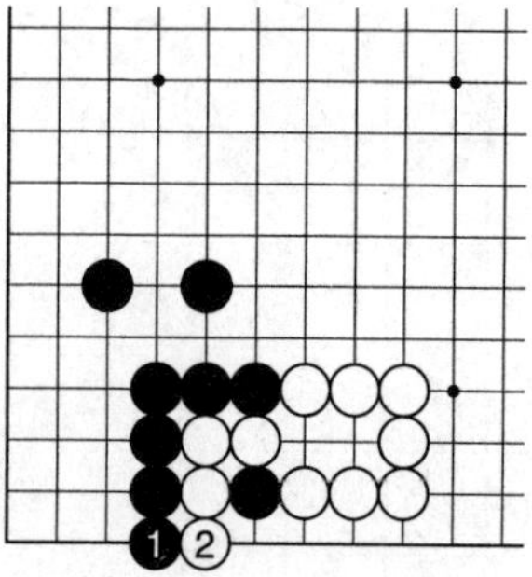

正解

黑 1 立是好手。白 2 挡住的话黑棋可获先手。

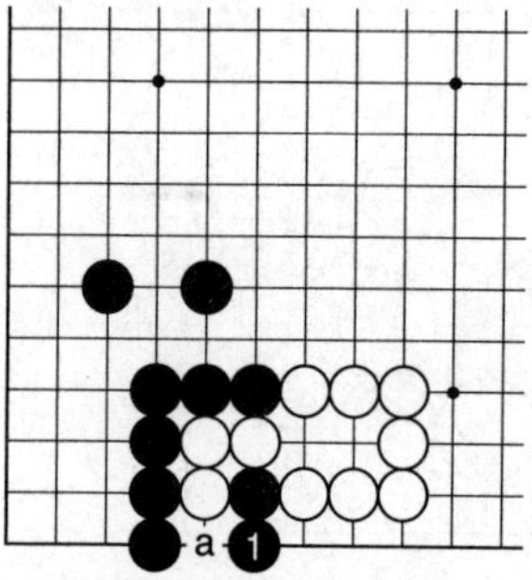

正解变化

正解图中白棋如果没走白 2，之后黑棋于 1 位立可救出黑一子。

白棋不能走 a 位。

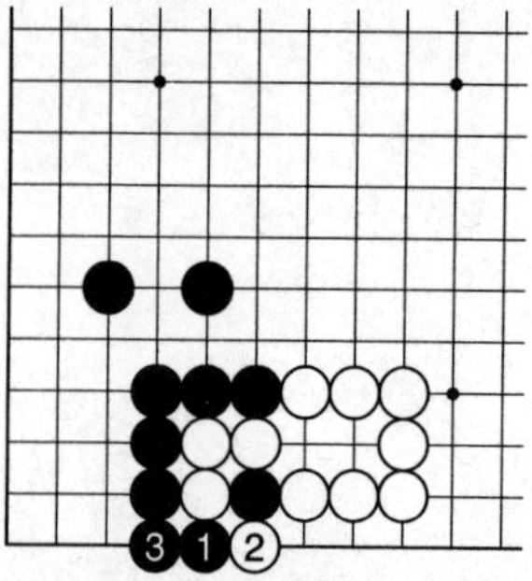

失败

黑 1、3 扳粘不仅落了后手，也没有了后续手段。

问题 86（黑先）

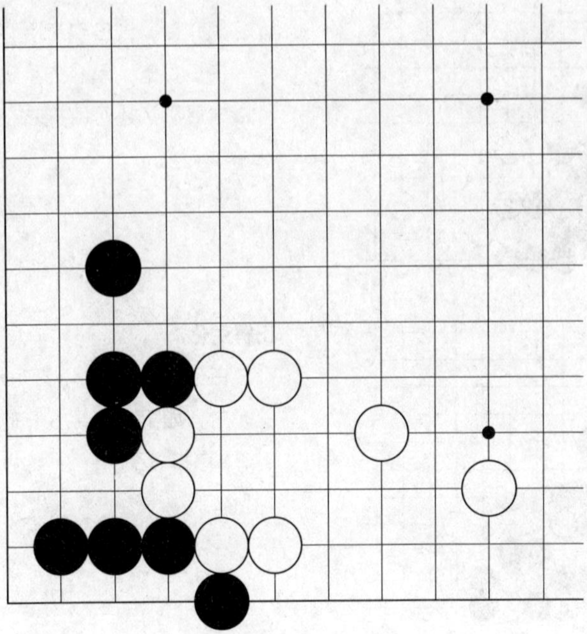

请思考黑棋如何才能获得大的成果。

请找出对方的弱点。

问题 86（解答） 小“断”大用

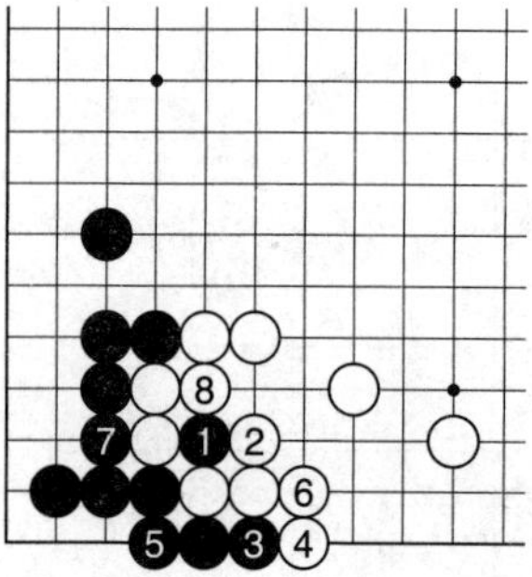

正解

黑 1 断，试白棋应手。

白 2 拐吃，黑 3 先手爬。

之后黑 7 还可以打吃。

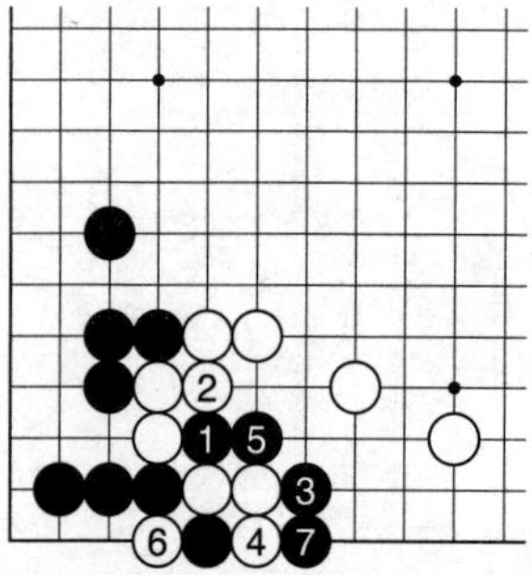

正解变化

白 2 粘的话，黑 3 严厉地顶。

白 4 如果挡，黑 5 打吃，至黑 7，白棋被杀。

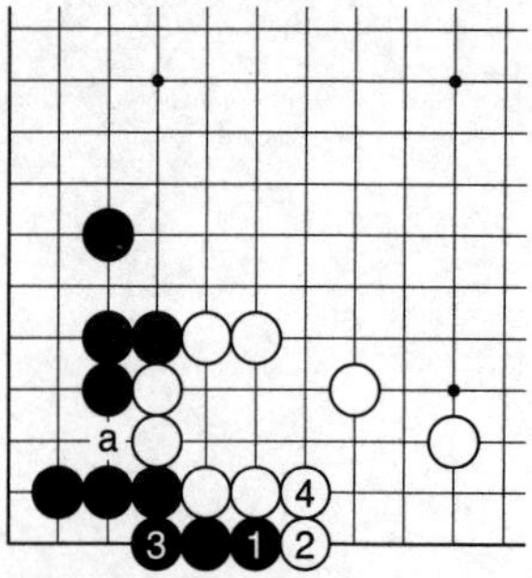

失败

黑 1 爬欠妥。之后 a 位是白棋的先手了。

问题 87（黑先）

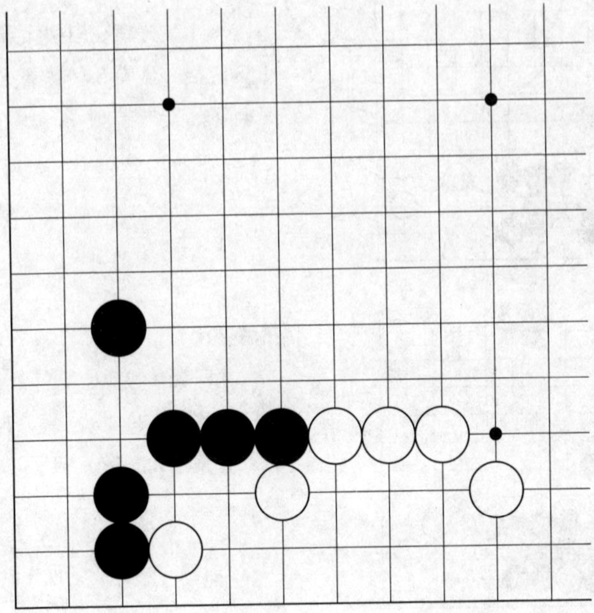

请思考黑棋如何深入蚕食白地。

问题 87（解答）

深入白地——夹

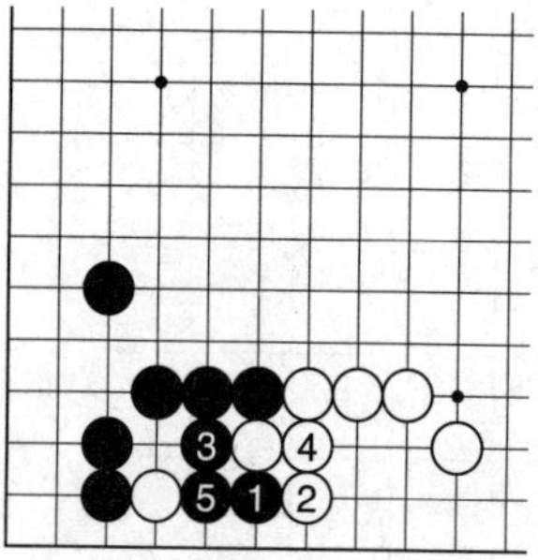

正解

黑 1 夹好棋。白棋大致只能于 2 位挡，至黑 5 粘，黑将白一子割下，实地增加。

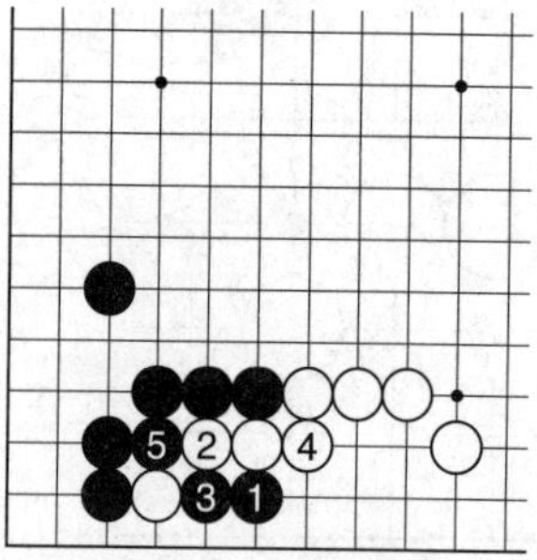

正解变化

对于黑 1 夹，如果白 2 反击，黑 3 挤好棋。白 4 粘，黑 5 断吃。

如果白 4 走 5 位，黑 5 走 4 位，白棋被杀。

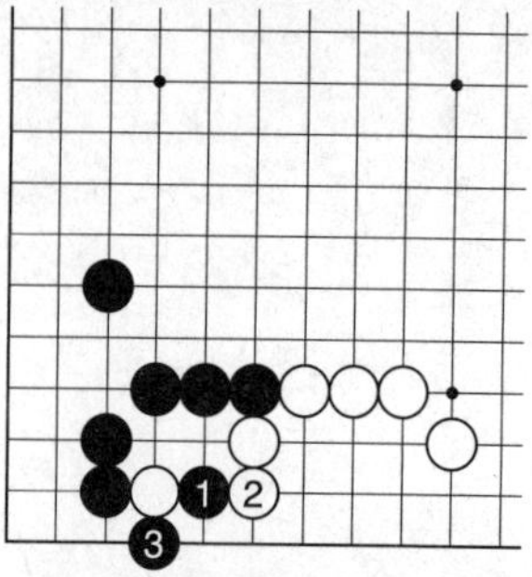

失败

黑 1 夹过于简单，对白地损伤极小。

问题 88（黑先）

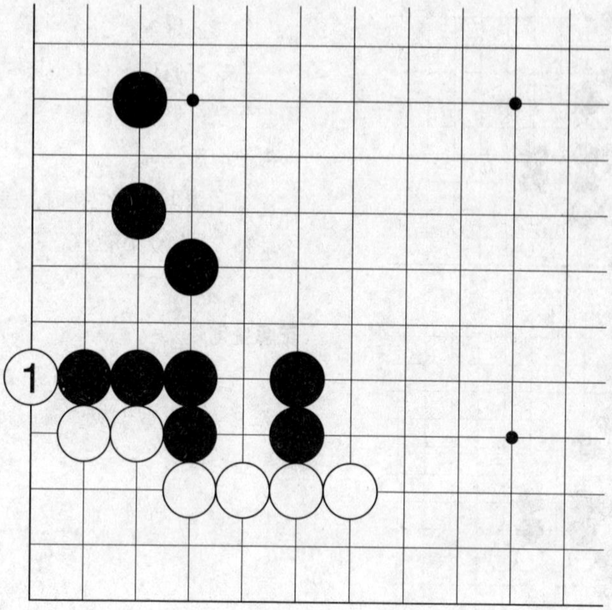

对于白 1 扳，黑棋应该怎么办？

问题 88（解答）　巧妙的断

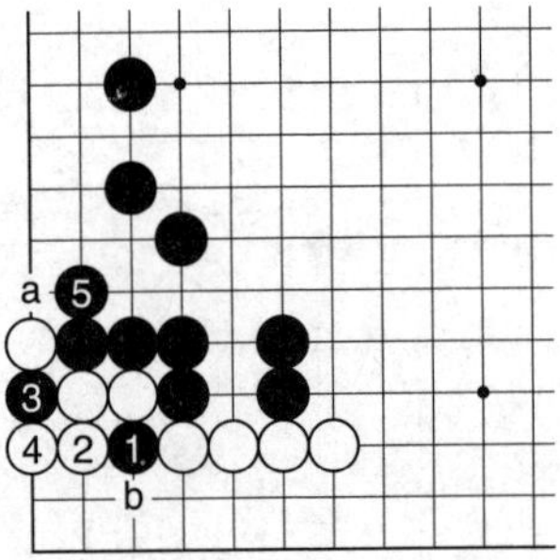

正解

黑 1 断好手。

白 2 打吃仅此一手。黑 3 扑再弃一子是好次序。黑 5 退，局部告一段落。

此后黑棋于 a 位挡时，白棋不能粘，只能于 b 位提。

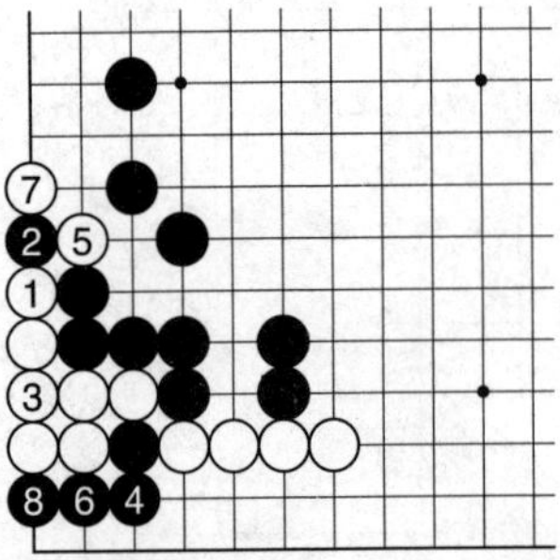

正解变化

白 1 爬，黑 2、4 打了立，至黑 8，白棋被全灭。所以白 1 爬是不可取的。

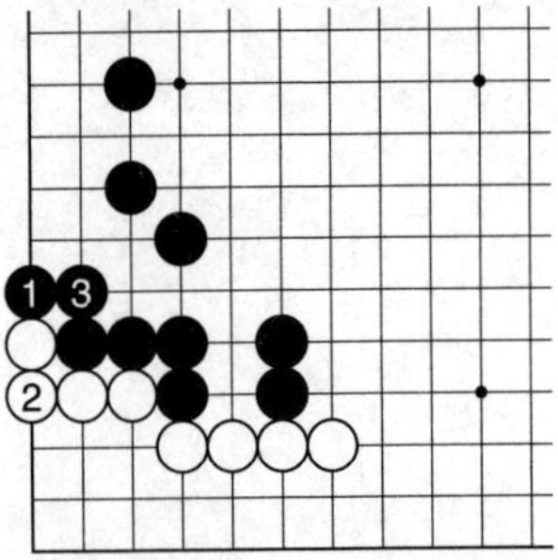

失败

黑 1 挡逸机。

问题 89（黑先）

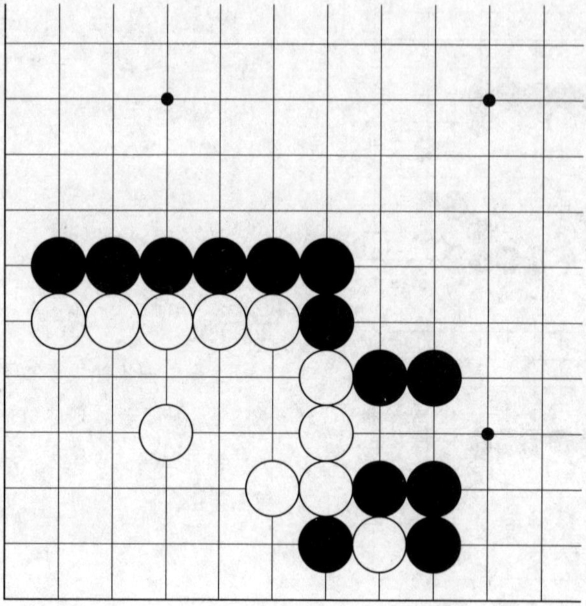

请思考黑棋如何从下面进入白空。

问题 89（解答）

第一线的尖是好手

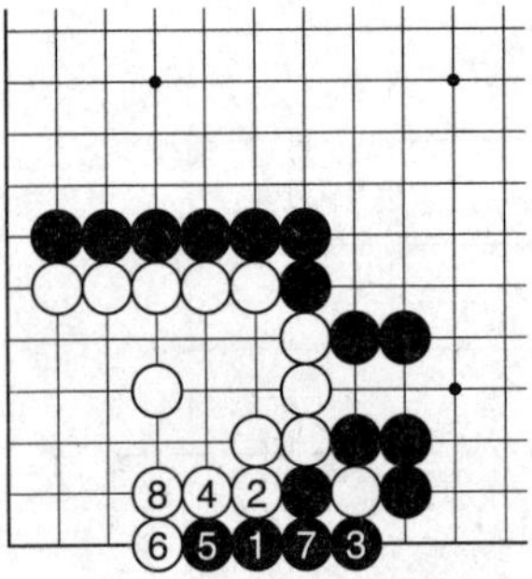

正解

黑 1 尖是好手。白 2 打，黑 3 提。白 4 没办法只能退，至白 8 粘，黑棋先手收官。

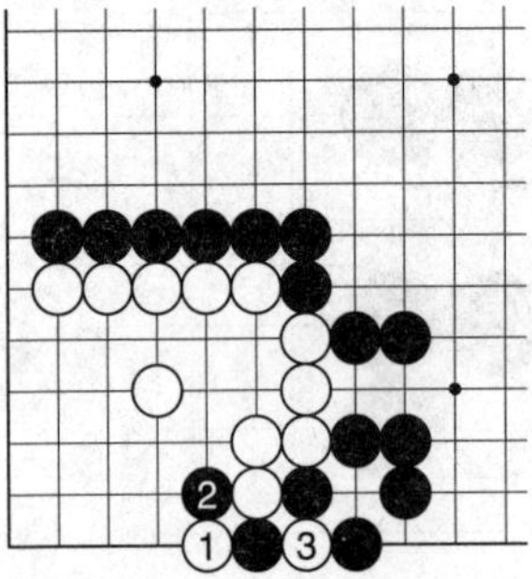

正解变化

上图的白 4 如果于本图 1 位挡的话，白 2 断，形成打劫。如果劫输，白棋损失极大，所以白棋不能挡。

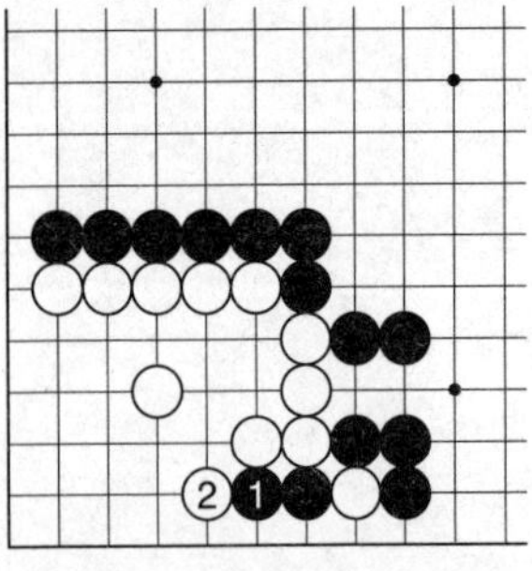

失败

如果黑 1 单纯地爬，白 2 挡。黑棋不满。

问题 90（黑先）

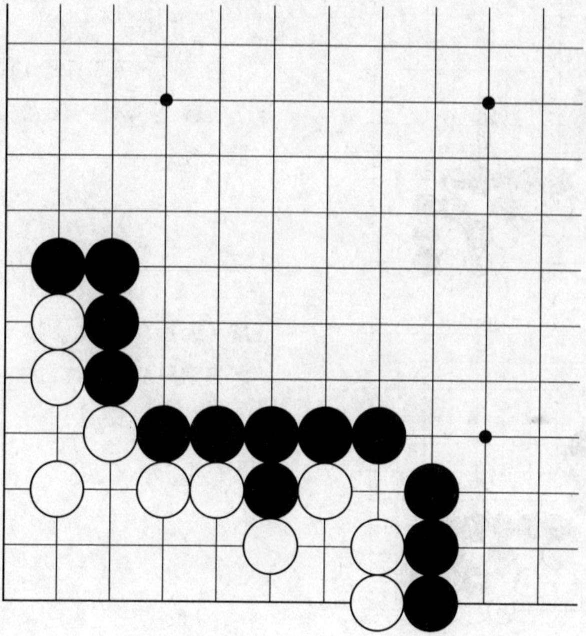

面对这种形时，黑棋应该走哪里？

问题 90（解答）　弃子的妙用

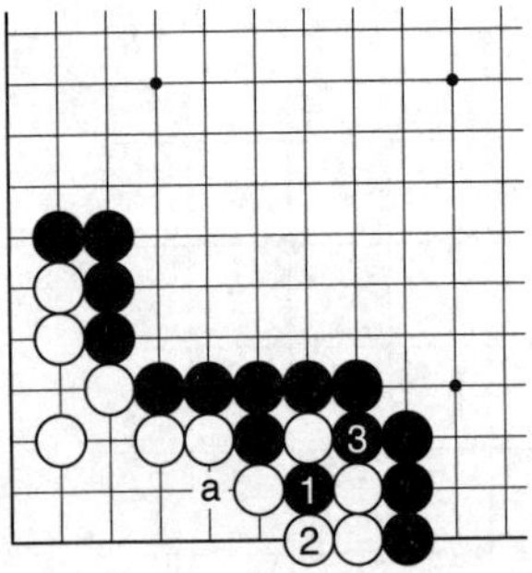

正解

黑 1 扑弃子，好棋。

白 2 提，黑 3 打吃。白不能于 1 位粘。不然黑于 a 位打吃，白棋被杀。

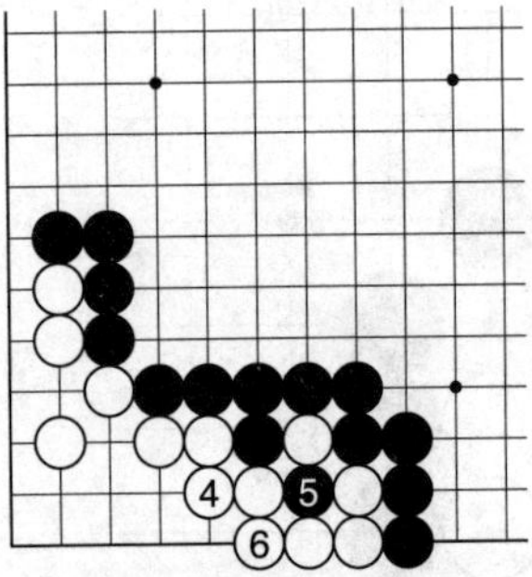

正解（续）

白棋只能于 4 位粘住。至白 6，白棋实地大幅减少。

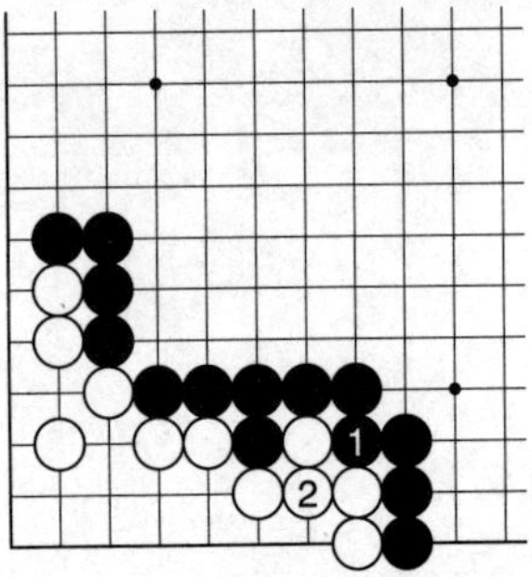

失败

黑 1 打，白 2 粘，和正解图相比，差别一目了然。

问题 91（黑先）

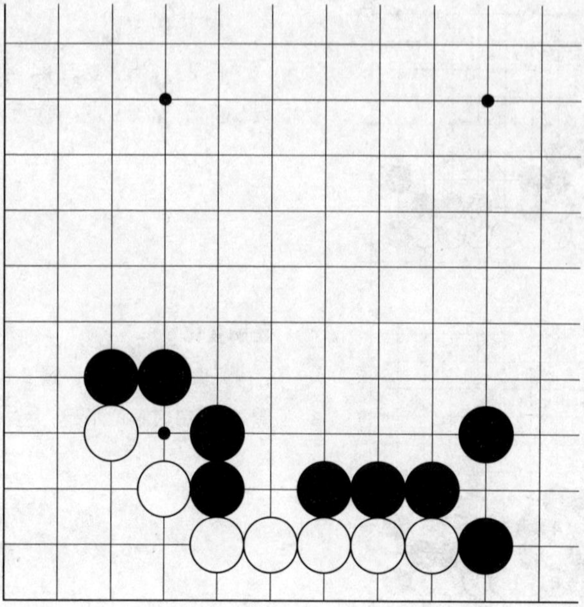

黑棋应该如何抓住白棋的缺陷破坏白空？

问题 91（解答） 手筋——卡

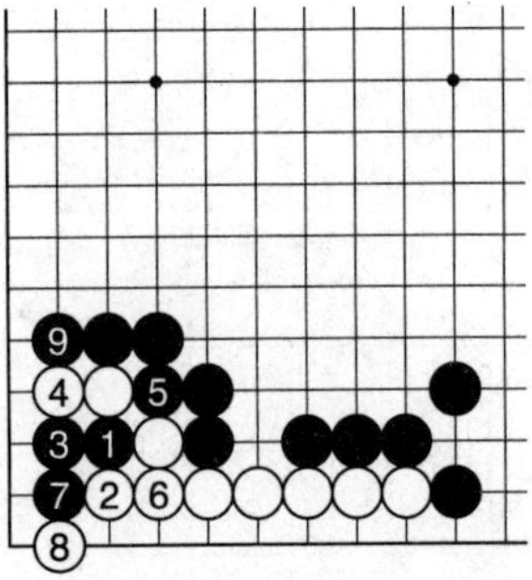

正解

黑 1 卡严厉。

白 2 打，黑 3 立。白 4 挡的话，黑 5 断打，至黑 9，白棋两子被杀。

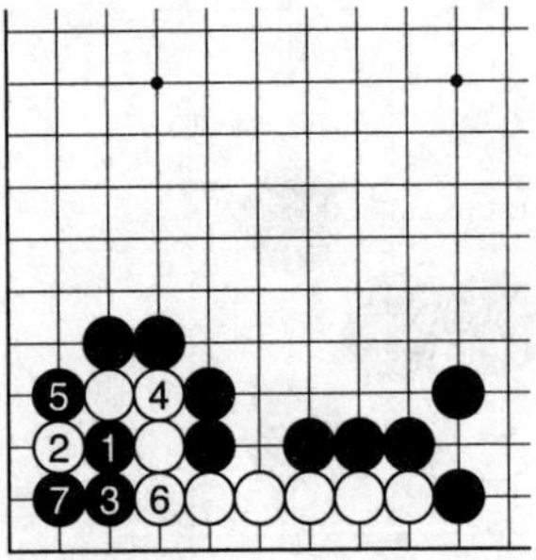

正解变化

白 2 下打的话，黑 3 长。至黑 7 止，白棋眼位不足，大龙愤死。

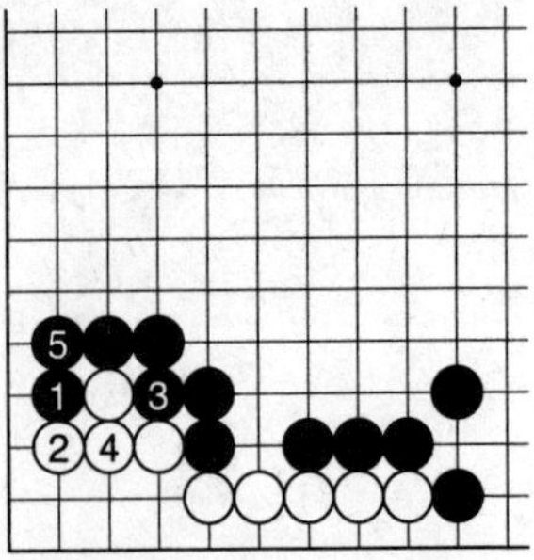

失败

黑 1、3 扳打过于简单，对白地没有丝毫威胁。

问题 92（黑先）

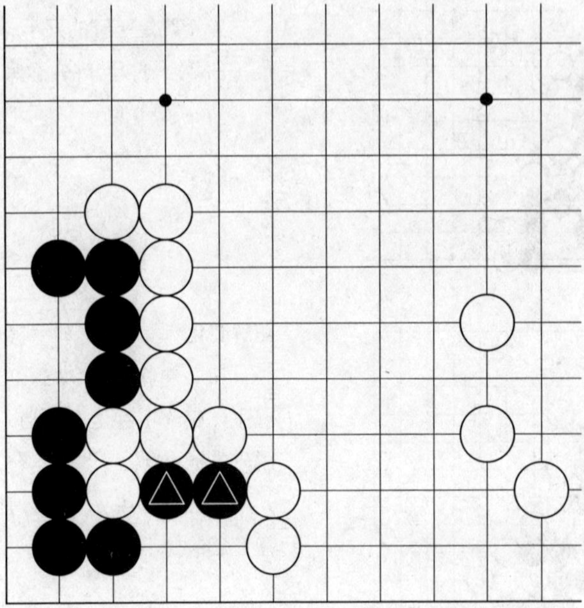

黑棋如何才能救出黑△两子？

问题 92（解答）

一子两用——跳

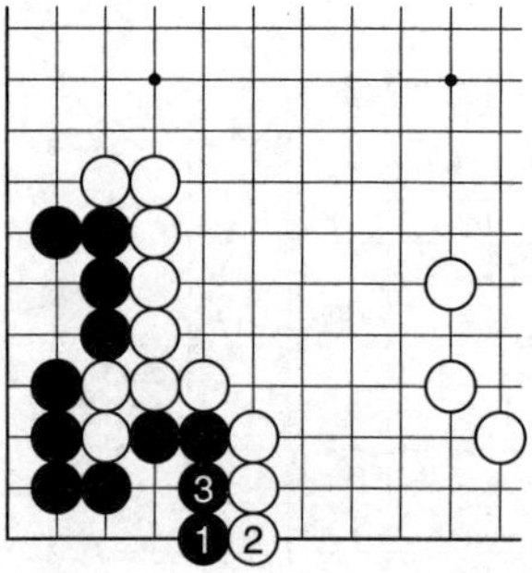

正解

黑 1 跳是防守的好手。

白 2 挡住，黑 3 粘，确保实地。

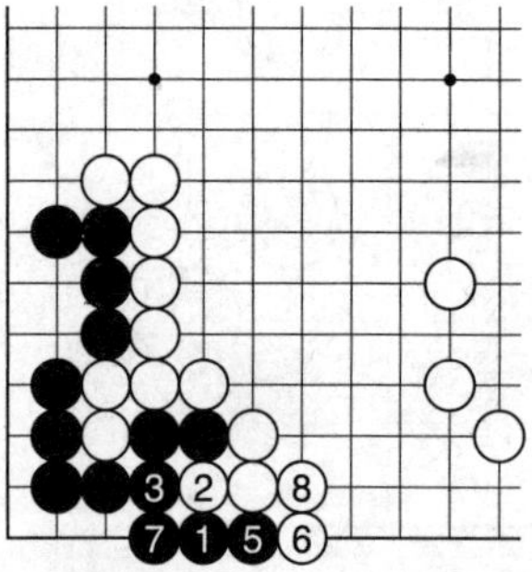

正解变化

白 2 冲吃，黑 3 粘。正常情况下，白 4 不会走 5 位挡，而是脱先去抢大场。

既然白 4 脱先，那么就留了黑 5 爬的先手。

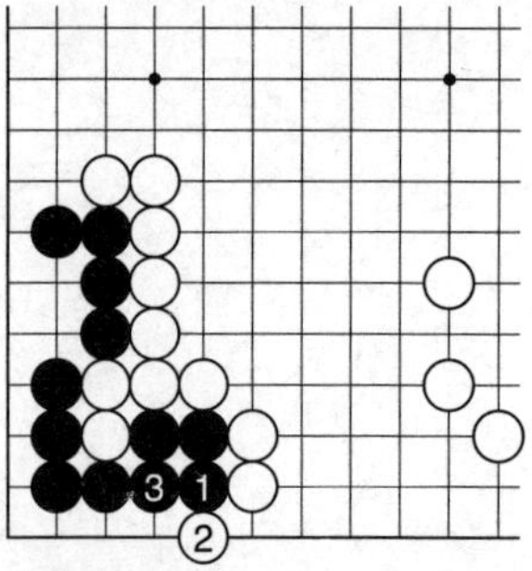

失败

黑 1 挡，白 2 打，黑棋无趣。

问题 93（黑先）

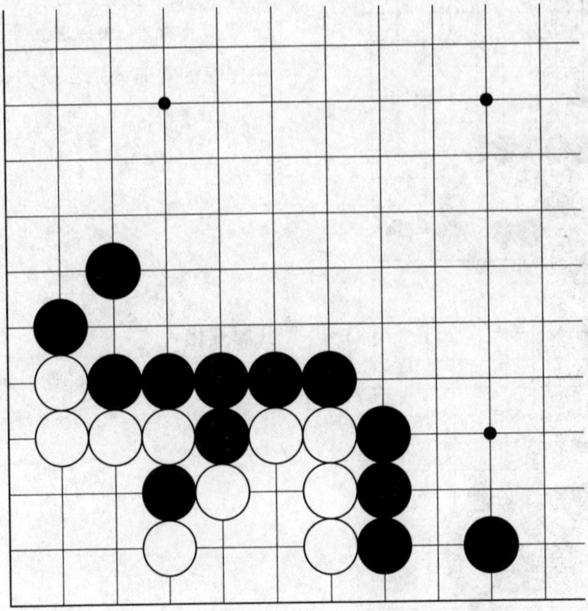

请思考黑棋如何利用白腹中濒死的黑一子得利。

问题 93（解答）

不容分说地断上去

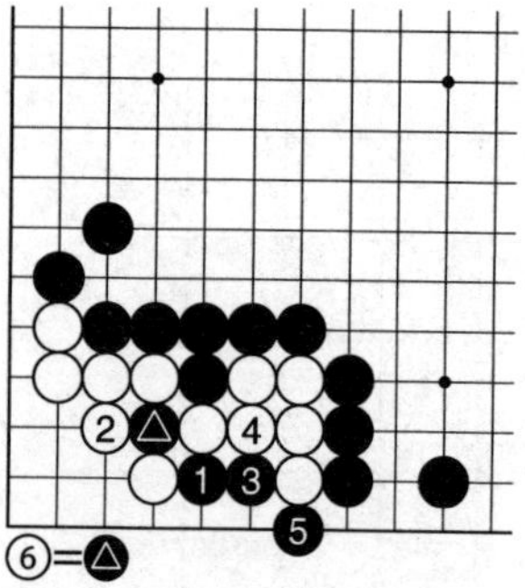

正解

黑 1 断，白 2 提。黑 3、5 在打吃的同时联络自身，一举两得。

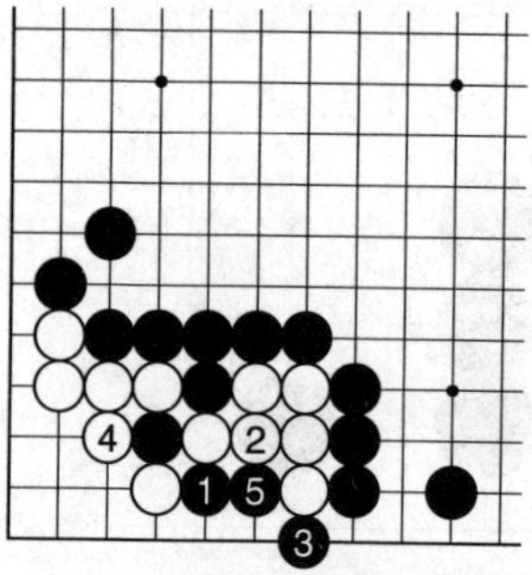

正解变化

白 2 粘，黑 3 打吃。此图和上图一样，白棋实地大幅减少。

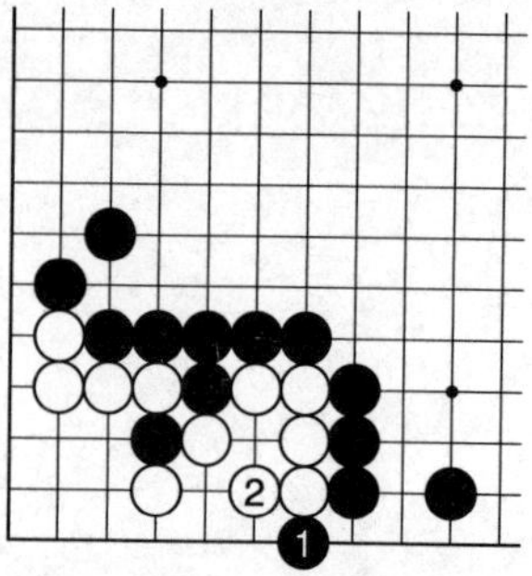

失败

黑 1 扳过于简单，黑棋不满。

问题 94（黑先）

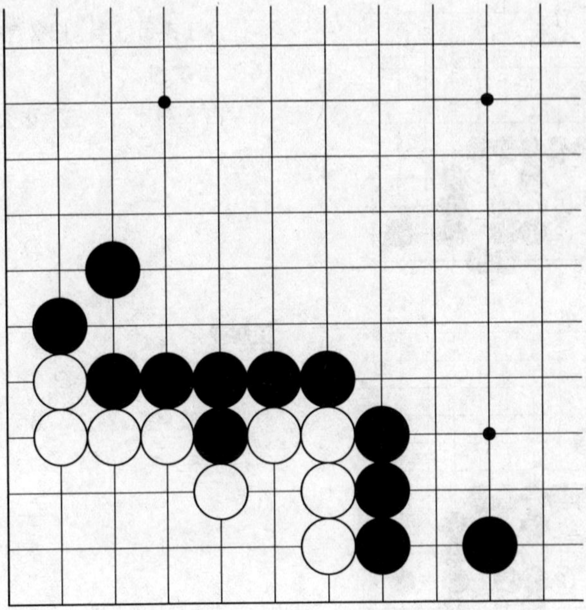

黑棋应该如何蚕食白空呢？

问题 94（解答）　一招破空——夹

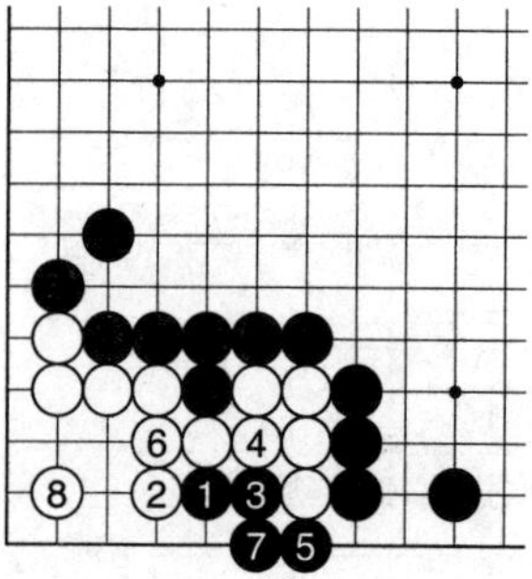

正解

黑 1 夹是好手。白 2 虎挡住，黑 3、5 夹过。

白 8 跳补活。先手破空，黑棋满意。

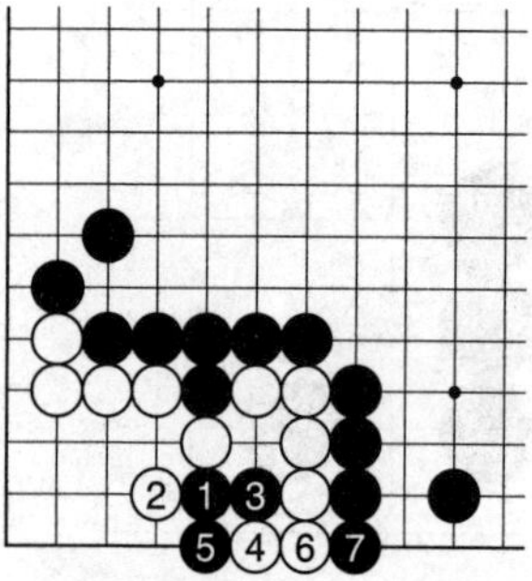

正解变化

对于黑 3 的长，白 4 扳的话，黑 5 打吃，白 6 粘住，黑 7 打吃，白棋被杀。

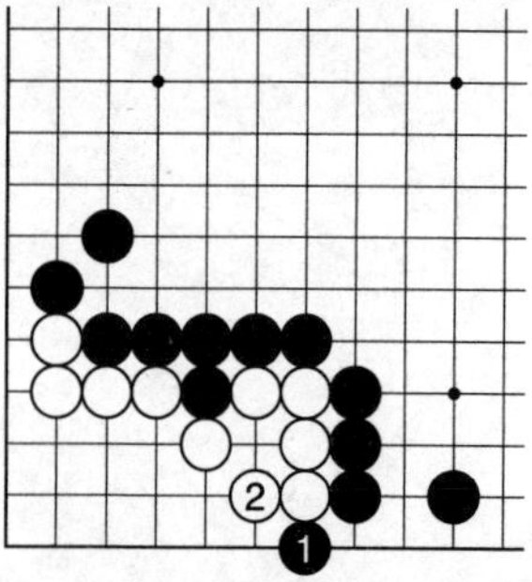

失败

黑 1 扳虽然是先手，但无法对白棋造成大的破坏。

问题 95（黑先）

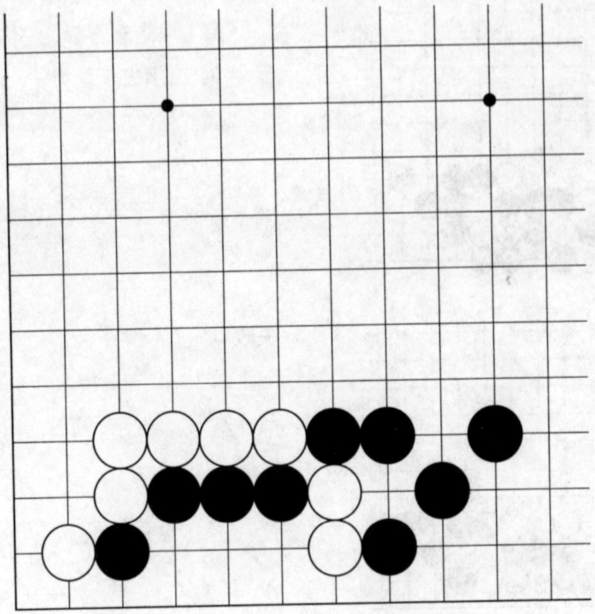

黑棋如何吃掉白两子呢?

问题 95（解答）

虎

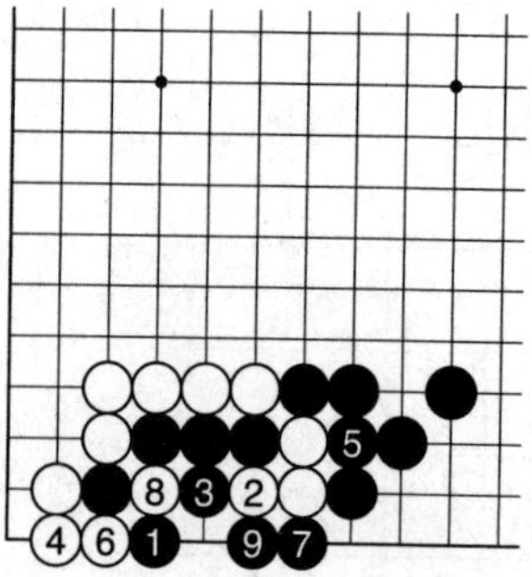

正解

黑 1 虎防守正解。白 4 立，至黑 9，白棋被杀。

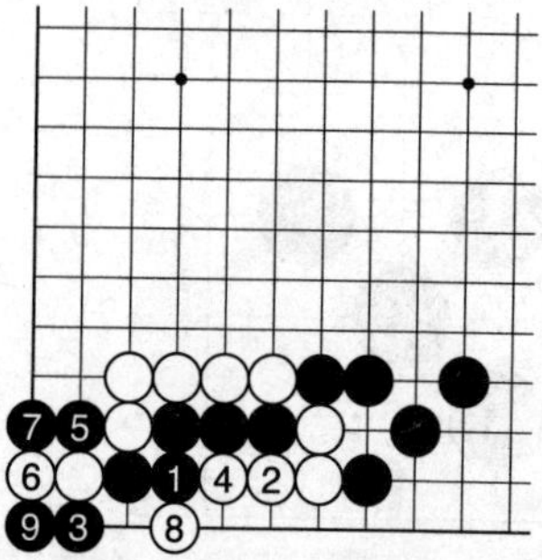

失败

黑 1 粘，白 2 拐。黑 3 扳时，白 4 紧气。黑 5 打吃时，白 6 立好棋。

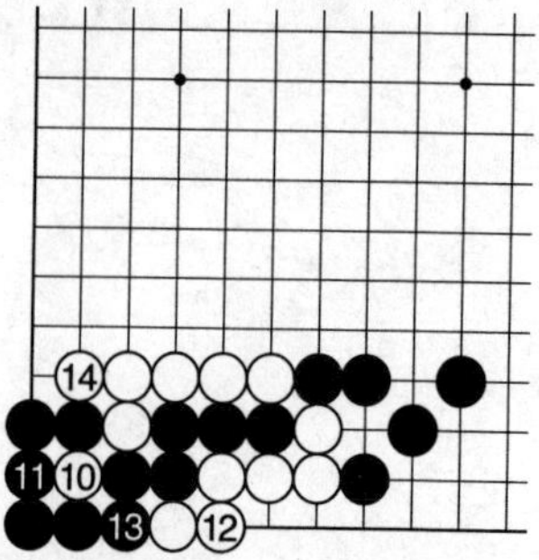

失败（续）

白 10 扑，至白 12，黑棋尽数被吃。

这里运用了“大头鬼”的手筋来吃掉黑棋。

问题 96（黑先）

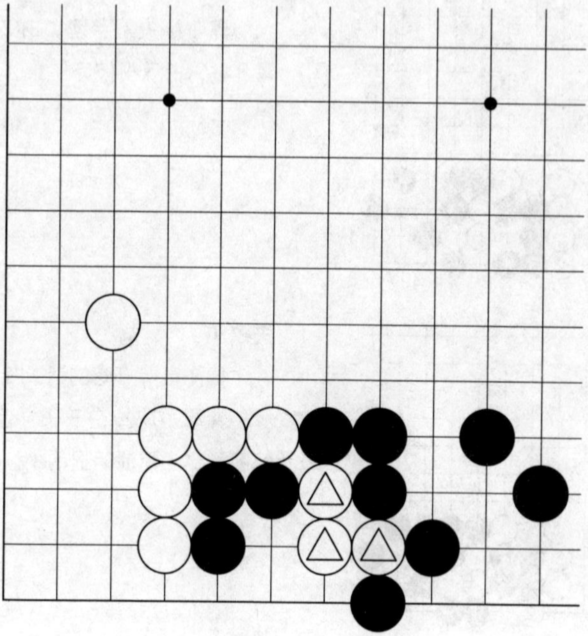

黑棋如何才能在不伤及自身的情况下吃掉白◬三子？

问题 96（解答） 急所——小尖

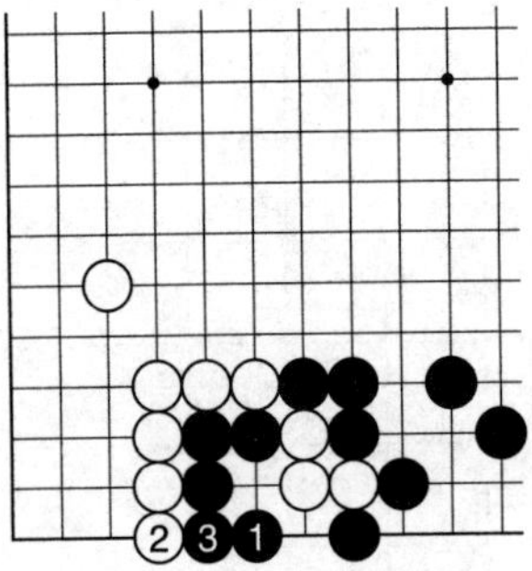

正解

黑 1 小尖是手筋。白 2 立，黑 3 粘，白三子被吃住。

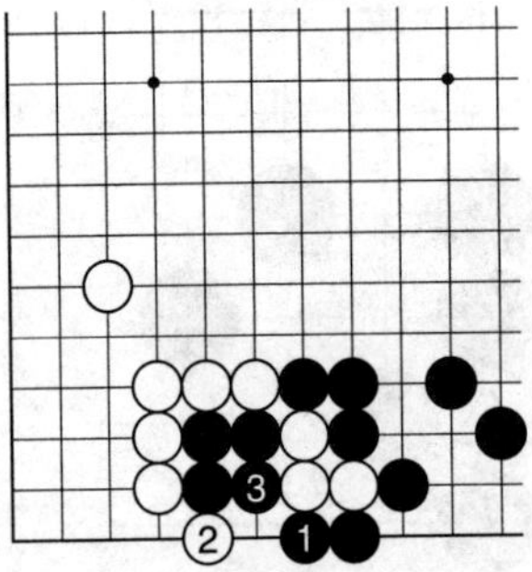

失败 1

黑 1 直接打吃的话，白 2 打。

黑棋虽吃掉白三子，但和正解图相比，黑地明显的小。

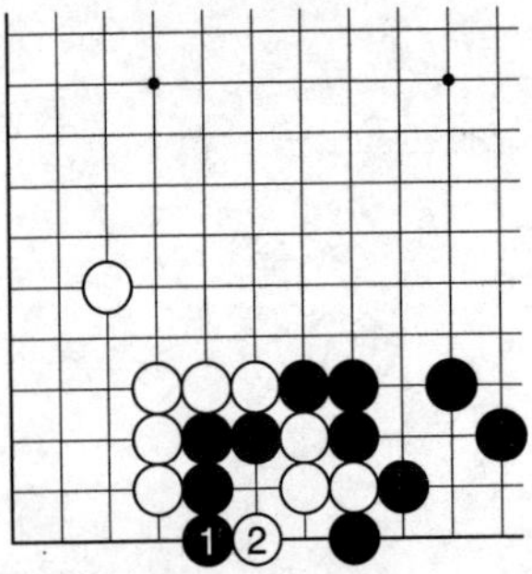

失败 2

黑 1 立，白 2 小尖好棋，黑棋被反杀。

4. 关乎死活的官子

角地是收官的必争之地。

有很多官子也会涉及死活问题，价值很大。

希望大家练就出一眼看出关键所在的能力。

问题 97（黑先）

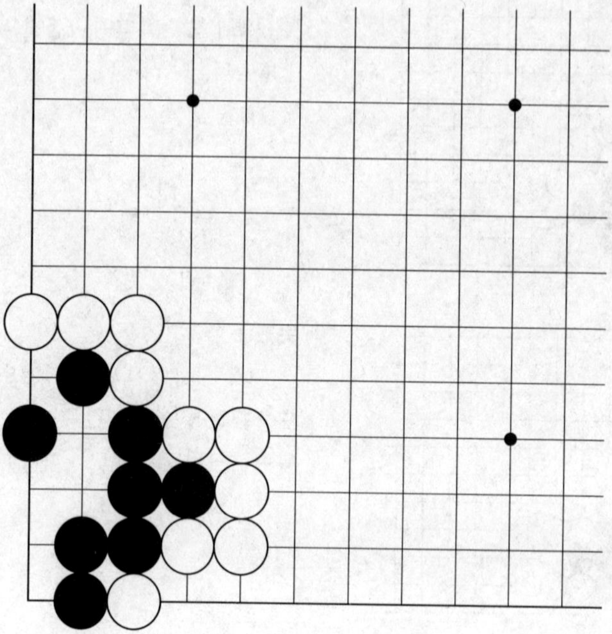

黑棋稍不注意就会死棋，怎样才能活棋呢？

问题 97（解答）

以活棋为目的

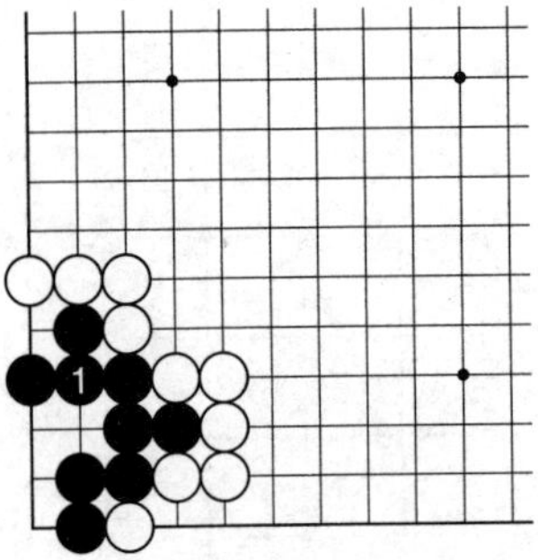

正解

黑 1 粘，黑棋曲四活棋，角上是四目。

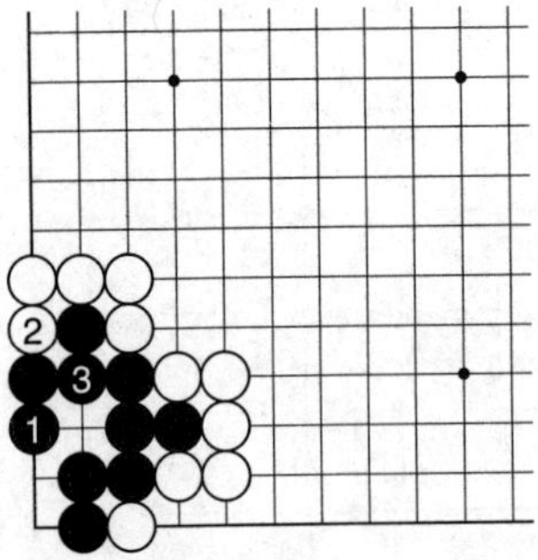

失败 1

黑 1 虽然可以活棋，但由于白 2 打吃是先手，至黑 3 粘，黑棋只有三目。

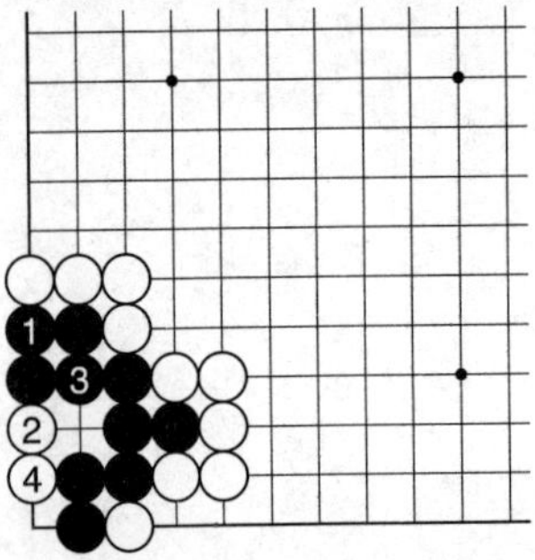

失败 2

黑 1 粘团，白 2 打吃。

至白 4，黑棋被吃。

黑 1 团的愚形问题很大，所以不可取。

问题 98（黑先）

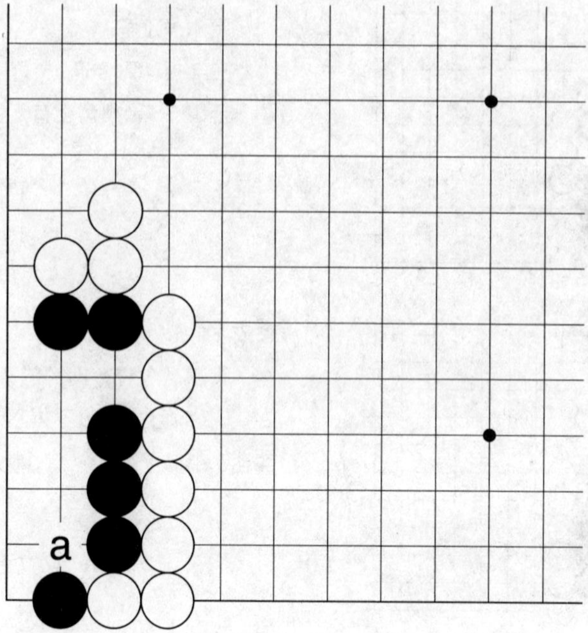

请思考黑棋如何补 a 位的断点。

问题 98（解答）　注意虎的方向

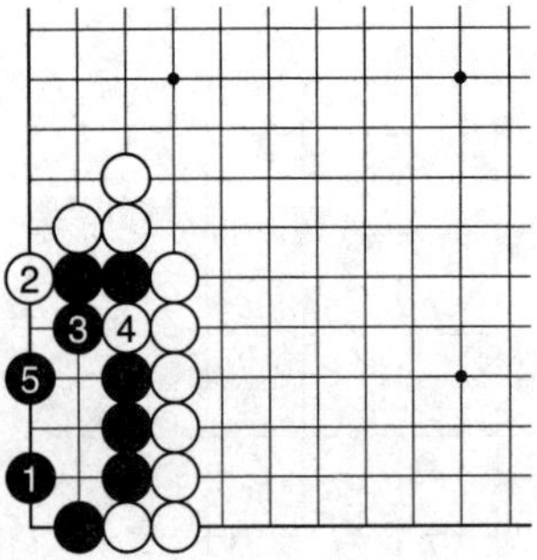

正解

黑 1 虎正解。

白 2 扳，黑 3 退。

至黑 5，黑棋角上有 5 目。

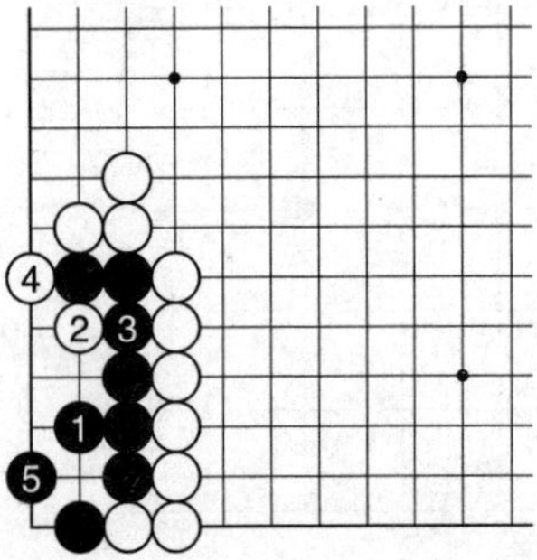

失败 1

黑棋从 1 位方向虎的话，白 2 夹，白 4 渡过。黑 5 不得不补活，实地也小得可怜。

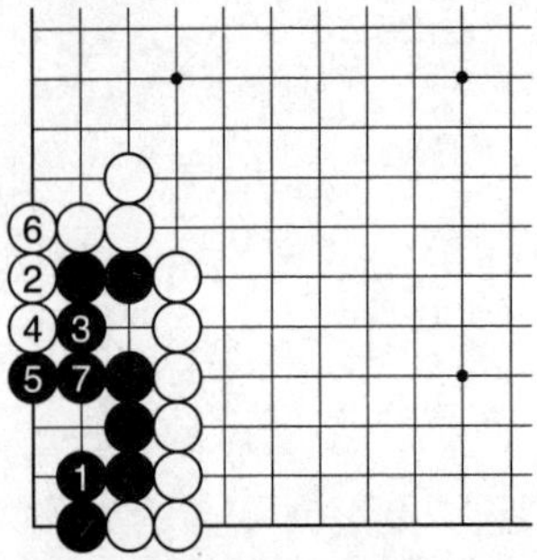

失败 2

黑 1 粘住的话，白 2 扳搜刮黑空，至黑 7 粘，最后只活了 4 目。

问题 99（黑先）

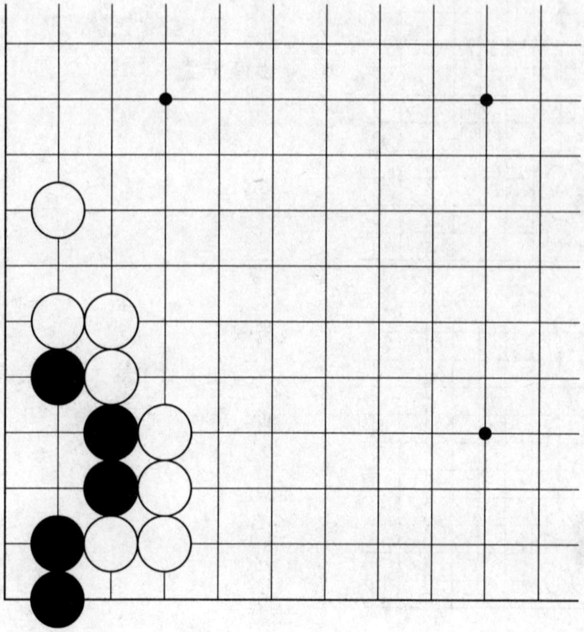

黑棋如何才能使目数最大化？

问题 99（解答） 关乎死活的立

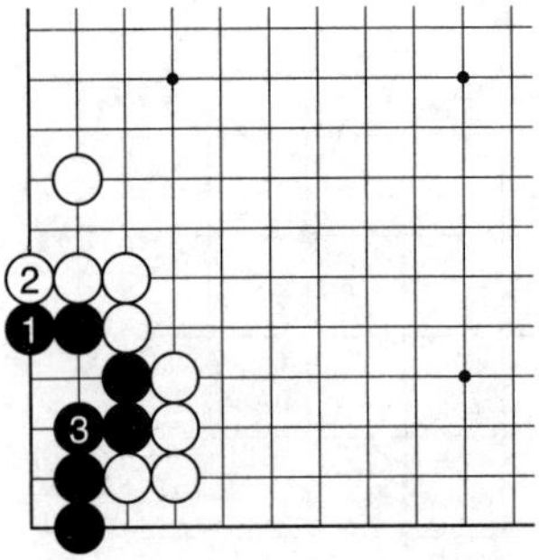

正解

黑 1 立是正解。黑 3 粘，角上有 5 目。

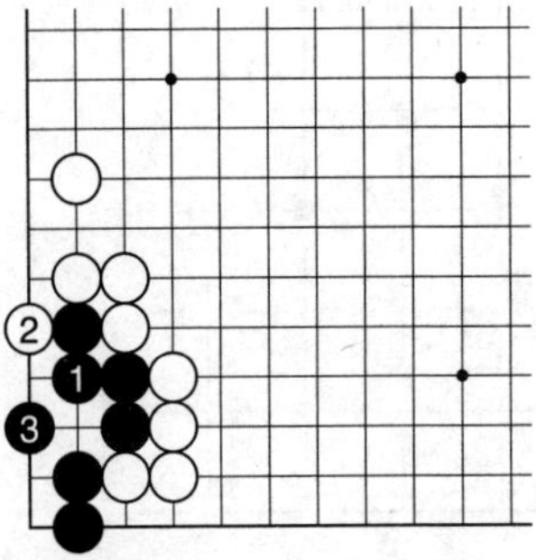

失败 1

如果黑 1 粘，白 2 扳缩小眼位，黑 3 做活后，角上只有 3 目。

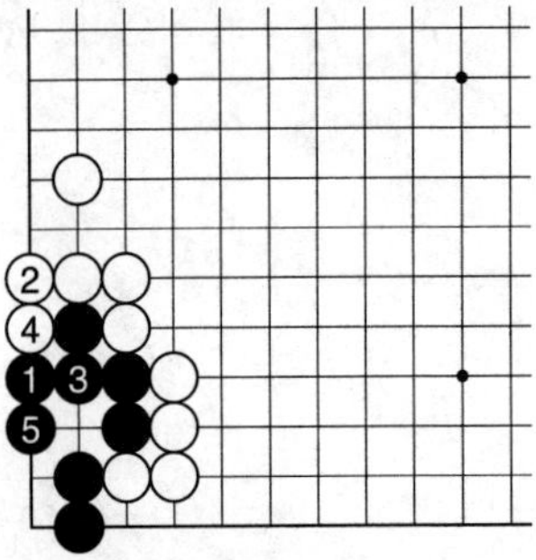

失败 2

黑 1 虎，白 2 立的话，黑 3 只能粘住。

白 4 挤时黑 5 必须补活，黑棋只有 3 目。

问题 100（白先）

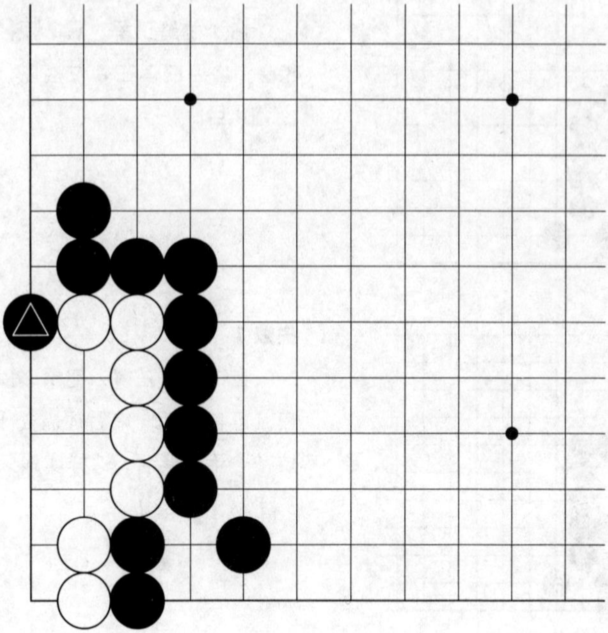

黑△扳，白棋该如何应？

在考虑得失之前，请先确保活棋。

问题 100（解答） 跳

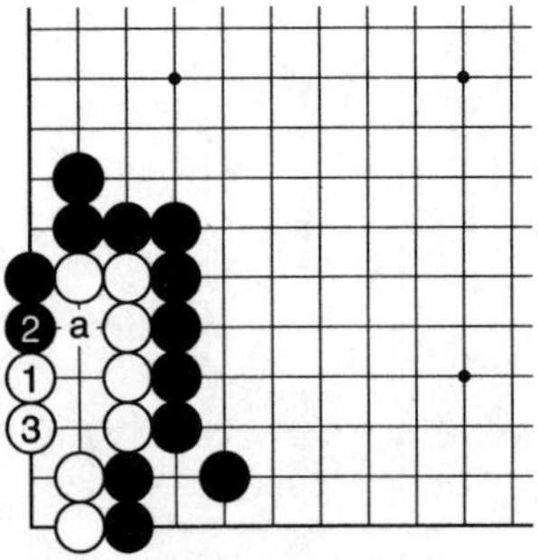

正解

白 1 跳是正解。黑 2 顶，白 3 退。之后白棋在 a 位挡住，角上有 4 目。

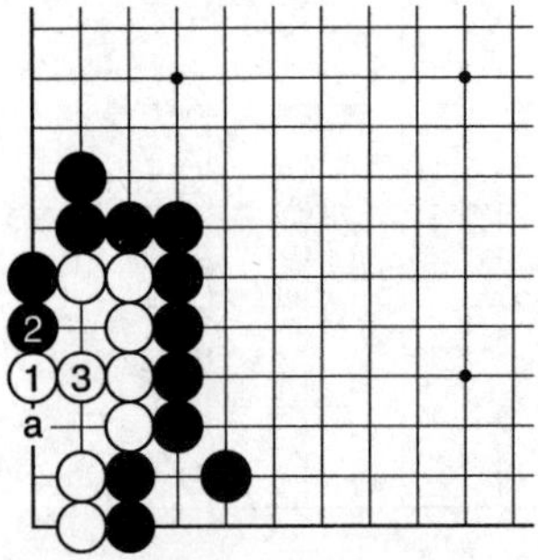

失败 1

白 1 虽是正解，但黑 2 顶，白 3 连住的话，之后还需要于 a 位补一手才能活。这样实地只有 3 目。

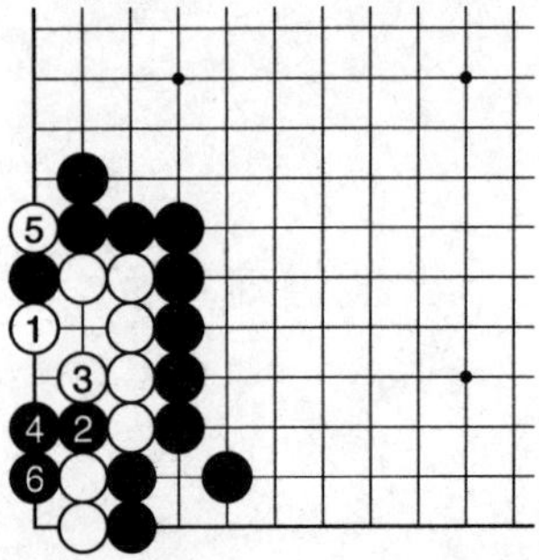

失败 2

白 1 挡的话，黑 2 断好棋。白 3 打吃，黑 4 立，形成“金鸡独立”，白棋被杀。

问题 101（黑先）

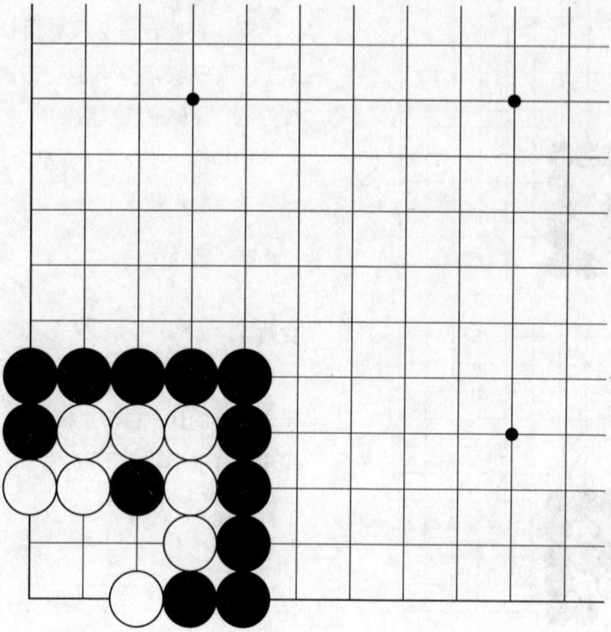

本题看似终局，但其实黑棋还有搜刮白棋的手段，在哪里？

问题 101（解答） 攻击对方的弱点

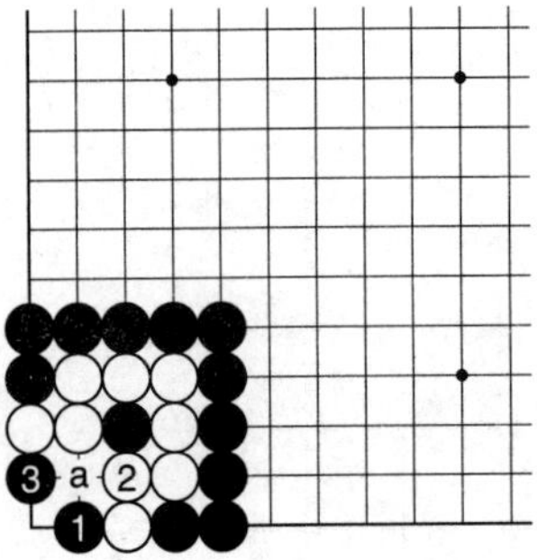

正解

黑 1 打吃，白 2 只能提。黑 3 尖。黑白双方都不能先去紧 a 位的气，局部形成双活。

白棋提一子 2 目，黑棋 1 目，白棋角地全部被破。

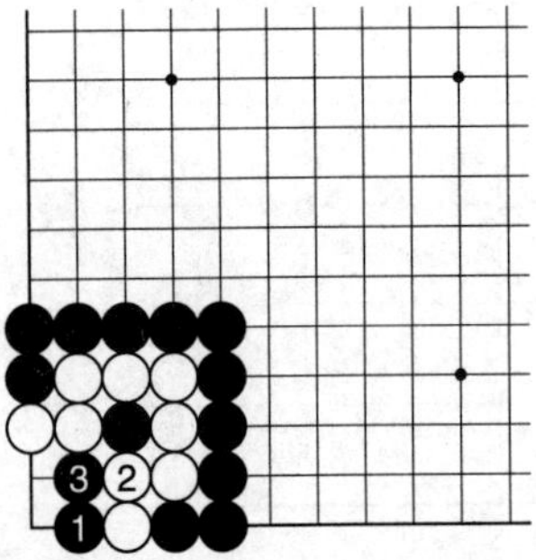

失败 1

黑 1 虽是正解，白 2 提时，黑走 3 位的话，白棋直接先手活，黑棋这样的下法不可取。

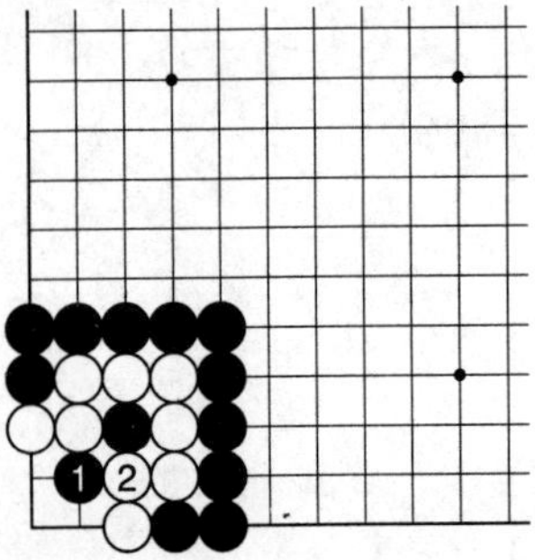

失败 2

黑 1 扳，白 2 提，黑棋不行。

问题 102（黑先）

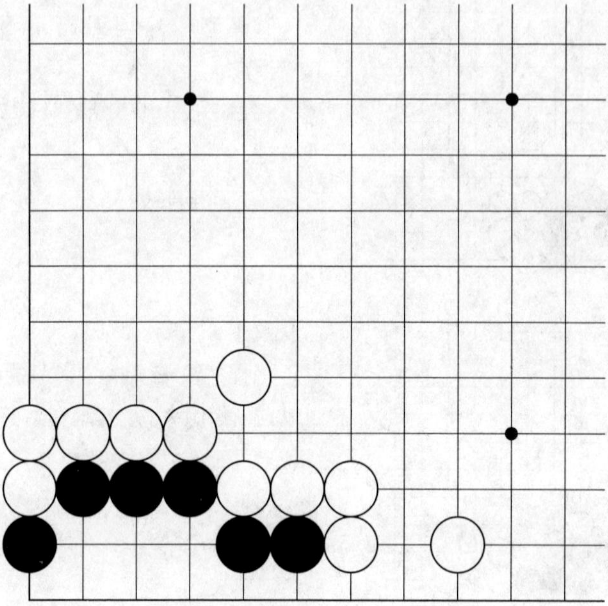

请思考黑棋如何在实地不亏损的情况下活棋。

问题 102（解答） 虎——一石二鸟

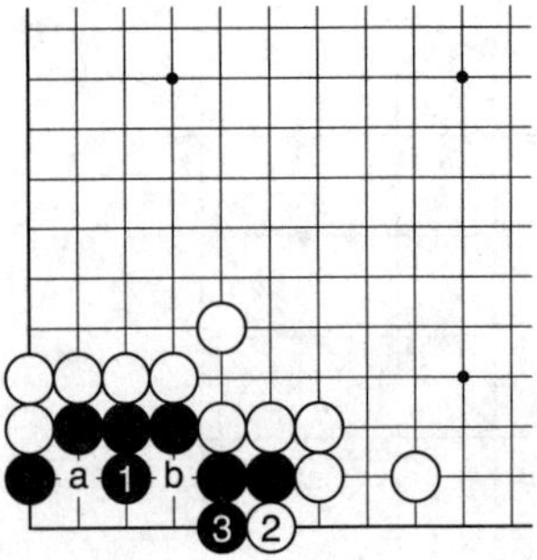

正解

黑 1 虎，一手补起 a、b 两个断点。

白 2 扳，黑 3 挡，可获 6 目实地。

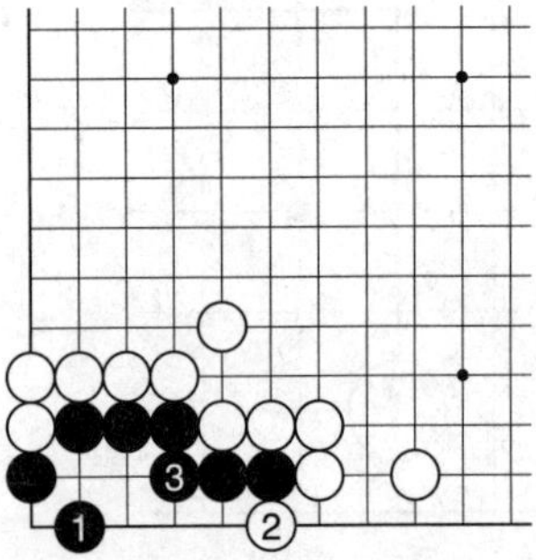

失败 1

黑 1 虎，白 2 扳，黑 3 只能粘，比起正解图来说，实地变小了。

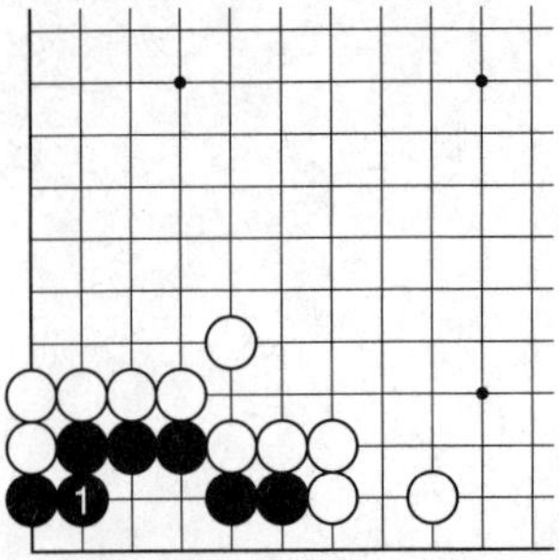

失败 2

黑 1 粘，比上图损失的实地更多。

具体原因在下一问讲解。

问题 103（白先）

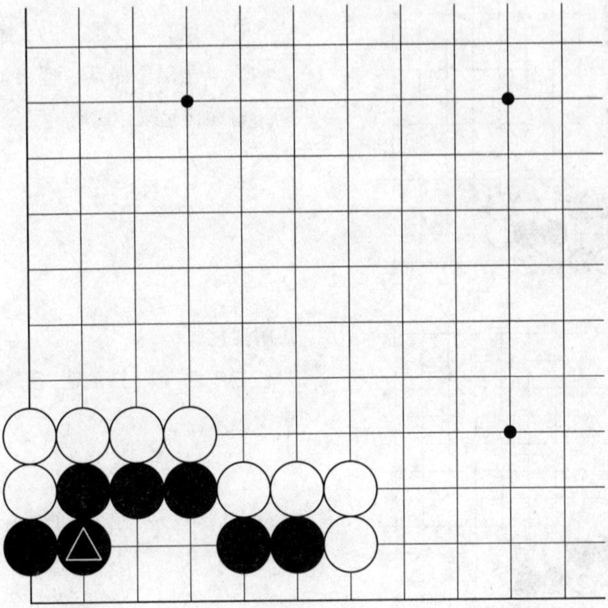

黑△粘是损实地的走法。

白棋应该如何追究黑棋？

问题 103（解答） 手筋——点

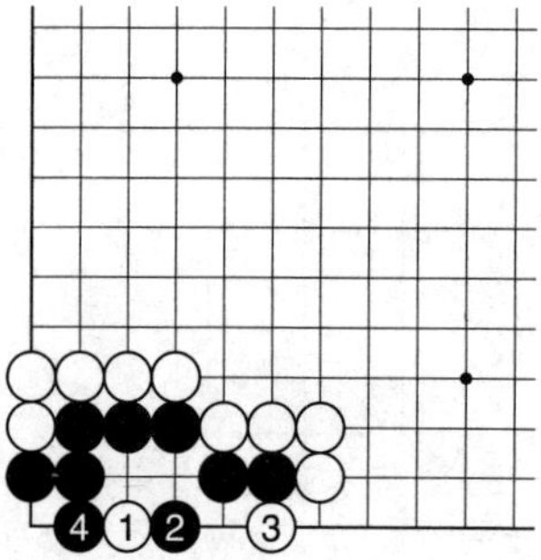

正解

白 1 点。黑 2 虎，白 3 扳。

黑 4 虽然能做活，但和上一问正解图比起来，实地少了 2 目。

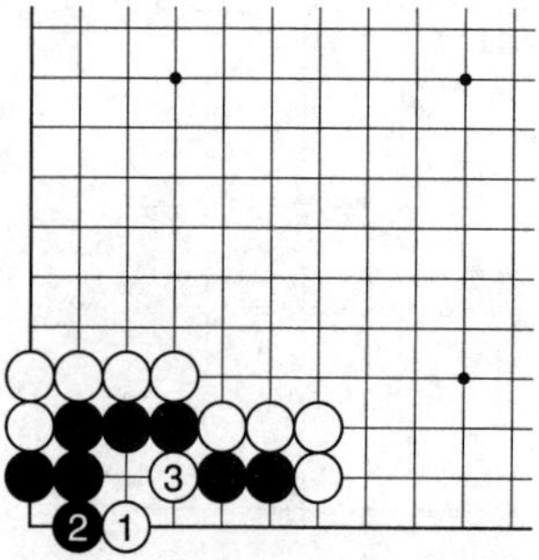

正解变化

白 1 点，黑 2 挡的话，白 3 断，黑棋被杀。

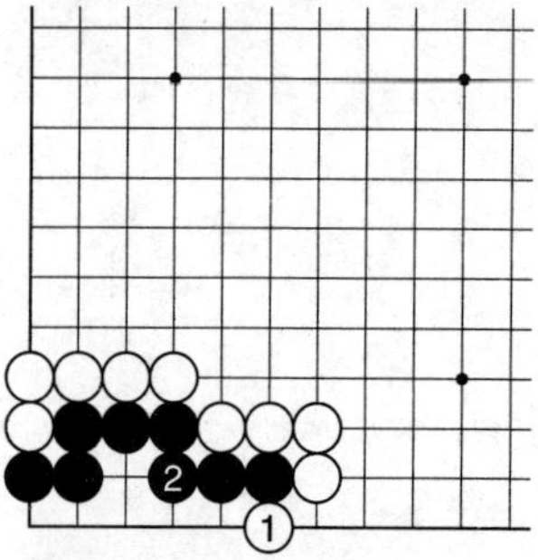

失败

白 1 扳缺乏思考。

黑 2 粘。和正解图相比，高下立判。

问题 104（黑先）

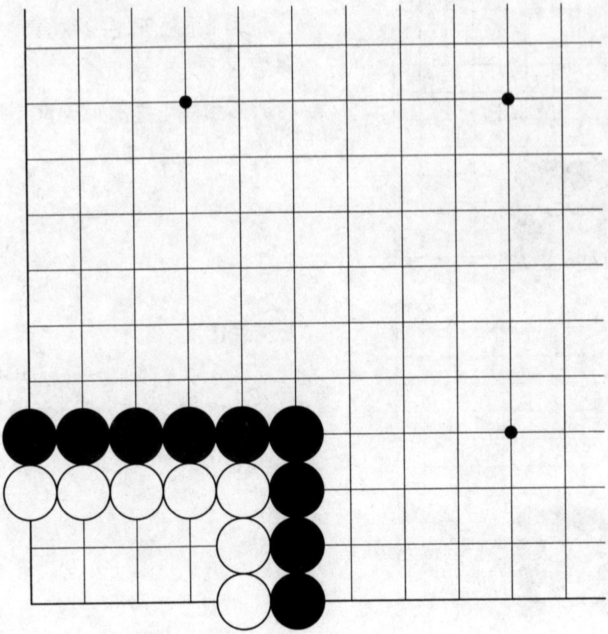

此时可以判定白地有 8 目吗？

请注意先手的重要性。

问题 104（解答）

将对方实地化零的大官子——双活

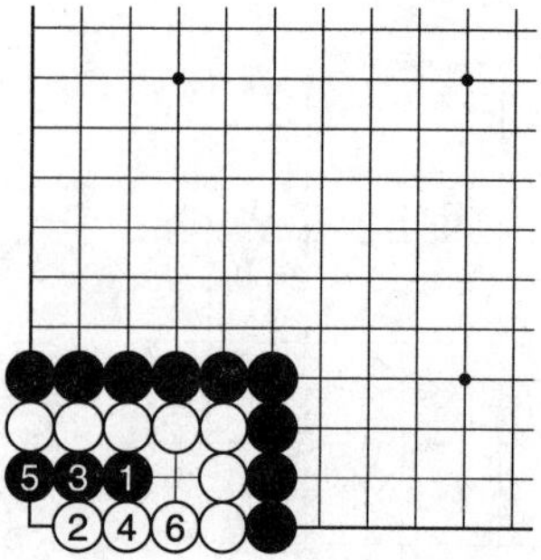

正解

黑 1 是急所。白 2 跳，黑 3 冲，至白 6，双活。

黑棋先手走出双活的官子，并将白地变成 0 目。

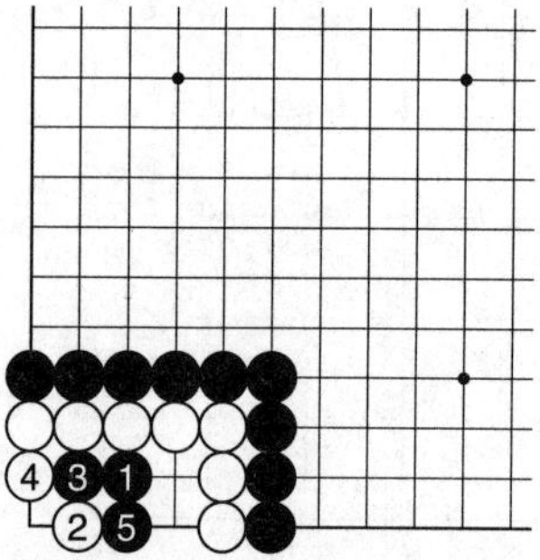

正解变化

黑 3 冲，白 4 挡，形成万年劫。

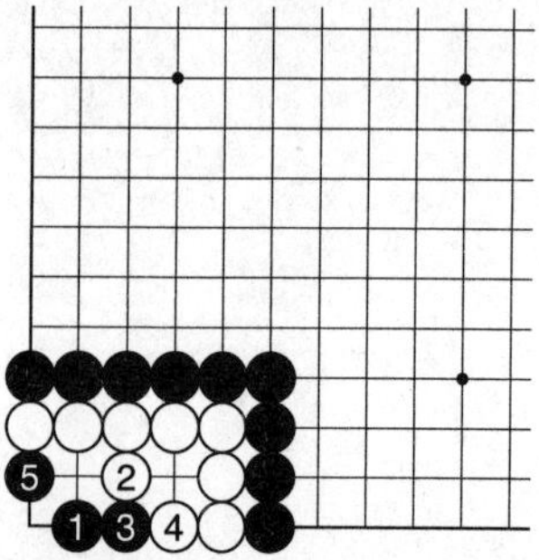

失败

黑 1 点虽然也是双活，但黑棋落后手。

考虑先手和后手也很重要。

问题 105（黑先）

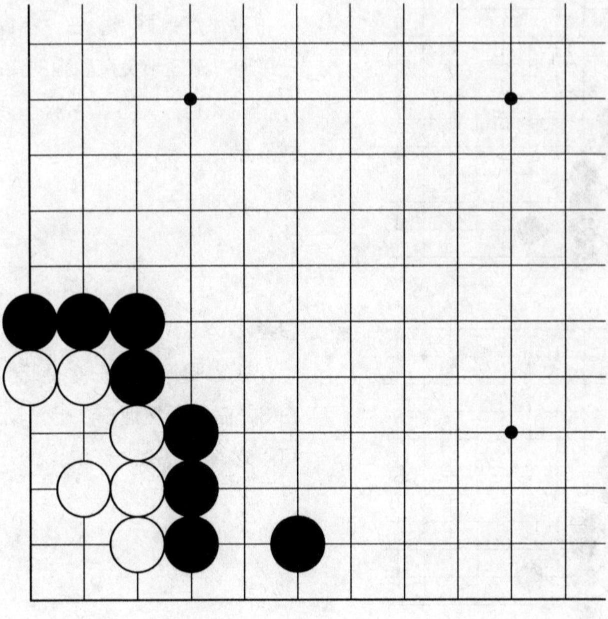

黑棋是否能走出双活的好手段？

问题 105（解答） 有眼双活

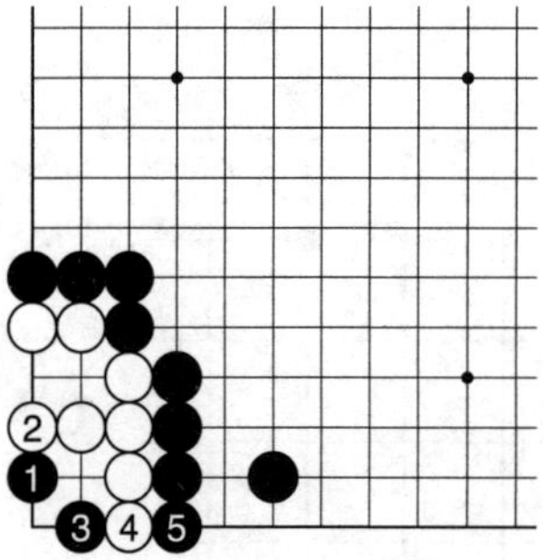

正解

黑 1 点是好手。白 2 挡确保一眼时，黑 3 小尖是做眼的诀窍。

白 4 挡，黑 5 紧气，至此形成双活。

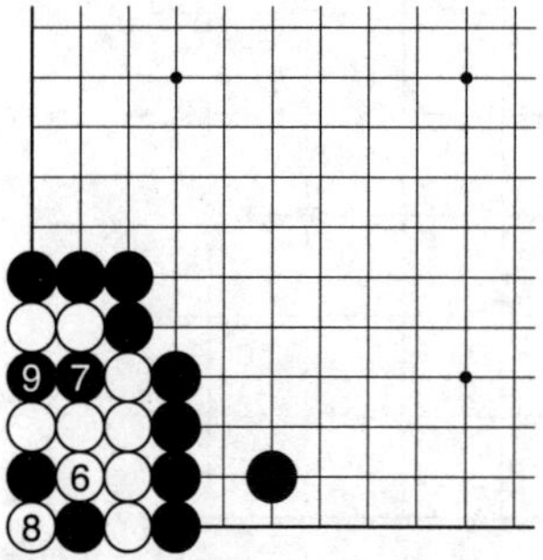

参考

接上图，如果白 6 打吃，至白 8，白棋虽然活棋，但黑 7、9 可以吃掉白两子。

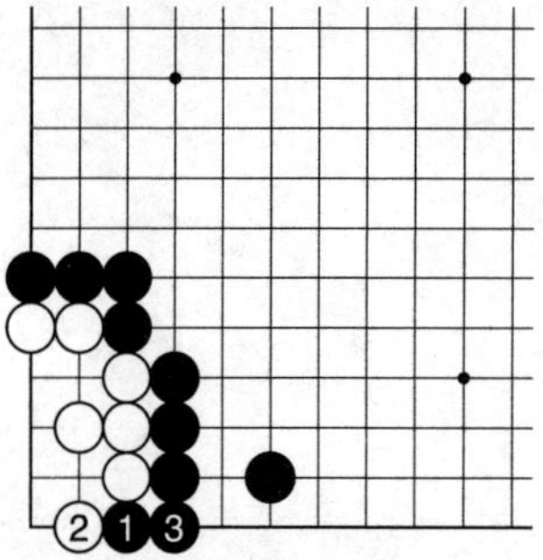

失败

黑 1、3 扳粘，白棋活棋。

问题 106（黑先）

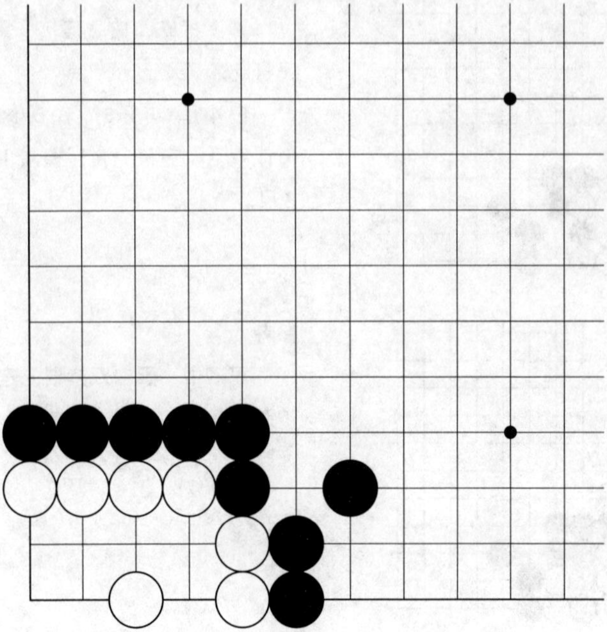

请以正确的次序收官。

问题 106（解答） 不给对方翻身的余地

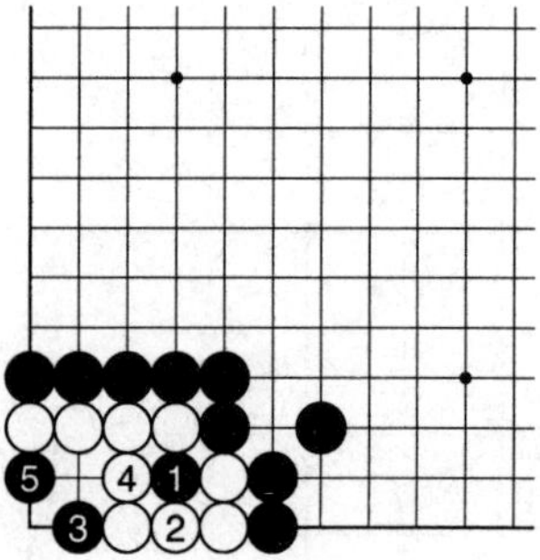

正解

黑 1 打吃，白 2 连接，黑 3 再打吃。

白 4 提黑一子时，黑 5 小尖，形成双活。白棋只有提掉黑 1 的 2 目。

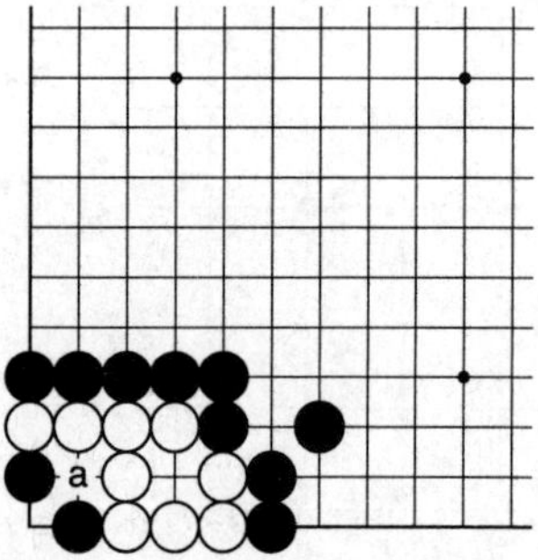

参考

双活中，黑白双方谁先走谁被杀。

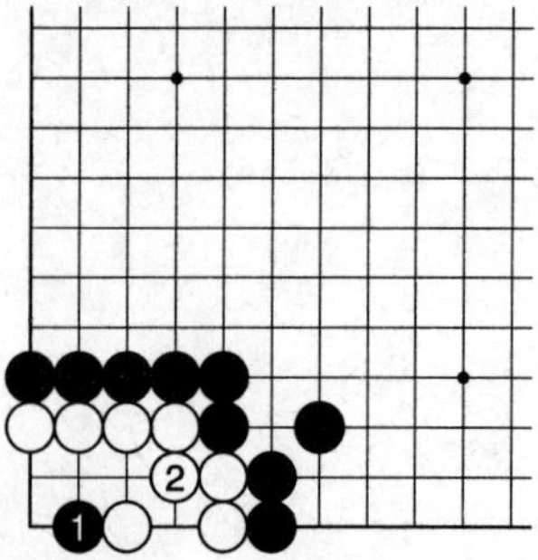

失败

黑 1 直接点进来的话，白 2 粘住就活棋了。这样黑棋不行。

问题 107（黑先）

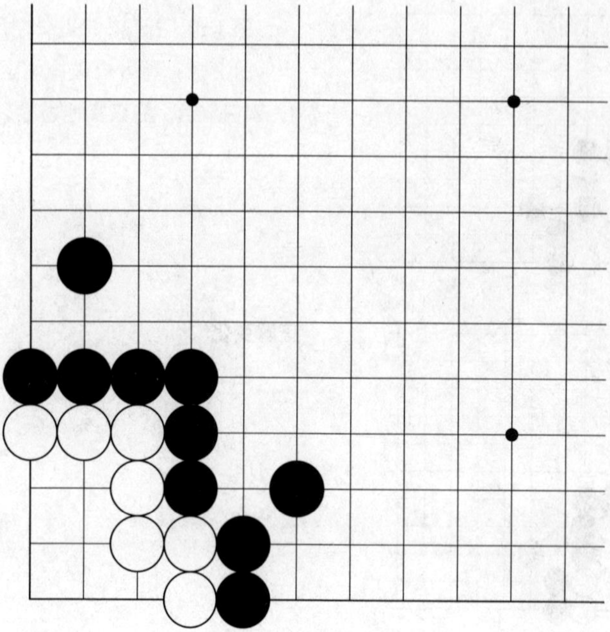

乍一看白棋有 7 目地，但一定是 7 目吗？此时黑棋应该怎么走？

问题 107（解答） 意在紧气

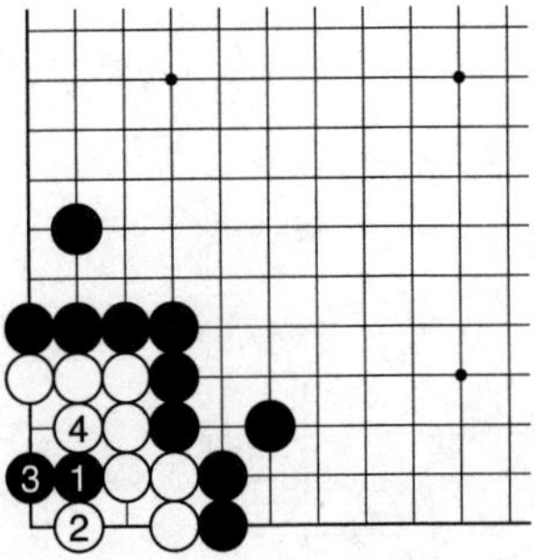

正解

黑 1 走"2 · 2"是此处急所。

白 2 扳，黑 3 立破眼。至白 4，黑白双活。白棋实地为零。

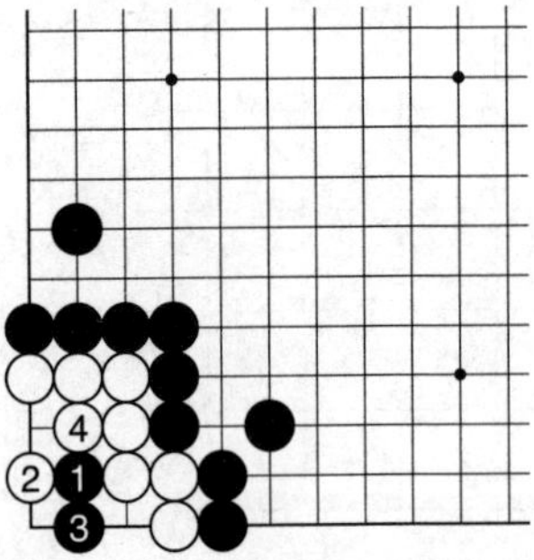

正解变化

白 2 夹，黑 3 立，还是双活。

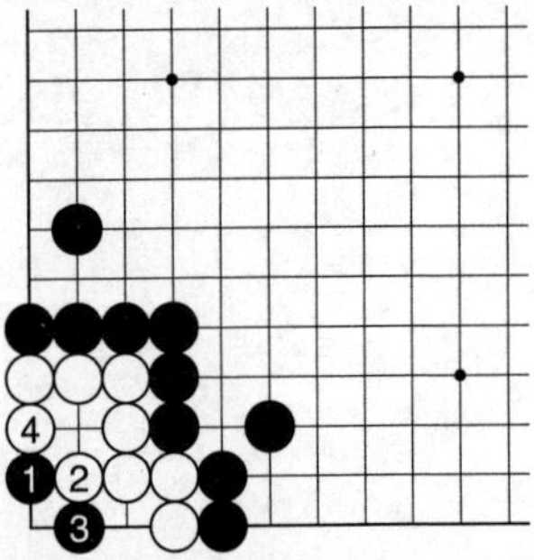

失败

黑 1 走"2 · 1"的话，白 2 顶，黑 3 扳，白 4 做眼，白棋活棋。

本图不是劫，而是有眼杀无眼，黑棋被吃。

问题 108（黑先）

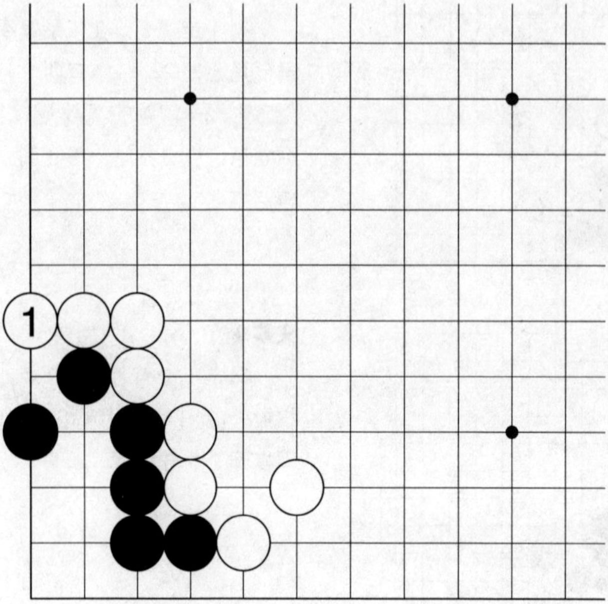

这是点三三后的常见形状。

白 1 立时，黑棋应该怎么应？

问题 108（解答）　“2 · 1”多妙手——一间跳

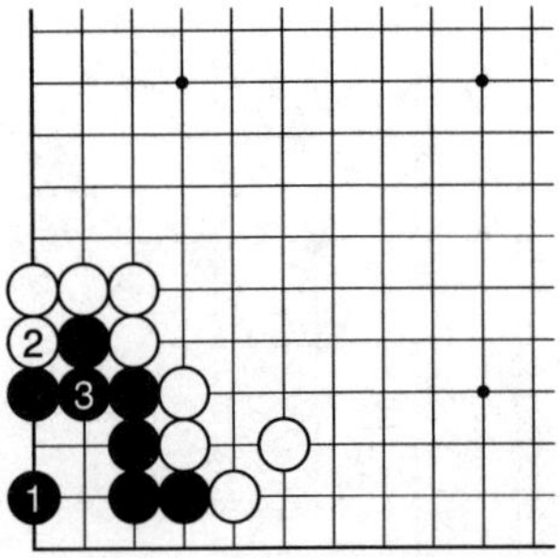

正解

黑 1 走“2 · 1”是好手。虽然角上“2 · 1”有两个，但能够形成一间跳的“2 · 1”多为急所。白 2 打吃，黑 3 粘，黑棋活棋。

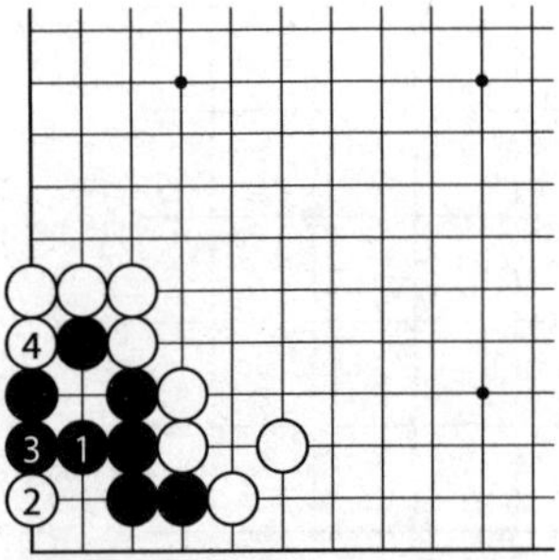

失败 1

黑走 1 位的话，白 2 点，黑棋被杀。黑 3 粘也没用，白 4 打吃，黑棋无法做出两眼。

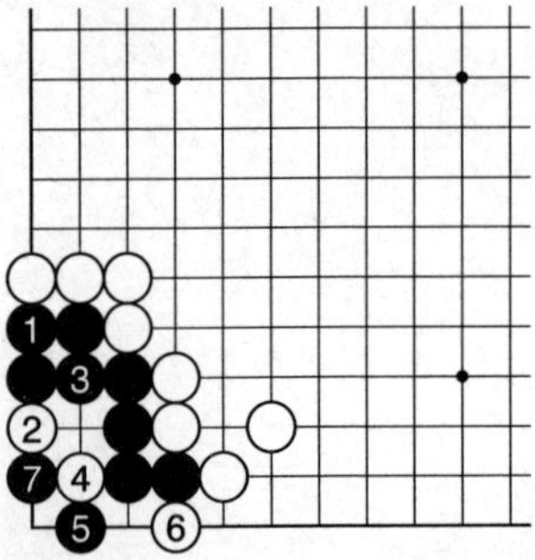

失败 2

黑 1 愚形不好。白 2 打吃做劫，黑棋这个劫负担很重，一不小心就会全军覆没。

问题109（黑先）

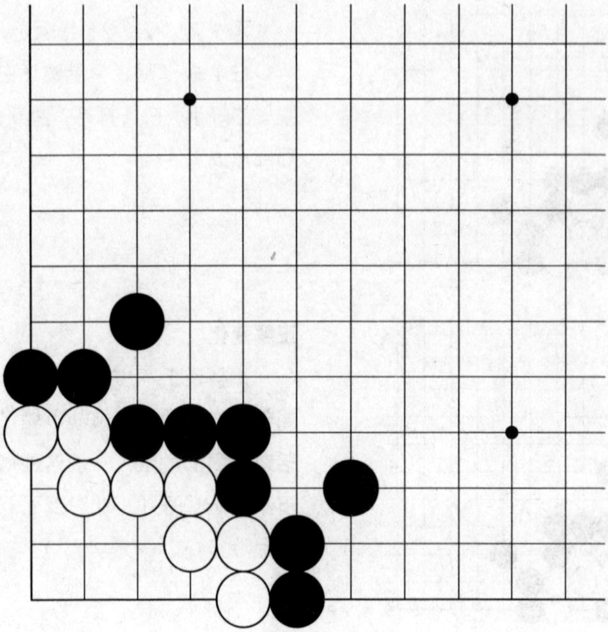

本题目前并未终局。

虽然黑棋不能尽数杀死白棋，但还有搜刮白棋的手段。

问题 109（解答）

对于白棋来说，打劫不如双活

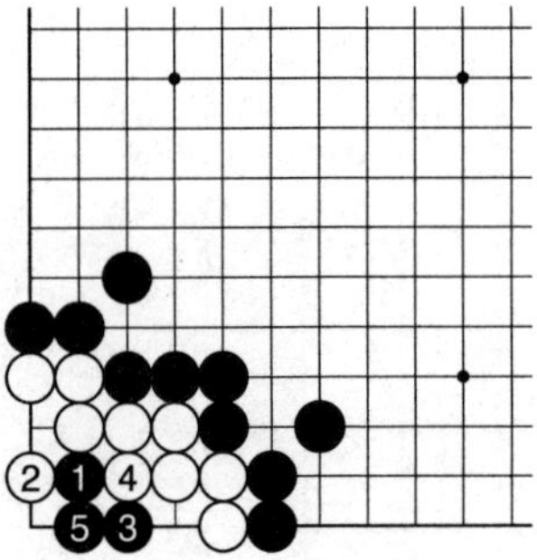

正解

黑 1 走“2 · 2”是急所。

白 2 扳，黑 3 尖是破坏白棋眼形的好手。白 4 打吃，黑 5 粘，局部形成双活。

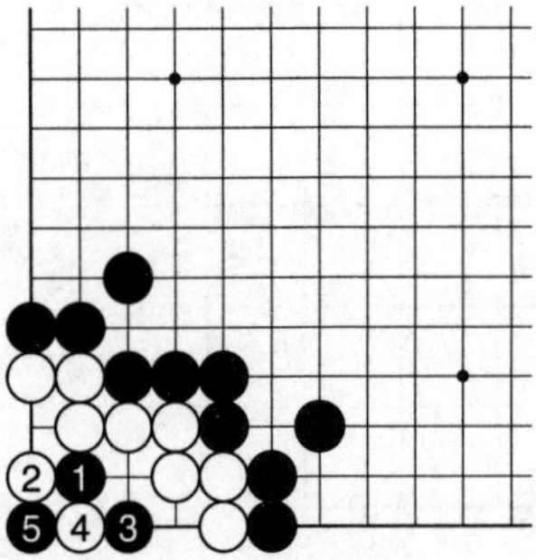

正解变化

黑棋走 1、3 位时，白 4 扑，局部形成打劫。白棋劫争输了的话有全灭的危险，一般这种情况下不会选择开劫。此时反而双活更保险。

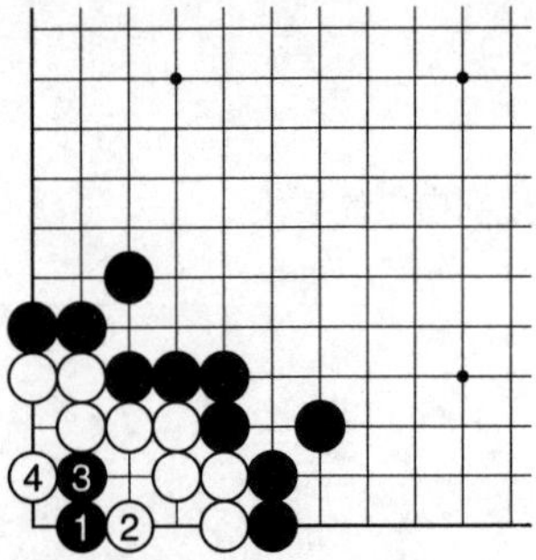

失败

黑 1 走“2 · 1”的话，白 2 尖，至白 4，白棋做活。

问题 110（黑先）

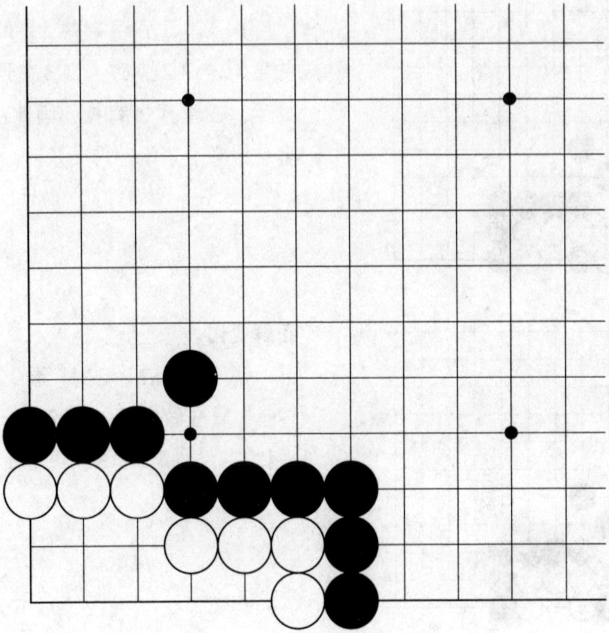

如此宽广之地，黑棋怎么能放过。

急所是哪里？

问题 110（解答）

急所——“三子点中央”

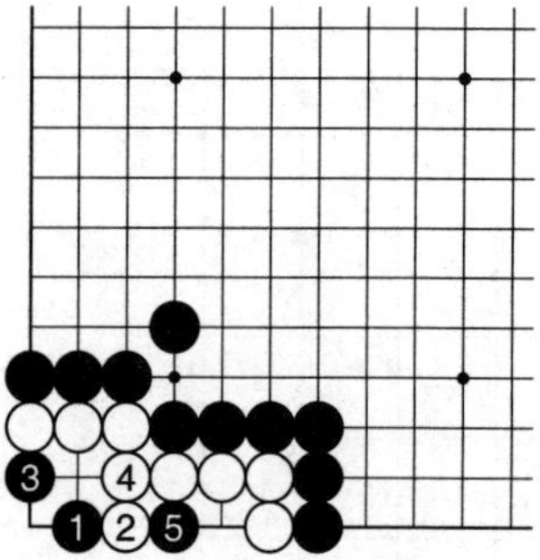

正解

黑 1“三子点中央”是此时的急所。白 2 尖时，黑 3 尖顶是好手。由于黑棋有扑，因此白 4 要粘。黑 5 紧气，形成双活。

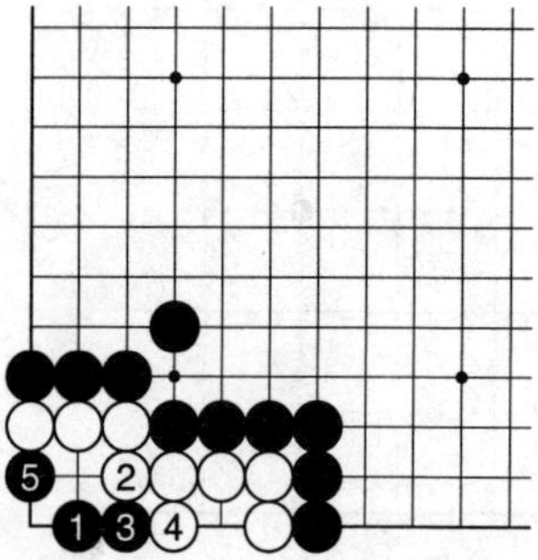

正解变化

黑 1 点，白 2 粘时，黑 3 爬，白 4、黑 5 做眼后，情况和上图一样。

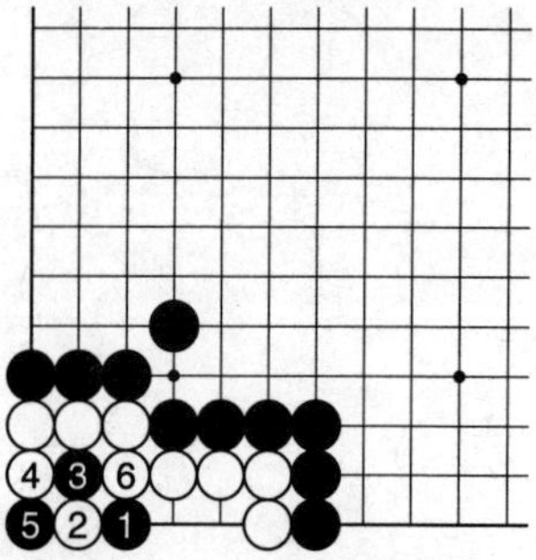

失败

黑 1 点，至白 6，黑棋不行。

问题 111（黑先）

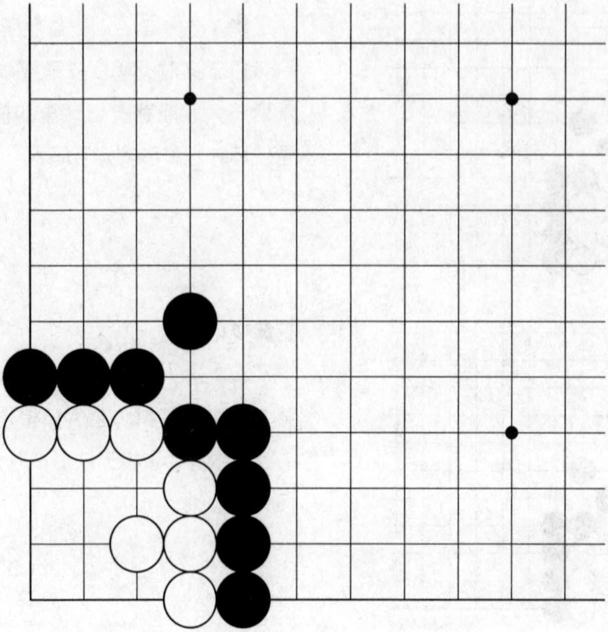

黑棋紧围在白棋周围。此时黑棋应该走哪里？

问题 111（解答） “2 · 2”是双活急所

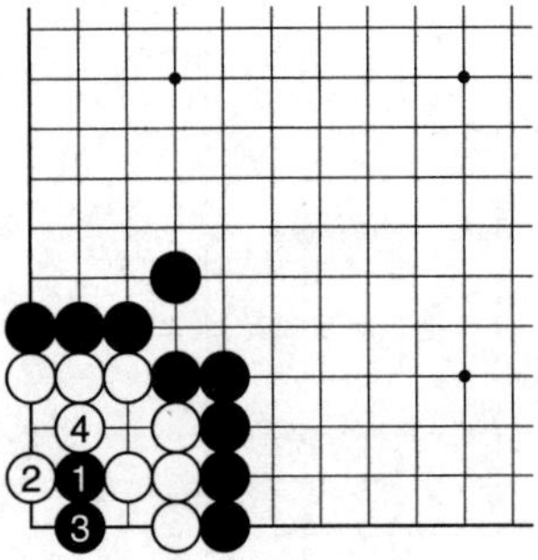

正解

黑 1 走“2 · 2”是急所。

白 2 夹时，黑 3 立形成局部双活。大家能感觉出这里的黑 1 是破坏对方眼形的好手吗？

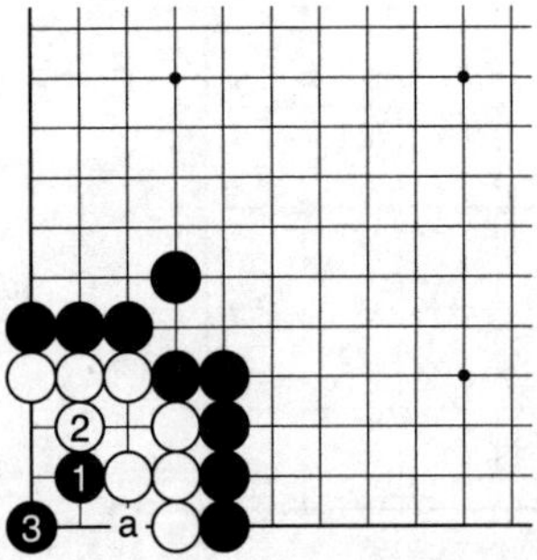

正解变化

黑 1 走“2 · 2”时，白 2 顶，黑 3 倒尖是好棋。之后黑棋还留有 a 位的扑。白棋无法形成双活，损失更大。

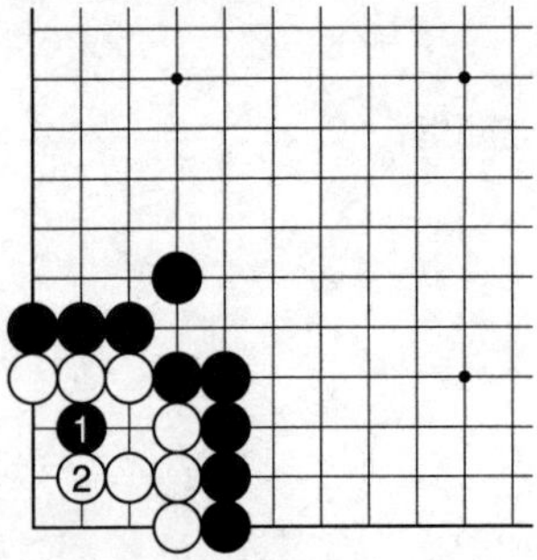

失败

黑 1 点，白 2 夹。白棋活棋。

问题 112（黑先）

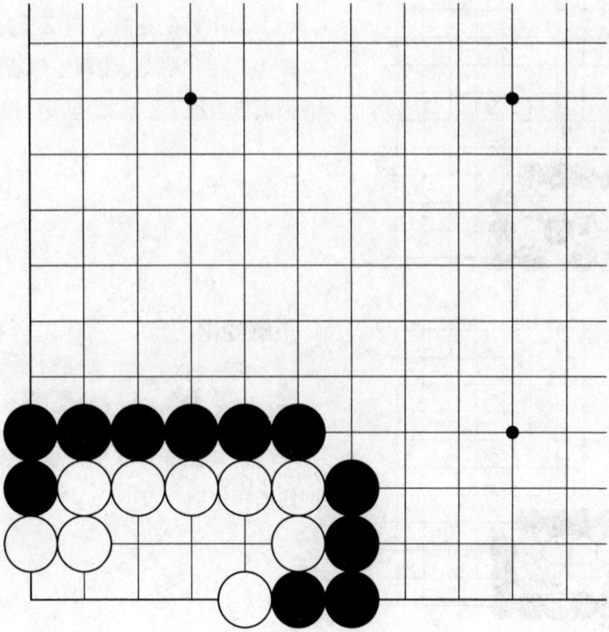

此时，黑棋如何追究对方的弱点？

问题 112（解答） 计算精确，“双活”我有

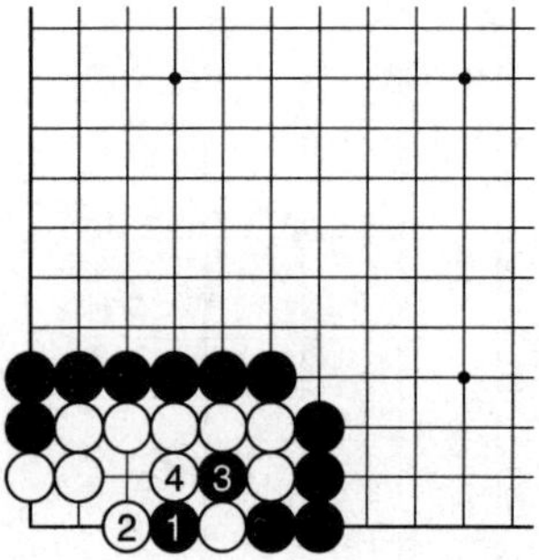

正解

黑 1 打吃正解。白 2 反打，黑 3 提，白 4 做眼。白棋虽然活棋，但黑棋也赚了。

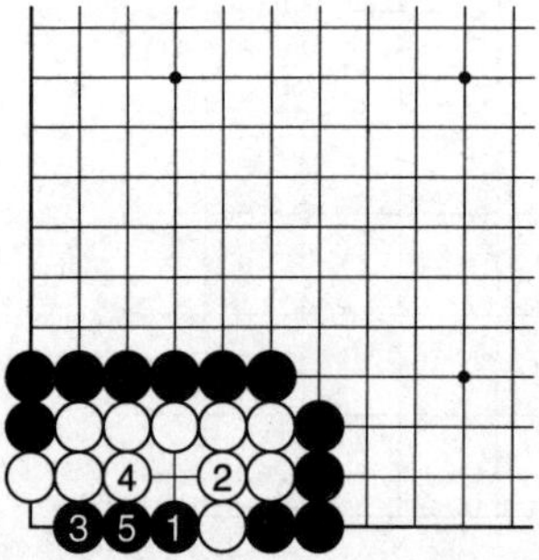

正解变化

黑 1 打吃，白 2 粘时，黑 3 托是好手。

白 4 团、黑 5 接，局部形成双活，白地 0 目。

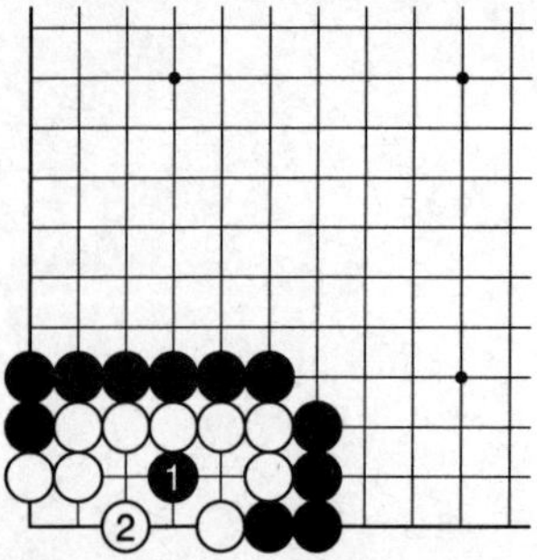

失败

黑 1 点的话，白 2 尖就活了。

问题 113（黑先）

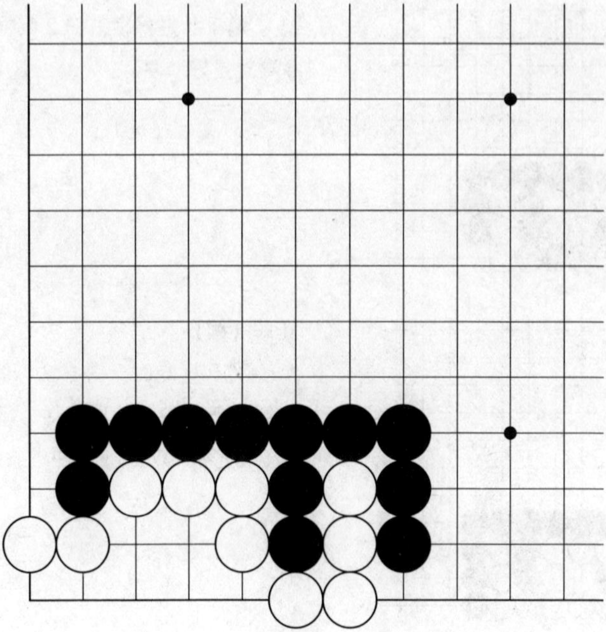

本题主要希望读者感受次序的重要性。

问题 113（解答） 先断再扑

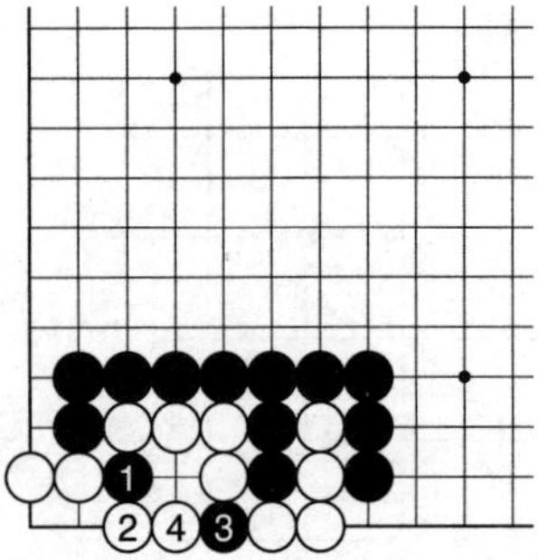

正解

黑 1 断是好棋。白 2 吃，黑 3 再扑是好次序。

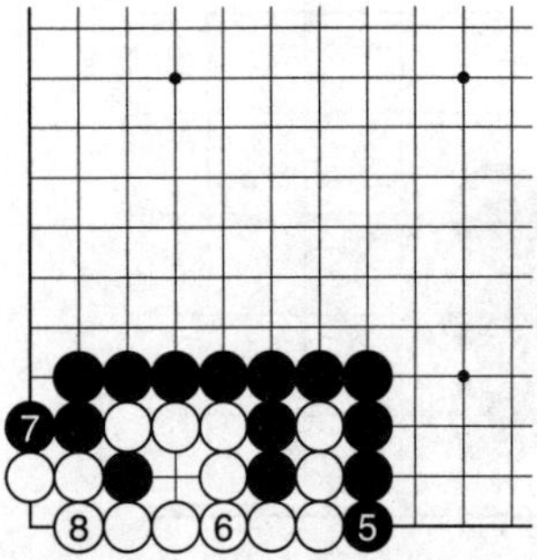

正解（续）

黑 5 打吃时，白 6 粘。黑 7 先手紧气。白 8 如果不粘，黑棋走 8 位形成“双倒扑”，白棋被杀。

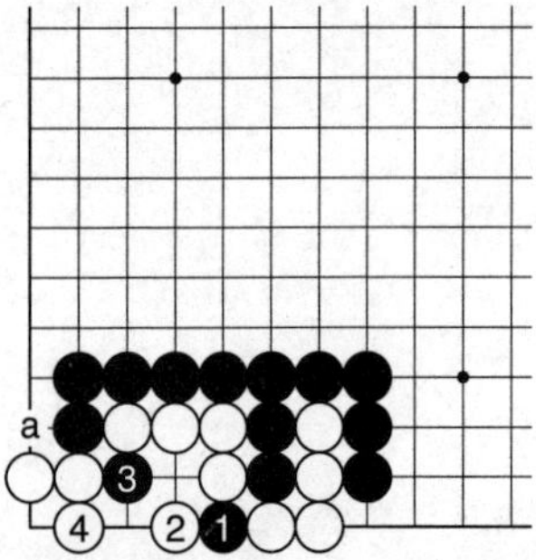

失败

如果黑 1、3 先扑再断，白 4 立做眼。比起正解图，白地不但增了 2 目，黑棋也失了 a 位先手。

问题 114（黑先）

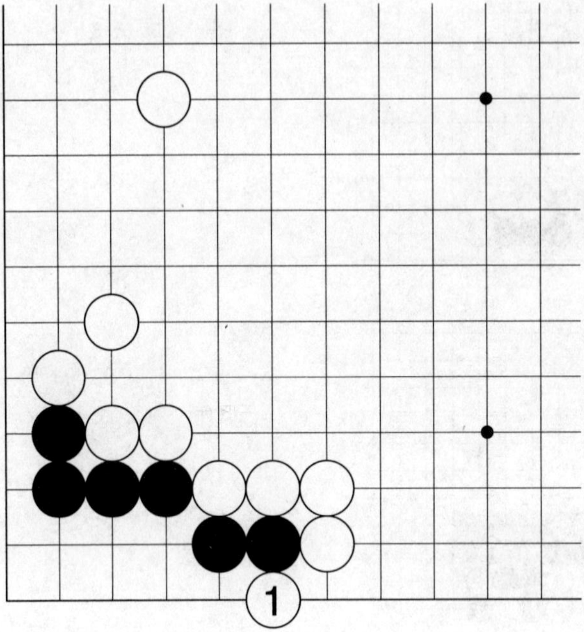

本题是定式完成之后的形。

白 1 扳。黑棋该如何应，才能把损失降到最低？

问题 114（解答） 粘是正解

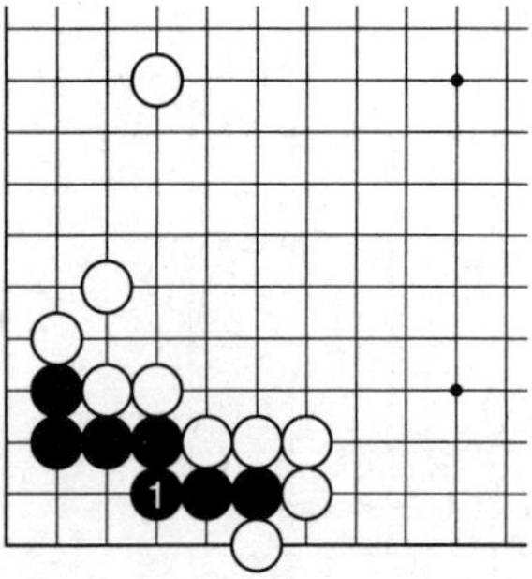

正解

黑 1 粘损失最小。

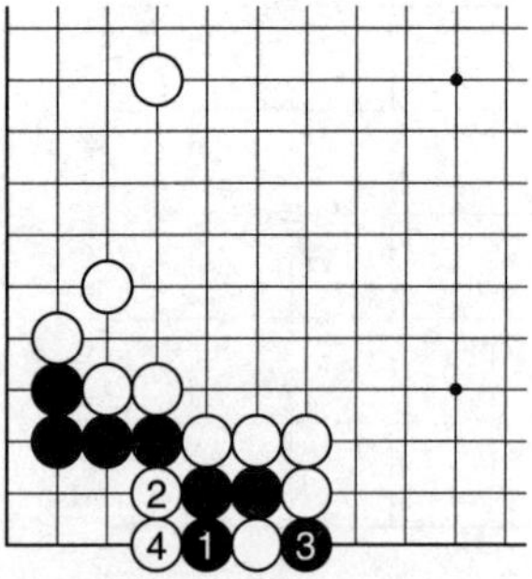

失败 1

黑 1 挡，白 2 断，黑 3 提，白 4 打吃，黑棋尽数被吃。大损。

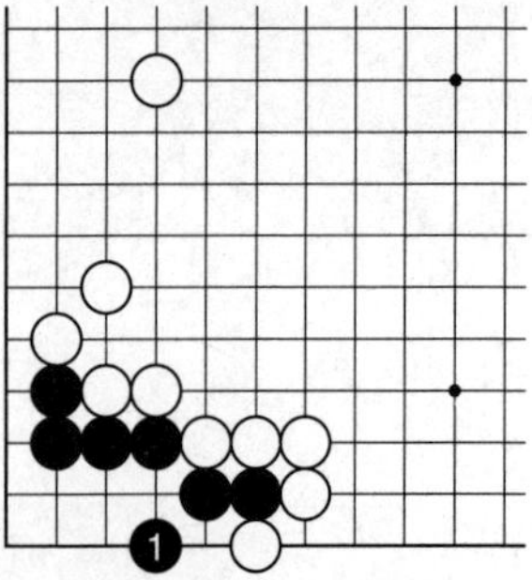

失败 2

黑 1 虎也损。具体在下一问讨论。

问题 115（白先）

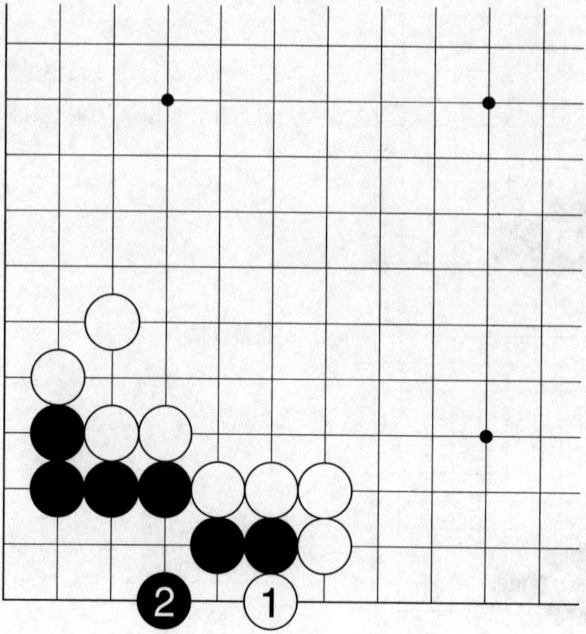

上问说过，白 1 扳，黑 2 虎损。

白棋应该如何追究黑棋？

问题 115（解答） 点

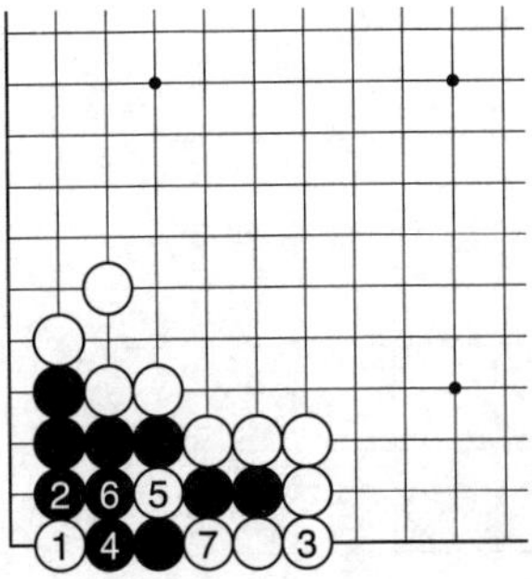

正解

白 1 点是好手。

黑 2 顶，白 3 粘也是好棋。白 5 扑，至白 7，黑棋被破眼。

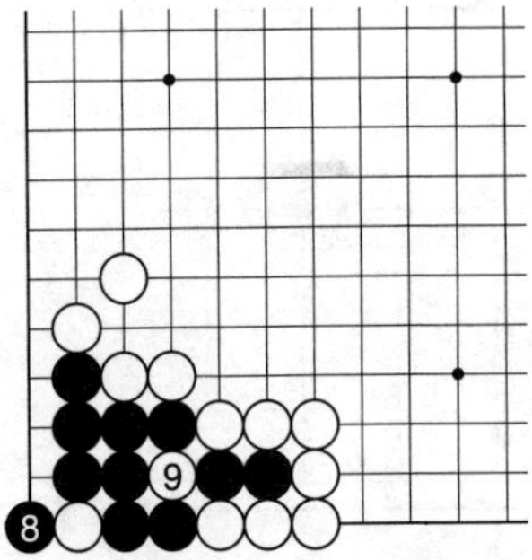

正解（续）

黑 8 提白一子做活。白 9 提掉黑两子。

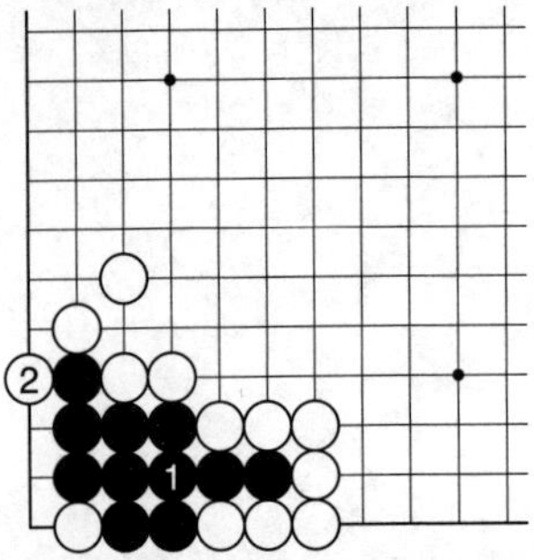

正解变化

如果上图黑 8 不提的话，白 2 扳，黑棋被杀。

问题 116（黑先）

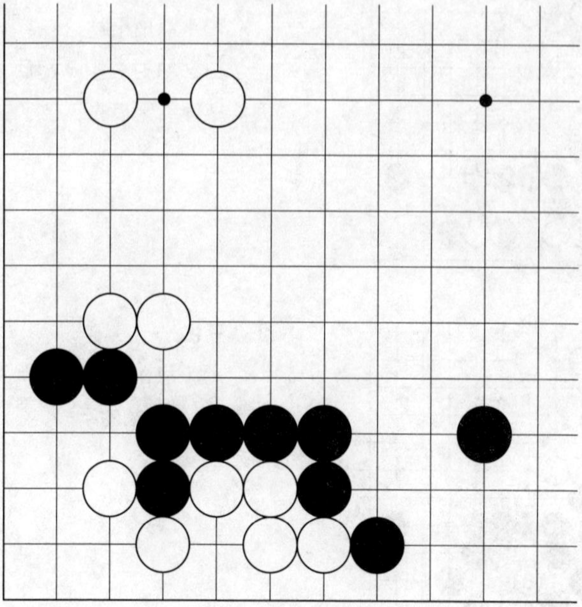

黑棋如何才能最大限度地得利。

问题 116（解答） 先手收官

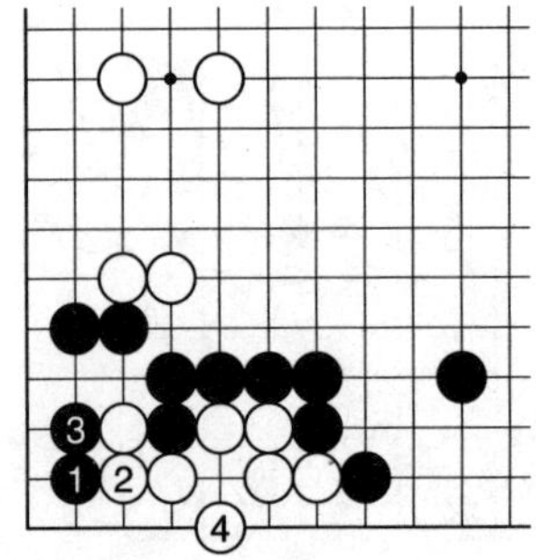

正解

黑 1 点是正解。

白 2 粘时，黑 3 爬回，白 4 只能做眼。黑棋先手破了白棋的空。

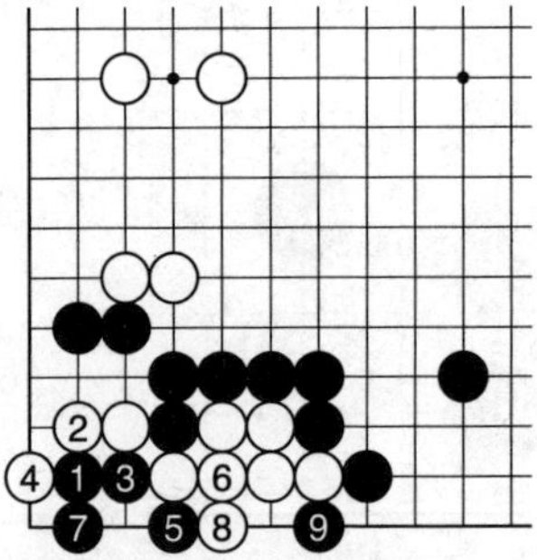

正解变化

黑 1 点，白 2 挡，黑 3 断。黑有 5、7 做劫的手段。

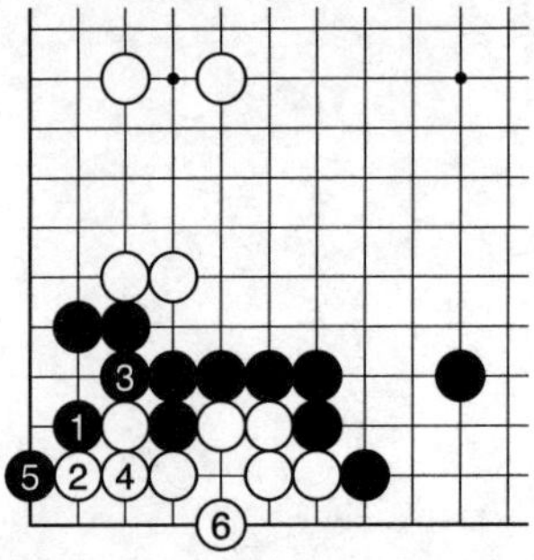

失败

黑 1 夹思考不足。

和正解图相比，高下立判。

问题 117（黑先）

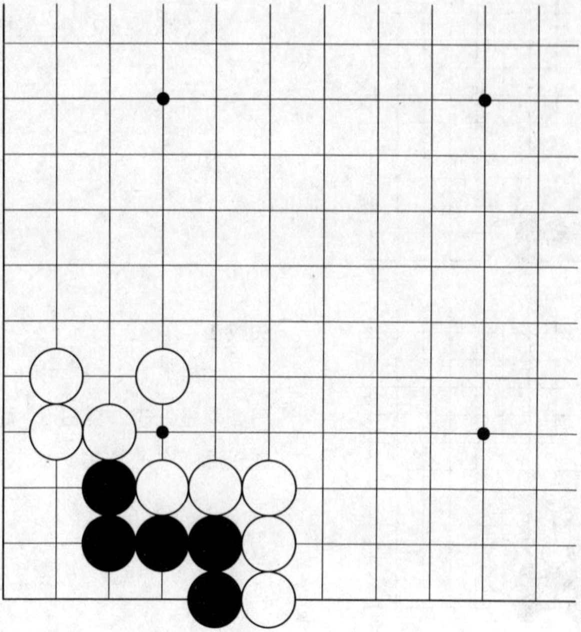

黑棋如何在不损实地的情况下做活？

问题 117（解答） 跳

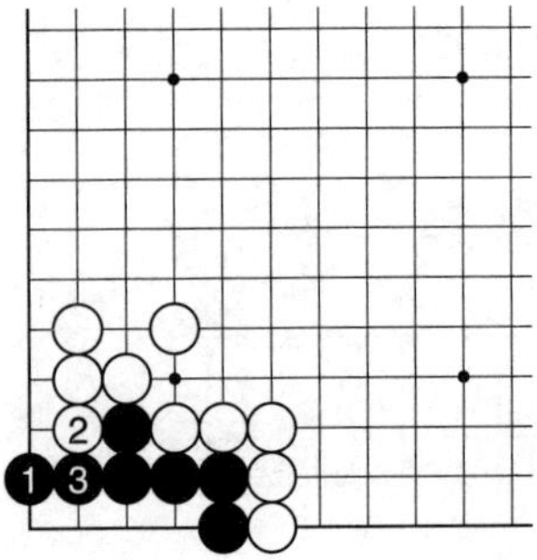

正解

黑 1 跳，白 2 爬，黑棋活了四目。

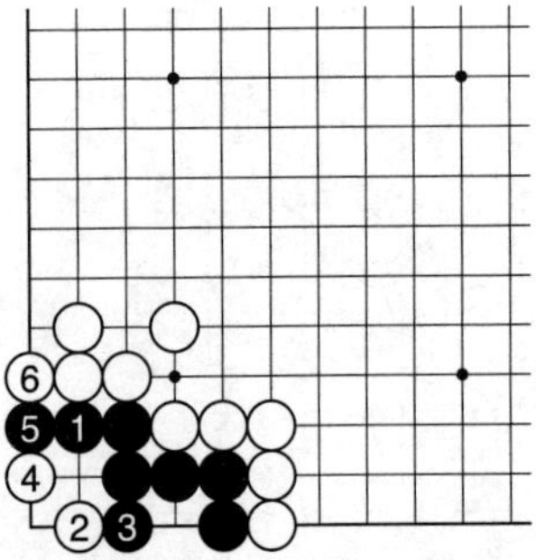

失败 1

如果黑 1 只是扩大眼位的话，白 2 点是好棋。至白 6，局部形成双活。

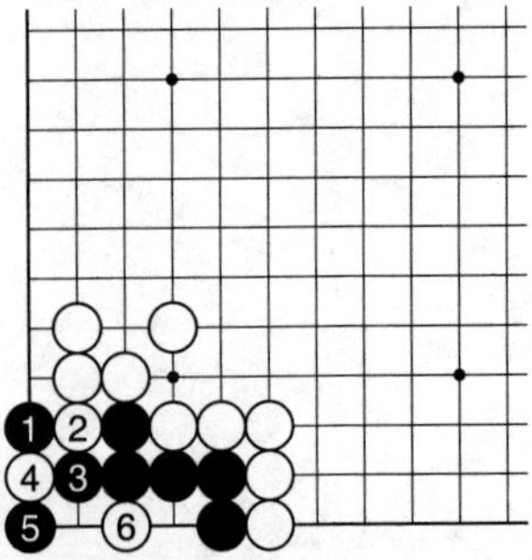

失败 2

黑 1 跳在这个位置的话，白 2 冲，黑 3 挡，白 4 扑，至白 6 点，黑棋被杀。

问题 118（黑先）

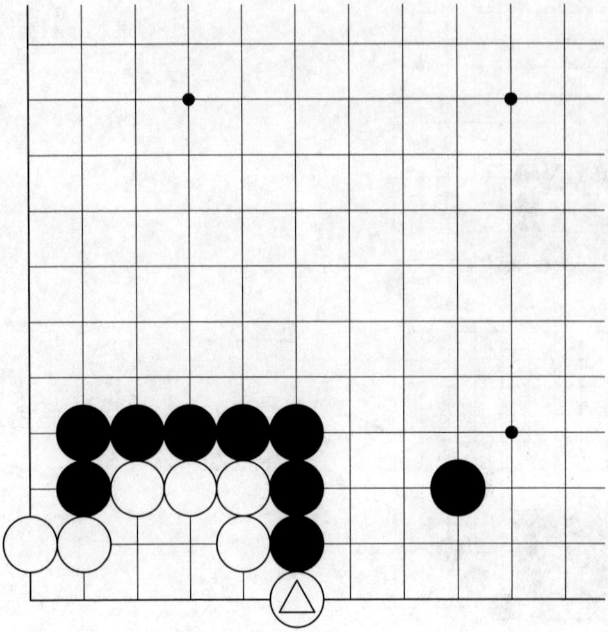

虽然白棋因为有白◎一子不至于会死棋，但黑棋还是有可以大幅搜刮白地的手段。

问题 118（解答） 弃子得利

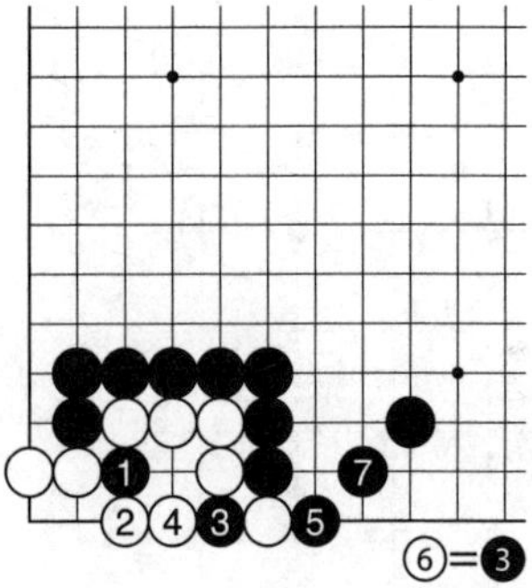

正解

黑 1 断是好棋。白 2 抱吃时，黑 3 扑是弃子好手。

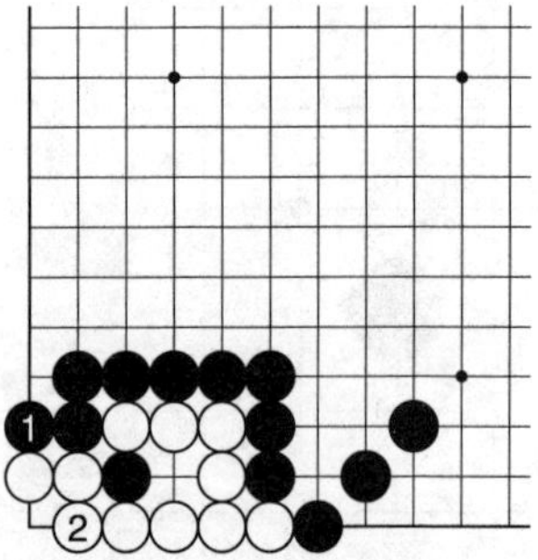

正解变化

此后黑 1 挡是先手。白棋不于 2 位粘的话，黑走 2 位形成双倒扑。白棋被杀。

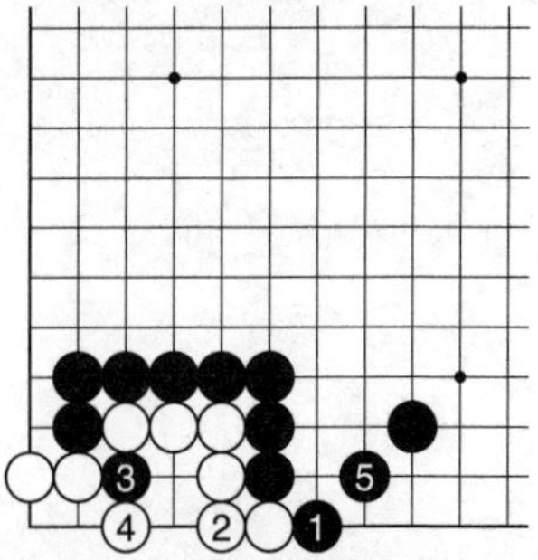

失败

黑 1 挡的话之后什么也不会发生。黑 3 即使再断也没什么后续手段。

5. 实战问题

本部分为大家准备了一些总结性的实战问题。

虽然每一题的手数很多，但希望大家勇于尝试，将前面章节学到的知识运用到这些实战问题中去。

问题 119（黑先）

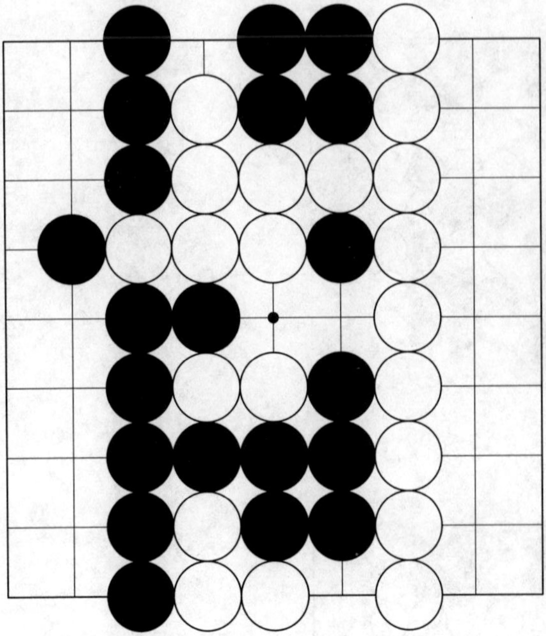

黑白双方有很多子处于被提的状态。

分清官子价值大小很重要。

问题 119（解答）　数清子数

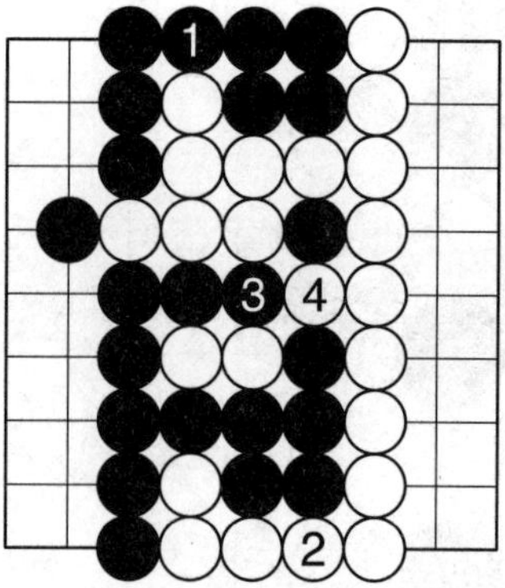

正解

黑 1 粘救出黑四子。白 2 粘救出三子，对于白棋来说是价值很大的官子。

接下来黑3吃掉白两子，白 4 吃掉黑一子，终局。

黑胜 1 目。

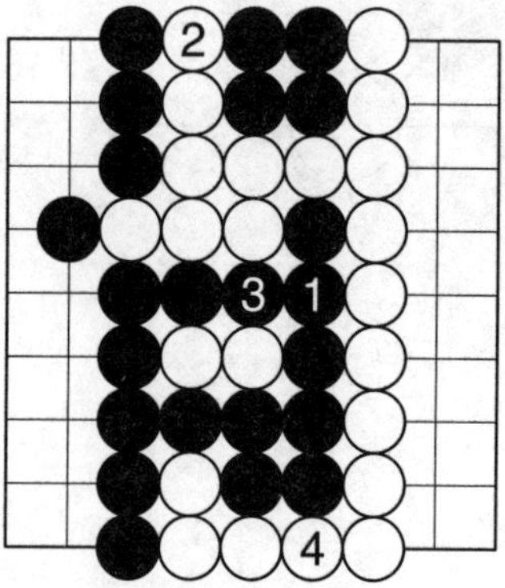

失败

黑 1 粘价值小，白 2 吃掉黑四子，至白 4，黑输 3 目。

问题 120（黑先）

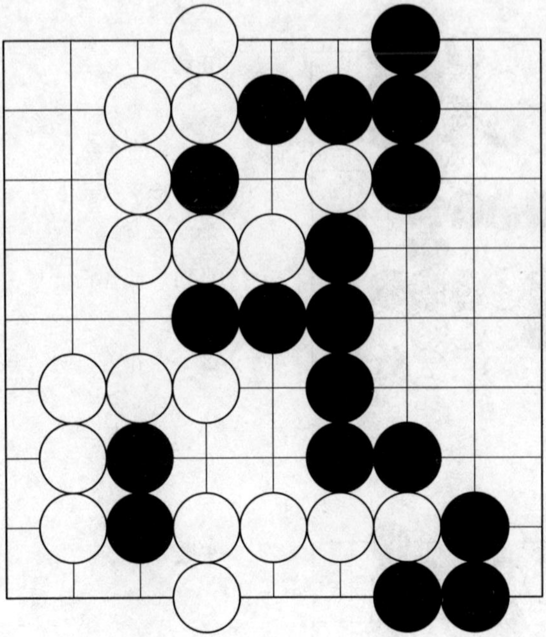

先手官子价值大的思考方式很重要。

先走先手官子再去后手收官才是正确的顺序。

问题 120（解答）

不要忘记找出先手

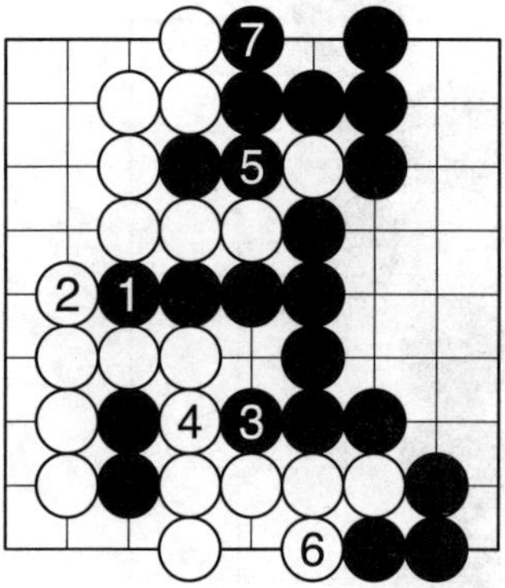

正解

黑 1、3 的冲是先手。白棋不应的话会大损。

接下来黑 5 是一石二鸟的一手，既可以救出黑一子，还可以吃掉白一子，价值很大。

白 6 和黑 7 的挡相同，都价值 1 目。

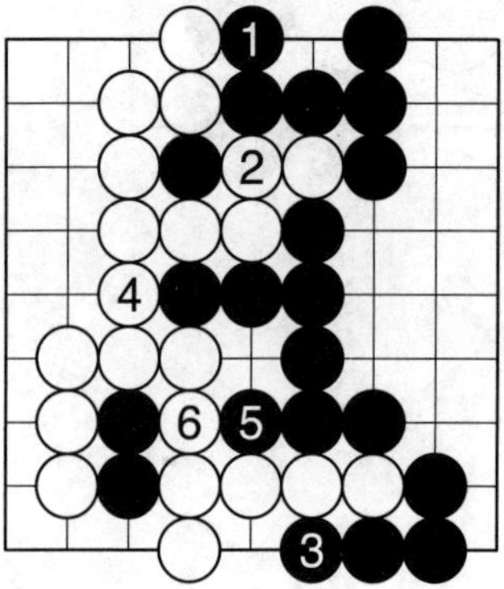

失败

如果顺序走反，先走了价值小的官子的话，如黑 1、3。黑棋不仅失掉了原本可以吃掉的白一子，自身一子还被白棋吃了。和正解图相比，优劣一目了然。

问题 121（黑先）

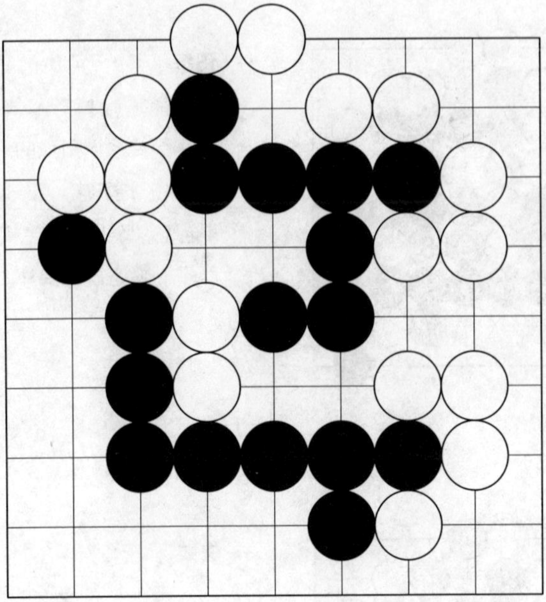

还有三处价值很大的地方。中央的白两子，右下白一子，和左边的黑一子。

请判断这三处的价值。

问题 121（解答）

角附近的价值大

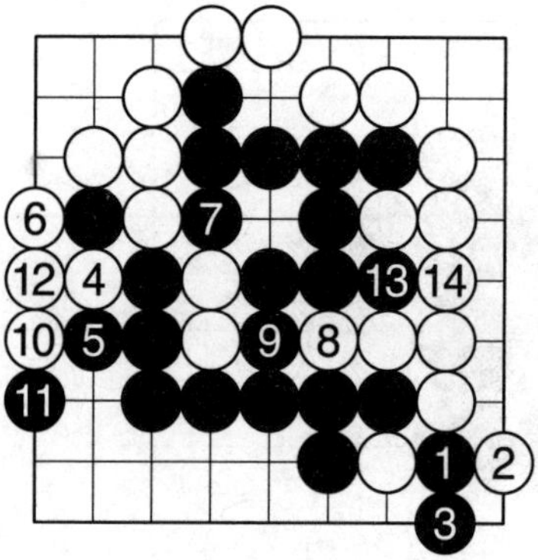

正解

黑 1 吃掉第二线上的白一子是关系到角地的大官子。

白 2 打吃，黑 3 立，白 4 断吃，至黑 7，黑棋吃掉白两子。是正确的次序。

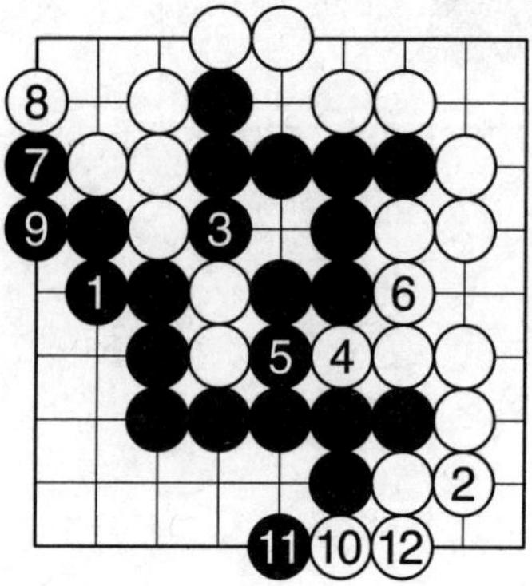

失败

黑 1 粘的话，白 2 补右下角。

黑 3 断虽然和正解图一样可以吃掉白两子，但右下白棋占了很大的实地。

正解图中的黑棋胜 1 目，但失败图中黑白和棋，因此黑棋损失 1 目。

问题 122（黑先）

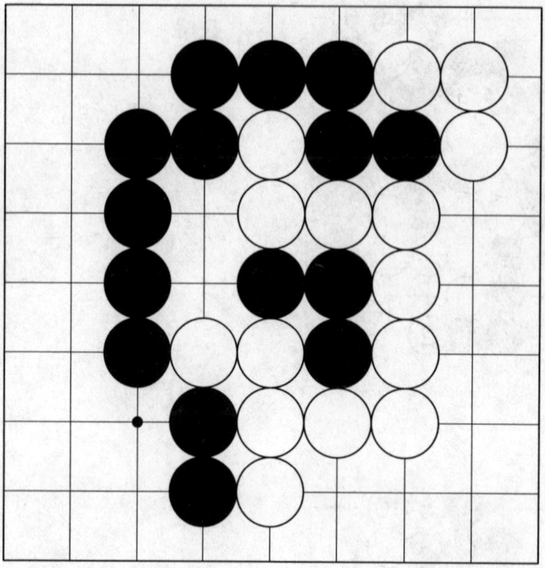

此时还没有终局，仍有三处可以走。哪处价值更大？

问题 122（解答） 逆收官子

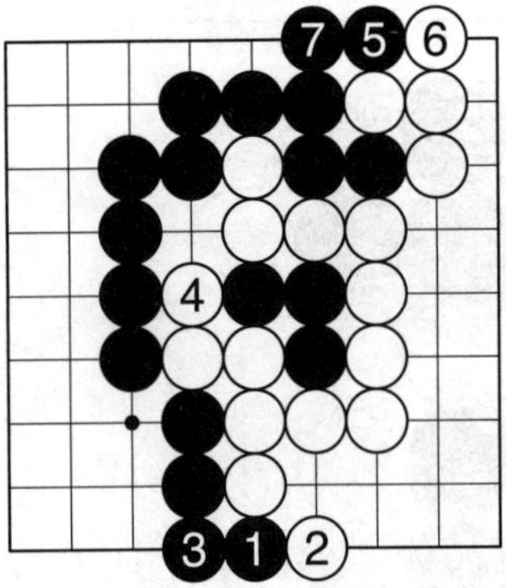

正解

黑 1、3 扳粘后手收官，从而消除白棋的先手收官。这样的收官方式叫作“逆收”。

白 4 吃掉黑三子，黑 5、7 扳粘，黑胜 1 目。

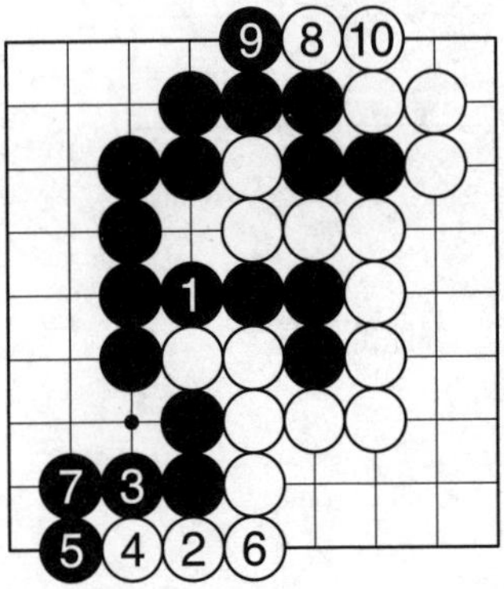

失败

黑 1 虽然救出黑三子，但白 2 扳先手收官。

至白 8、10 扳粘，双方和棋。

问题 123（黑先）

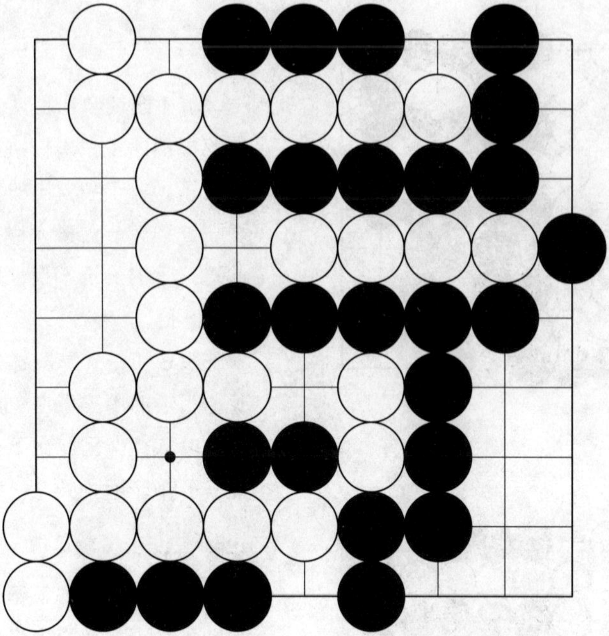

此时还留有四处吃与被吃的点。

请在数清目数之后再判断得失。

问题 123（解答）

禁入点也是重要的判断基准

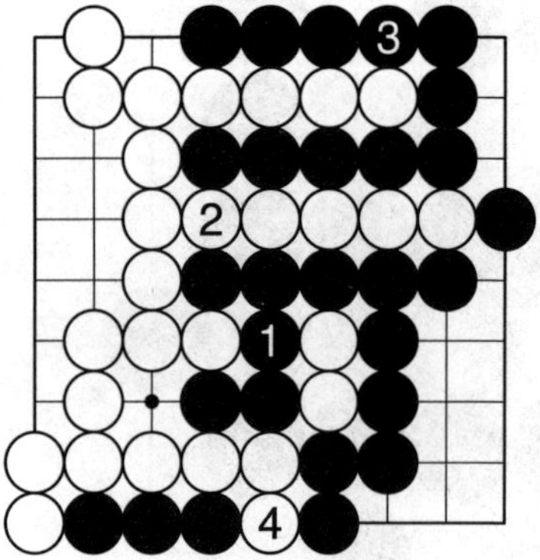

正解

黑 1 既能救出黑两子又能吃掉白两子，是价值很大的官子。由于被救出的黑两子在左边有一处禁入点，因此这一手的价值不仅仅是表面的 8 目。

黑 3 和白 4 是同样的道理。上边的黑三子左边留有一处禁入点，因此比下边的黑三子价值更大。

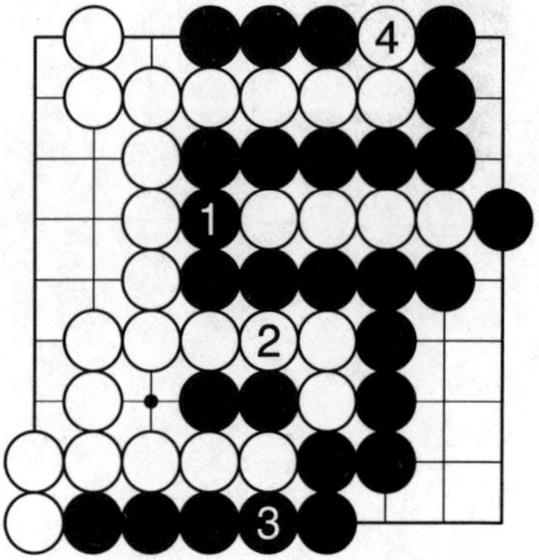

失败

黑 1 吃掉白四子看起来得利不少，但实际上将禁入点的目数算进去的话，白 2 的价值更大。

如果不经过计算而走了价值小的地方，黑棋就会输棋。

问题 124（黑先）

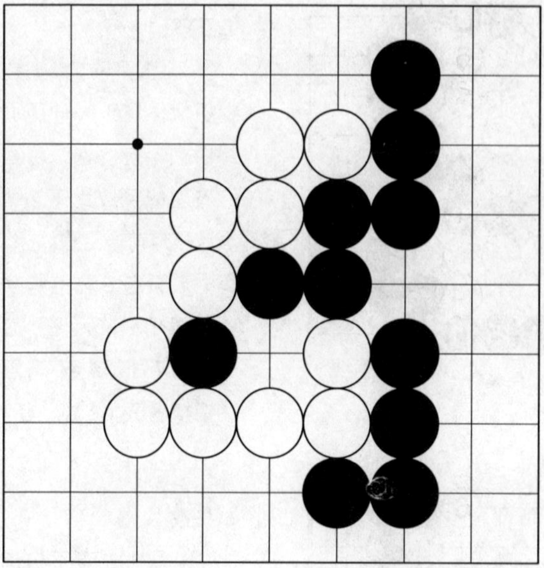

上边和下边，怎样收官才是正确的次序？

问题 124（解答）　看清破空的可能性

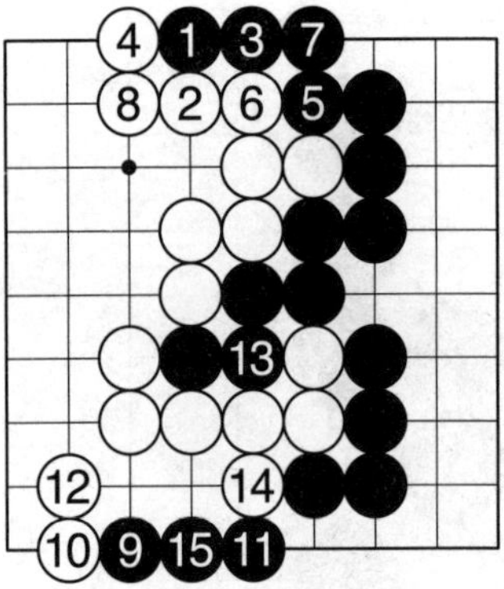

正解

比起下边，上边的价值更大。黑 1 大伸腿时，如果白棋不应的话，黑棋在上边破空的目数比下边大。因此黑棋应首选上边。

至白 8 粘，黑棋取得先手再于 9 位大飞，这样黑棋上面下面都走到了，至 13 止，黑棋满意。终局，黑 1 目胜。

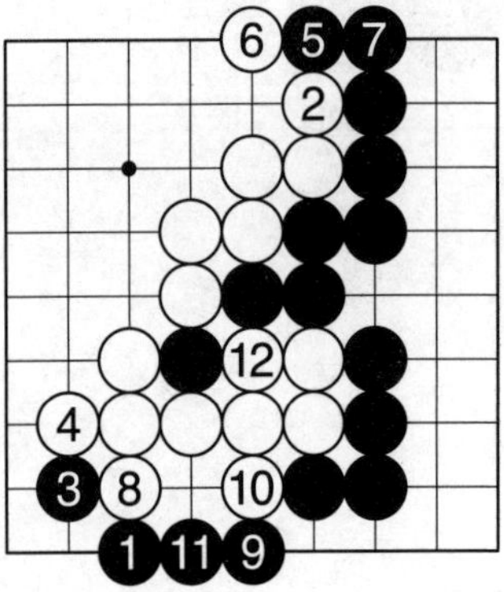

失败

黑 1 先走下边的大伸腿的话，白棋可以暂时不应，转而走白 2 挡。黑 3 尖继续破空，但收获不大，这样的话黑棋不行。

问题 125（黑先）

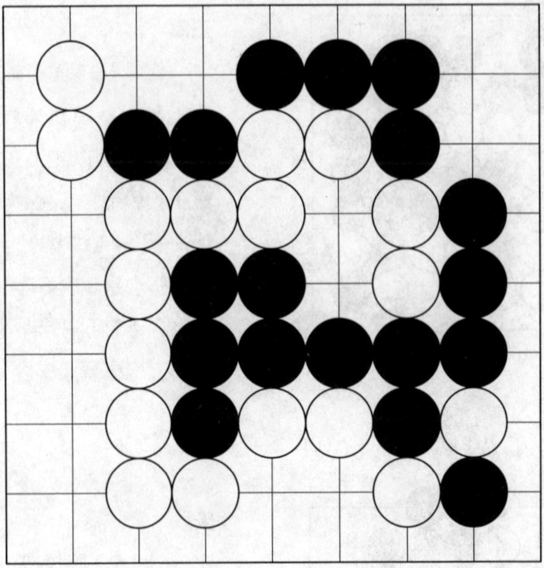

请熟练运用官子技巧进行收官。

问题 125（解答）

抢先手的手段

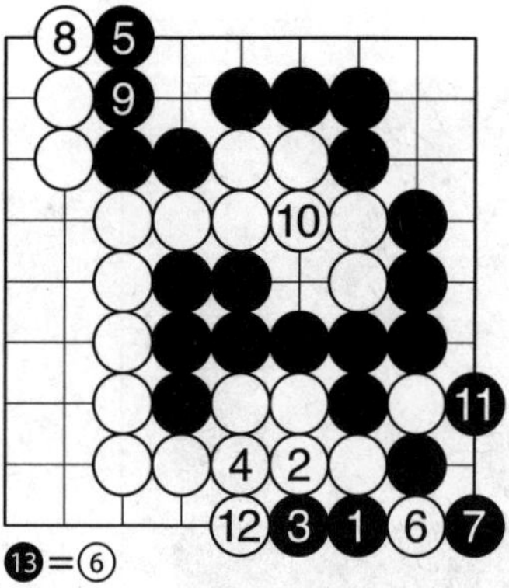

正解

黑 1 从下面打吃是抢先手的手段。白棋如果不应的话，黑棋可以走 4 位吃住白三子。因此白 2、4 粘住。接下来黑 5 的跳是好手。白 6 扑弃子也是收官好手。

白 8 挡是先手，白 10 粘终局。这样是黑棋胜。

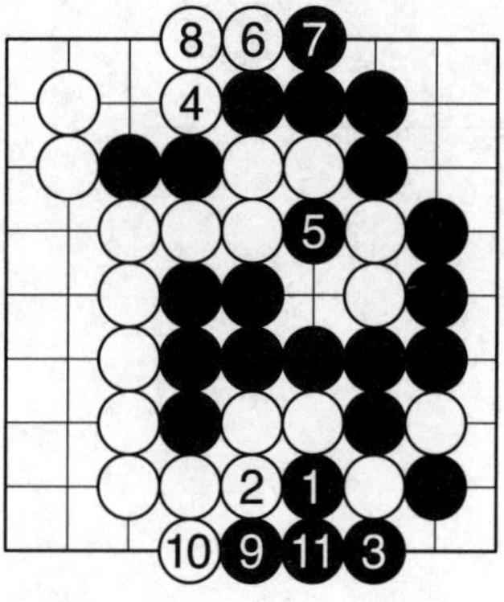

失败

黑 1、3 吃掉白一子是后手。白 4 断吃。黑 5 扑虽然可以吃掉白两子，但最终结果也只是和棋。与正解图相比，黑失败。

问题 126（黑先）

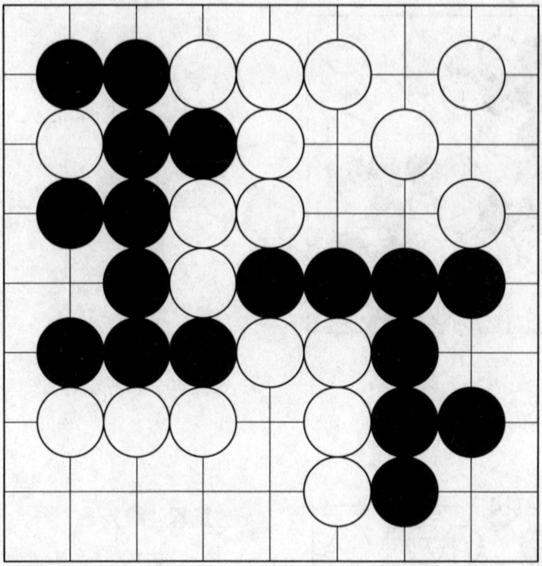

本题是一线的扳粘问题。

请比较判断哪处价值更大。

问题 126（解答）

不要忘记先手

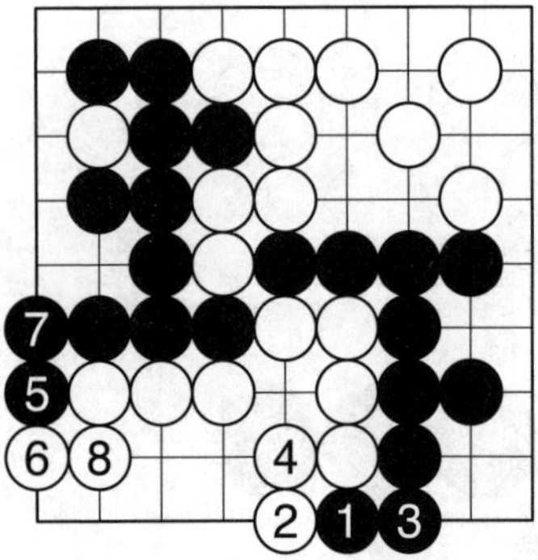

正解

黑 1、3 扳粘，白 4 粘。如果不粘的话会被黑棋双打吃。黑棋 5、7 也是先手扳粘，注意不要忘记这里。

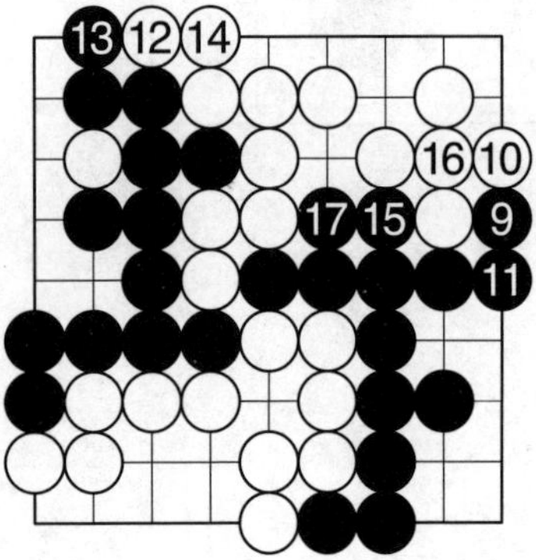

正解（续）

按照大小来看的话，接下来黑棋应该走 9、11 的扳粘。之后黑棋还有黑 15 打吃缩减白地的手段。因此比上边的扳粘更大。

问题 127（黑先）

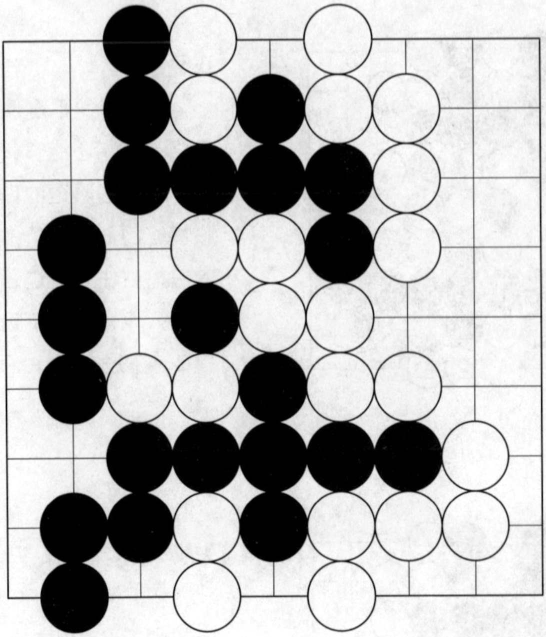

还有三处吃的官子。

请仔细比较价值大小之后，走出正确的次序。

问题 127（解答）

算清相关的子数

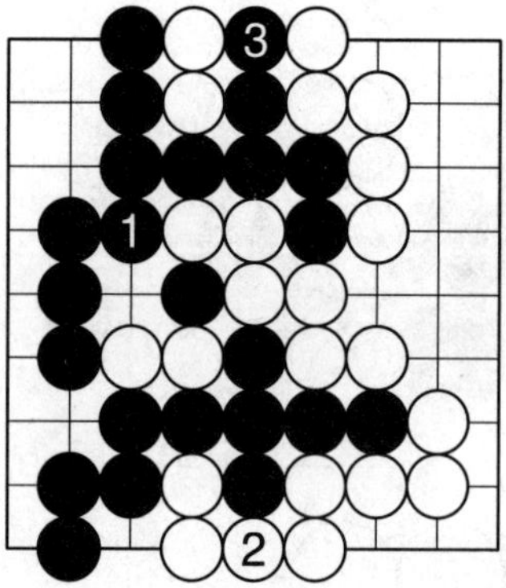

正解

黑1团，不仅使白两子无路可逃，还能够救出自身一子。上下两边的白棋都面临被吃的危险，但由于下方的白棋粘住后左边还留有一处禁入点，因此下边更大。白2连下边。

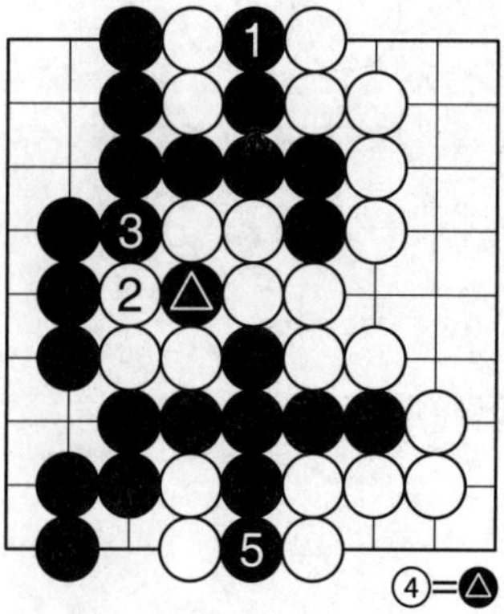

失败

黑1直接吃掉白两子的话，白2不仅可以吃掉黑一子，还可以救出白两子。

和正解图相比，白地多了1目。

问题 128（黑先）

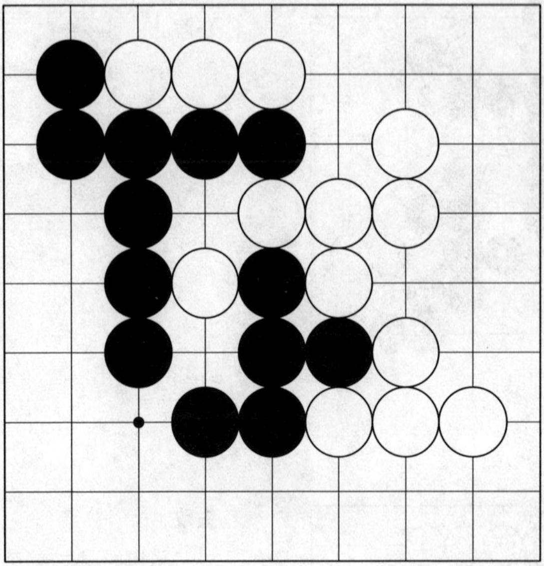

上边和下边两处官子都很大。请思考如何都能走到。

问题 128（解答）　弃子争先

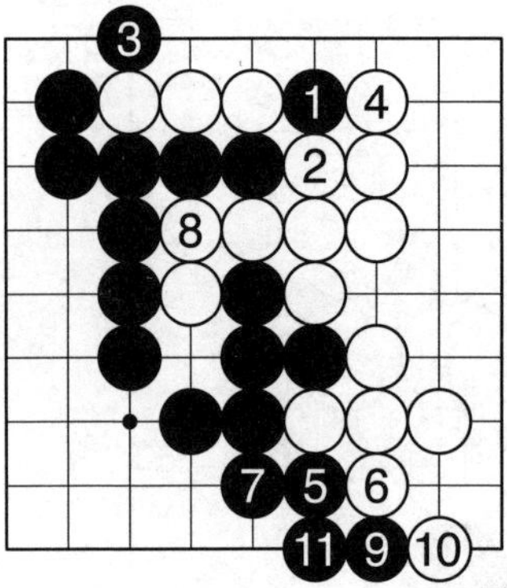

正解

黑 1 扳，白 2 断必然，黑 3 扳，白 4 吃。黑棋抢得先手于 5、7 位扳粘。白 8 粘，黑 9、11 扳粘，这是正确的次序。

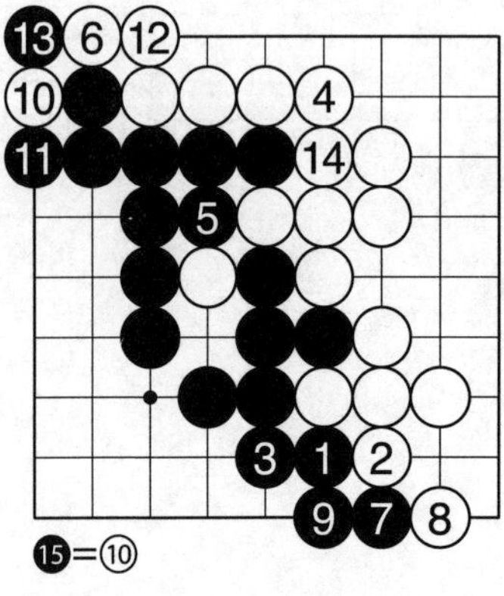

失败

黑棋如果先走了 1、3 扳粘的话，白 4 退。黑棋失败。

后记

其实我在成为职业棋手之前从来没有学习过官子。

虽然一开始并没有太大的问题，但渐渐地，在和强大的棋手对局时我切身体会到，收官不好的话，再好的局面都可能毁于一旦。因此，成为职业棋手后，我买的第一本棋书就是关于官子的。

认真学习之后，效果立竿见影。慢慢学会判断细微的官子差距后，对局的胜率也逐渐提高了。

与此同时，也遇到很多包含死活问题的官子，因此解死活题的能力也随之变强。

好好学习收官，涨棋指日可待。官子的练习在短时间里就可以见成效，请大家一定要认真对待。

如果大家可以因此提高胜率，那真是再好不过了。

高尾绅路（九段）